KB152597

지금 하지 않으면 **언제** 하겠는가

TRIBE OF MENTORS

지금 하지 않으면 언제 하겠는가

— 세계 최고 멘토들의 인생 수업 —

팀 페리스 지음 | 박선령 · 정지현 옮김

차례

Introduction

들어가며:
마흔 번째 생일에 깨달은 것들

Introduction

◑

"여행의 진가는 수백 개의 다른 땅을 같은 눈으로 바라볼 때가 아니라, 수백 개의 다른 눈으로 같은 땅을 바라볼 때 드러난다."

_마르셀 프루스트Marcel Proust

앨버트가 투덜거렸다.

"질문을 너무 많이 하는 사람에게 무슨 일이 생기는지 알아?"

모트는 잠시 생각에 잠겼다.

"음… 모르겠네. 무슨 일이 생기는데?"

침묵이 두 사람을 감쌌다.

마침내 앨버트가 몸을 곧게 펴면서 말했다.

"내가 그걸 어떻게 알아? 뭐, 궁금해 했던 문제의 답을 얻겠지."

_테리 프래쳇Terry Pratchett의 소설, 《모트Mort》 중에서

내가 이 책을 쓴 이유는 뭘까?

이 책의 집필에 착수한 2017년은 내게 정말 특별한 해였다. 상반기 6개월은 천천히 뭉근하게 끓어올랐다. 마흔 살이 됐고 처음 펴낸 책 《나는 4시간만 일한다The 4-Hour Workweek》가 출간 10주년을 맞았다. 몇몇 친구가 세상을 떠났고, TED 강연을 통해 대학시절 가까스로 자살 충동에서 벗어날 수 있었던 방법에 대해 털어놓았다.

솔직히 나는 내가 마흔이 돼도 삶이 나아질 거라고 생각해본 적이 없다. 내 첫 번째 책은 스물일곱 번이나 출간을 거절당했고, 그간 살면서 운 좋게 풀린 일들도 곰곰이 생각해보면 잘될 거라고는 별 기대하지 않았던 일들이었다. 그래서였을까, 마흔 살 생일에 문득 깨달았다. 마흔 이후 삶에 대한 어떤 계획도 내게 없다는 것을.

자기 인생에 대해 천천히 돌아볼 때 누구나 그러하듯, 나 또한 갖가지 의문들이 수면 위로 보글거리기 시작했다.

내 삶의 목표는 정말 내가 원하는 것인가? 꿈만 꾸느라, 생각만 하느라 시간을 보낸 건 아닐까? 너무 계획에만 매달려 사느라, 너무 무계획하게 사느라 얼마나 많은 소중한 순간들을 놓쳐온 걸까? 어떻게 하면 유혹과 소음들에 신경을 끄고 가장 열망하는 인생 프로젝트와 모험에 집중할 수 있을까? 삶의 우선순위를 재검토하고 새롭게 평가할 수 있는 지혜로운 방법은 무엇일까?

마흔 번째 생일, 밤늦도록 많은 질문과 의심이 떠올랐다. 그렇게 잠을 뒤척이는 밤들이 지나고 난 어느 날 아침, 나는 반짝이는 영감이 찾아오기를 기대하면서 마음에 품었던 질문들을 모두 종이에 옮겨 적었다. 하지만 오히려 더 큰 불안감이 밀려들 뿐이었다. 점점 길어지는 질문 목록이 나를 압박해왔다. 나는 무거운 생각들에서 깨어나 호흡을 정리하기 위해 종이에서 눈을 뗐다. 그러고는 중요한 선택과 결정을 내릴 때마다 습관처럼 하던 행동을 시작했다. 다른 모든 질문에 답할 수 있게 도와주는 근본적인 질문을 던진 것이다.

'이걸 가장 쉽게 할 수 있는 방법은 무엇인가?'

무엇이든 '이걸'이 될 수 있다. 그날 아침 내게 '이걸'은 빼곡하게 적힌 질문 목록에 답하는 일이었다.

'이걸 가장 쉽게 할 수 있는 방법은 무엇인가?'는 매우 유혹적이고 강한 영향력을 발휘하는 질문이다. 많은 순간 우리는 주어진 상황이 난관의 연속이어야 하고, 그래서 한계를 뛰어넘어야 하는데, 그렇지 못하면 우리가 충분히 노력하지 않았다고 생각하는 경향을 갖는다. 성공은 시련을 극복하고 일어선 사람의 몫이라는 생각 때문에 우리는 무의식적으로 지나치게 어려운 길, 어려운 답을 찾으려고 한다. 하지만 놀랍고 우아한, 빛나는 해결책은 스트레스를 이긴 결과가 아니라 스트레스를 피한 결과일 때가 많다. '이걸 가장 쉽게 할 수 있는 방법은 무엇인가?'는 종종 당면한 문제를 완전히 재구성함으로써 뜻밖의 새로운 답을 끌어내기도 한다.

그날 아침 이 질문을 통해 내가 찾은 답은 '질문 목록에 답할 수 있는 사람은 내가 아니다'였다. 정확히 말하면 나보다 더 이 목록에 현명한 답을 줄 수 있는 사람이 존재한다는 깨달음이었다. 그리고 그 답은 다음의 질문으로 진화했다.

'나를 도와줄 멘토mentor 집단을 만들면 어떨까?'

'인생의 안내자'로 불릴 만한 인물들에게 내가 얻고 싶은 답을 구하면 어떨까? 그들이 어떻게든 나를 올바른 방향으로 이끌어주지 않을까?

과연 이 방법이 효과가 있을까? 알 수 없었다. 하지만 그래도 아는 게 하나 정도는 있었다.

이 '쉬운' 방법이 실패하면, 소금 광산에서 끝없이 노동을 하는 방법이 나를 기다리고 있다는 것. 즉 고통을 바라면 언제든 원하는 고통을 겪을 수 있다는 것. 어차피 소금 광산으로 가야 할 팔자라면 밑져야 본전이었다. 고통의 광산으로 가기 전에 시험 삼아 일주일쯤 가장 쉬운 길을 걸어보기로 결심했다.

일은 그렇게 시작됐다.

여기저기, 모든 방법을 동원했다. 한 번도 만난 적 없지만 평소에 꼭 인터뷰하고 싶었던 인물들에게 용기를 내 인생에 대한 통찰과 조언을 요청했다. 인맥을 통해, 용기를 통해 접촉한 지구상에서 가장 지혜로운 인물 명단은 어느덧 수백 명에 이르렀다. 정녕 달라이 라마Dalai Lama가 답장을 보내올까? 내 마음 속 흰 돌고래인 작가 닐 게이먼Neil Gaiman은? 인권운동가 아얀 히르시 알리Ayaan Hirsi Ali는?

섭외 요청 보내는 일을 모두 마친 후 나는 숨죽인 채 우주의 응답을 기다렸다. 하지만 침묵. 어쩌다 들리는 거라곤 풀벌레들의 합창

소리뿐.

하루, 이틀, 사흘…. 아무 일도 일어나지 않았다. 내 삶에서 이렇게 고요한 적이 있나 싶었다. 그러다가 미세한 흔들림이 발생했다. 조용히 호기심어린 목소리로 내 의도를 묻는 질문들이 몇 개 날아들었다. 예의바른 거절 답장이 몇 통 도착하고 난 후… 갑자기 급류처럼 폭발적인 반응이 쏟아졌다.

정확히 133명이었다. 그들은 상상을 초월할 만큼 바쁜 사람들이었지만 내 요청을 믿기지 않을 정도로 흔쾌히 수락하며 이렇게 말했다.

"어디 한 번 같이 찾아보죠. 마침 나도 당신과 똑같은 답을 찾고 있었어요!"

가장 쉬운 길을 찾는 일은 성공적이었다. 하지만 그 길에서 얻은 것을 정리하기 위해선 소금 광산으로 가야 했다. 나는 수천 통의 이메일과 트위터, 전화를 그들과 주고받았고 러닝머신 위에서 마라톤 풀코스를 백 번은 뛰었다. 한밤중에 글을 쓰다가 머리를 쥐어뜯으며 뛰쳐나가 술도 엄청나게 퍼마셨다.

고대했던 달라이 라마의 답장은 받지 못했지만, 성과는 빛났다.

그게 가장 중요했다. 나는 100명 이상의 현자에게서 삶을 위한 지혜의 답을 얻었고, 이 책을 마지막 장까지 읽은 당신 또한 고민의 답을 얻게 될 것이다. 아마도 당신은 수없이 밑줄을 치고 노트에 현자들의 목소리를 옮겨놓게 될 것이다.

현자들의 다양한 메시지를 간단히 요약하면 이렇다.

"소중하게 간직해온 일이 있는가? 꿈꿔온 삶의 방식이 있는가? 그렇다면 지금 시작하라. 지금 하지 않으면, 대체 언제 할 것인가?"

이 책에는 분명 당신의 삶을 적극적인 행동으로 바꿔놓을 통찰이 담겨 있을 것이다. 꼭 해야 하는 일과 원하는 일 사이의 조화를 이룰 수 있는 현명한 방식을 보게 될 것이다. 당신에게 가장 소중한 것은 무엇이며, 그것에 집중할 수 있는 방법은 무엇인지에 대한 매력적인 이야기를 듣게 될 것이다.

더 놀라운 사실은… 이 책도 당신과 함께 변해간다는 것이다. 처음에는 와 닿지 않았던 내용들이 시간이 흐르고 난 후 다시 이 책을 집어 들었을 때 깜짝 놀랄 만큼 당신의 마음에 새롭게 각인되고 있음을 발견하게 될 수도 있다. 세 번, 네 번째 독서 때도 마찬가지다. 인생의 어떤 특정한 시간과 장소가 마련됐을 때 마침내 빛을 발하는 지혜들이 존재하기 때문이다. 너무 작아 보이지 않았던 실낱같은 메시지 하나가 불쑥 나타나 눈앞에 놓인 큰 산을 오르는 데 결정적인 도움을 제공할 셰르파sherpa가 되어줄 수 있다. 반대로 처음엔 진리로 비쳤던 깨달음이 그 수명을 다하는 경우도 있다. 다음 단계에 도달할 수 있도록 고등학교 시절의 훌륭한 코치가 임무를 다하고 새로운 대학 코치에게 당신을 인계하듯이 말이다.

이 책에 담긴 지혜에는 유효기간이 없다. 획일적이지도 않다. 펼칠 때마다 새롭게 읽히는《주역》이나《도덕경》의 역할을 이 책이 조금이나마 할 수 있기를 바란다. 삶이라는 여정에서 나타나는 유쾌함과 가슴 찢어지는 아픔, 실패와 성공, 탄생과 죽음 등 인간이 느끼는 모든 감정과 경험의 스펙트럼을 이 책에서 찾을 수 있기를 기대한다.

이쯤에서 처음 질문으로 돌아가보자.

나는 왜 이 책을 썼을까?

이 책을 완성한 이유는 현자들의 삶에 밑줄을 치고, 무릎을 치며 감탄하기 위해서가 아니다. 그들의 통찰을 연료로 삼아 다시 힘찬 시동을 걸어보기 위해서다.

그들은 이렇게 말했다.

"인생의 25퍼센트는 자신을 찾아내는 데 써라. 남은 75퍼센트는 자신을 만들어가는 데 집중하라."

이 책을 쓰는 동안 내가 찾은 답도 비슷하다.

'나를 찾아내지 못하면, 나를 만드는 일을 하지 않으면, 나는 나도 모르는 사이에 사라진다.'

이 책이 소금 광산을 향해 가는 당신에게 강력하고 지혜로운 목적이 되어주기를, 그리하여 반짝반짝 빛나는 것들을 캐내어 인생을 가득 채우기를.

이걸 가장 쉽게 할 수 있는 방법은 무엇인가?

이걸 지금이 아니면 언제 할 것인가?

미소를 지으며 펜을 들어라.

경이로운 안내자들이 당신에게 다가오고 있다.

팀 페리스

01
충격점에 집중하라

지금 눈앞에 있는 것에 집중하라.

좋은 인생은 늘 발밑에서 발견된다.

100명이 넘는 현자들의 '인생을 바꾼 책'은 단연 빅터 프랭클Viktor Frankl의 《죽음의 수용소에서》였다. 그리고 그들이 그 책에서 가장 많이 인용한 대목은 다음과 같았다.

"성공을 목표로 삼지 마라. 성공에 초점을 맞추면 맞출수록 그것에서 더욱 더 멀어질 뿐이다. 성공이나 행복은 의도적으로 찾을 수 있는 것이 아니라 자연스럽게 찾아오는 것이다. 그것에 무관심함으로써 그것이 저절로 찾아오도록 해야 한다. 나는 당신이 내면의 소리에 귀 기울이고, 그것이 원하는 대로 확실하게 행동할 것을 권유한다. 그러면 언젠가는, 정말 언젠가는 성공이 찾아오는 모습을 보게 될 것이다. 왜냐하면 당신이 성공에 대해 생각하는 것을 까맣게 잊어버리고 있었기 때문이다."

얼음장 밑에서 얻은 깨달음

2017년 어느 날, 나는 프런트 데스크에 뭔가를 부탁하고는 호텔방 침대에 쓰러질 듯 몸을 눕혔다. 마치 사형장에 끌려가는 죄수가 된 기분이었다. 휴대폰 배터리는 몇 시간 전에 이미 바닥났다. 허리 통증이 점점 뚜렷하게 엄습해왔다. 20분쯤 지난 후 노크 소리가 났다. 겨우 몸을 일으켜 문을 열고 나가자 호텔 직원이 약간 뒤로 물러나며 가볍게 목례했다. 그의 양손에는 얼음이 가득 든 세탁 주머니 4개가 들려 있었다. 총 20킬로그램의 얼음이 내 손으로 건네졌다. 호텔 직원은 왜 이렇게나 많은 얼음을 내가 원했는지 도무지 알 수 없어 혼란스러운 표정이었다.

낑낑대며 나는 주머니들을 욕조로 옮겼다. 팔꿈치 보호대를 풀고 양말을 벗은 다음 물집투성이 발부터 시작해 몸 전체를 천천히 얼음물에 담갔다. 숨이 확 막혔다. 그와 동시에 아드레날린이 솟구치면서 오래된 말이 떠올랐다.

"고통을 사랑하라."

고등학교 졸업반 때 짐 로허Jim Loehr 박사의 《스포츠를 위한 강인한 정신 훈련Mental Toughness Training for Sports》에서 이 문장을 만났다. 그 후 모든 경쟁 스포츠에서 나는 최고의 시즌을 보냈다. 그 시절 내내 레슬링 훈련을 하기 전에 노트를 꺼내 맨 위에 또박또박 힘주어 적어 넣었다. '고통을 사랑하라.'

나는 정신이 혼미해질 정도로 차가운 얼음물 밑에서 다시 이 말을 떠올렸다. 그때 나는 지인의 소개로 세계 최고의 심리 코치에게서 테니스 레슨을 받을 수 있는 기회를 막 얻은 참이었다. 바로 짐 로허 박사였다. 곧 은퇴할 예정이었던 그는 짐 쿠리어Jim Courier, 모니카 셀레스Monica Seles 등 많은 테니스 스타들과 일했다. 그가 코치를 해준다고? 놓쳐서는 안 될 절호의 기회였다. 그리고 그 멋진 기회를 받아들인 덕분에 그렇게 차디찬 얼음 목욕을 하고 있는 중이었다.

5일의 일정 중 첫 날이 끝났을 뿐이었다. 매일 6시간씩 훈련을 받기로 했는데 첫 날부터 쓰러질 것 같았다. 고질적인 오른쪽 팔꿈치 건증이 재발해 컵을 드는 것조차 괴로웠다. 양치질이나 악수도 마찬가지였다. 허리는 물론 안 아픈 데가 없었다.

바로 그때 머릿속이 빠르게 돌아가면서 이런 생각이 들기 시작했다.

마흔 살이 되니 진짜 몸이 예전 같지 않은 걸까? 다들 그렇게 얘기하던데… 그래, 이 나이에 무슨 테니스야. 지금 시작하기엔 너무 격렬한 운동이지 않은가! 선수할 것도 아니고, 지금 포기한다고 해서 뭐라 할 사람도 없을 거고.

하지만 나는 고개를 단호히 저었다. 정신 차리라는 의미로 목 뒷부분을 탁 쳤다.

할 수 있어, 팀 페리스. 그만두다니 말도 안 돼. 아직 시작도 안 했잖아! 테니스 배우는 거, 늘 고대하던 일 아니었어? 플로리다까지 날아와서 짐 로허에게 배울 수 있는 기회를 포기하고 고작 하루 만에 포기하겠다고? 정신 차리고 다시 생각해보자. 왼손으로 치면 되지 않을까? 라켓으로 치는 대신 발 움직임에 집중하면? 최악의 경우 실전 훈련은 취소하고 멘탈 훈련에만 참여해도 충분하지 않을까?

눈을 감고 길게 심호흡을 했다. 손을 뻗어 책을 집어 들었다. 얼음물 밑에 있을 때마다 마음을 느긋하게 갖기 위해 나는 뭐든 읽을거리를 찾는 습관이 있었다. 그날의 선택은 W. 티모시 골웨이W. Timothy Gallwey가 쓴《테니스의 이너 게임The Inner Game of Tennis》이었다.

벌벌 떨리는 손으로 몇 페이지를 급히 넘기자 냉기를 잊게 할 만한 구절이 드디어 나타났다.

"이너 게임을 하는 선수에게 가장 중요한 것은 '여유 있는 집중'이다. 여유 있는 집중을 통해 그는 자신감의 진정한 토대를 발견할 수 있다. 나아가 어떤 게임이든 간에, 승리의 비결이 '너무 애쓰지 않는 것'임을 깨닫는다."

너무 애쓰지 않는 것이 승리의 비결이라고?

비로소 나는 얼음물에서 나와 편안하게 잠들 수 있었다.

눈앞에 있는 것을 보라

이튿날 아침, 나는 훈련 센터로 가 짐 로허 박사와 함께 성격 좋고 실력 좋은 테니스 코치 로렌조 벨트레임Lorenzo Beltrame을 만났다.

짐은 활짝 웃으며 거대한 신발을 신고 어제와 마찬가지로 심오한 조언을 해주었다.

"오늘은 모든 걸 좀 더 부드럽게 할 겁니다. 라켓도 부드럽게 잡고 공도 부드럽게 치고… 어깨와 엉덩이로 공을 친다고 생각하세요."

나는 내가 완전히 테니스를 포기할지, 아니면 정말 어깨와 엉덩이로 공을 치게 될지, 이제 곧 결정된다는 사실을 알고 있었다. 나는 로렌조와 함께 코트로 나갔다.

두 시간의 연습 동안 로렌조는 네트 한가운데에 막대 빗자루를 세워놓고 그 위에 수건을 올렸다. 내가 할 일은 수건을 명중시키는 것이었다.

끝도 없이 네트를 향해 공을 날려 보냈다. 정확도는 제로였고 팔만 사정없이 아팠다.

"잠깐 멈춰요, 팀."

로렌조가 네트를 빙 돌아와서 조용히 말했다.

"내가 이탈리아에서 아홉 살 어린 선수였을 때 코치가 법칙을 하나 정해줬어요. 실수는 얼마든지 해도 되지만 같은 실수를 두 번은 하지 말라는 것이었죠. 팀, 당신에게도 이 말을 해주고 싶네요. 라켓으로 공을 칠 때 공이 빗자루를 넘어가도, 아니 울타리를 넘겨도 전혀 상관없어요. 다만 계속 네트에 걸려서 안쪽으로 떨어지게는 하지 마요. 재미도 없고 자신도 없어 보이니까요!"

로렌조는 잠시 숨을 고른 후 다시 씩씩하게 외쳤다.

"수건은 잊고, 눈앞에 있는 것을 봐요. 충격점에 집중하라고요!"

순간 나는 정신이 확 들었다. 충격점point of impact은 공이 라켓과 접촉하는 지점이다. 자신의 의도가 바깥세상과 충돌하는 '찰나의 순간'이다. 정지화면으로 보면 최고의 선수들은 이 중요한 순간에 눈이 공을 향해 있음을 알 수 있다.

"준비됐어요?"

"준비됐어요!"

로렌조가 첫 번째 공을 던졌고… 마법처럼 적중했다.

목표 지점, 즉 공이 날아가 맞는 지점에만 온통 신경 쓰다가 프레임을 바꿔 눈앞의 충격점에 집중하고 나니 일이 잘 풀리기 시작했다.

10, 15, 20개의 공이 거의 모두 내가 원하는 지점으로 날아갔다. 와우! 공을 어디로 보내고 싶은지 생각도 하지 않았는데 말이다!

로렌조가 풍차처럼 팔을 빙글빙글 돌리며 계속 공을 던졌다. 그는 활짝 웃으며 사이드라인을 향해 소리쳤다. 그곳에는 짐이 있었다.

"박사님, 팀 좀 보세요!"

짐의 얼굴에 환한 미소가 번졌다. "대단하군요!"

계속해서 공은 물 흐르듯 날아갔다. 충격점에 집중할수록 게임은 저절로 알아서 진행됐다. 갑자기 팔꿈치 통증도 줄어드는가 싶더니 5일에 걸친 훈련을 무사히 끝마칠 수 있었다.

정말, 굉장했다.

빅 퀘스천의 함정

'어떤 삶을 살 것인가?'

이는 대부분의 상황에서 끔찍한 질문이다.

'이번 테니스 서브는 어떻게 넣을까?' '스타벅스 줄이 긴데 어떻게 하지?' '길이 많이 막히는 데 다른 길은 없을까?' '자꾸만 마음에서 솟아오르는 화를 어떻게 다스릴까?'

이런 것들이 훨씬 더 나은 질문이다.

탁월함은 앞으로의 5분이다. 혁신이나 개선도 앞으로의 5분이며 행복도 앞으로의 5분 안에 존재한다.

계획을 깡그리 무시하라는 말이 아니다. 담대한 계획을 세우되, 그 커다란 목표를 가능한 한 작은 조각으로 해체해 한 번에 하나씩 '충격의 순간'에 집중해야 한다.

나는 늘 의심하는 삶을 살았다. 대개는 별다른 이유도 없었다. 물론 정교한 계획이 있으면 좋다. 하지만 그보다는 '나를 무너뜨릴 수 있는 실수는 없다'는 사실을 알 때 더욱 자유로워진다. 곧장 새로운 인생 프로젝트에 도전하는 용기가 생겨난다.

전설적인 코미디 배우 패튼 오스왈트Patton Oswalt는 이렇게 말했다.

"내가 가장 좋아하는 실수는 무대를 망쳤을 때다. 다음 날 일어났을 때도 세상이 끝나지 않았기 때문이다."

설령 세상이 끝났다고 해도 기껏해야 예전과 다른 길로 나가면 그뿐이다. 그 다른 길 위에서 종종 더 나은 삶을 발견하기도 한다.

베스트셀러 《휴먼스 오브 뉴욕Humans of New York》을 집필한 사진작가 브랜든 스탠튼Brandon Stanton은 내게 이런 조언을 남겼다.

"원하는 삶을 살려면 때로는 원하는 것으로부터 벗어나 있을 줄 알아야 한다."

네트 위에 걸려 있는 수건을 너무 뚫어지게 쳐다보지 마라. 그 같은 강박적인 목표가 오히려 당신의 성공을 가로막는 걸림돌이 될 수도 있다. 작은 공에 시선을 집중한 채 감각을 익히고 필요하면 조정도 한다. 그러다가 진정 원하는 게 수건이 아니었다는 사실을 깜짝 놀라며 깨닫기도 한다.

인생이란 게임은 언제나 그렇게 진행된다.

이길 수 없는 적을 다루는 지혜

올랜도에서 맞이한 두 번째 점심식사 때 짐 로허 박사가 댄 잰슨Dan Jansen의 이야기를 들려주었다.

댄 잰슨은 9남매의 막내로 태어났다. 누나의 권유로 16살에 스피드 스케이팅을 시작한 그는 500미터 종목에서 주니어 세계 신기록을 세우면서 평생 빙상 위를 질주하는 삶을 살겠노라 결심했다.

댄은 자타가 공인하는 최고의 선수였다. 하지만 올림픽 때마다 불운의 고배를 마셔야 했다. 1988년 캘거리 동계올림픽에서 그의 고통은 절정에 이르렀다. 500미터 경기를 몇 시간 앞두고 댄은 백혈병을 앓고 있던 누나 제인이 세상을 떠났다는 소식을 들었다. 그는 경기 도중에 넘어져 펜스에 부딪쳤다. 며칠 후 열린 1,000미터 경기에서도 마찬가지였다. 두 종목의 강력한 금메달리스트 후보였던 그는 결국 빈손으로 돌아가 가족의 죽음을 맞이했다.

그후 심리적 외상 때문에 계속 불운을 겪어야 했던 댄은 1991년 상황을 바로잡기 위해 짐 로허 박사의 지도를 받기 시작했다. 당시에는 500미터에서 36초의 장벽을 무너뜨리기란 불가능하다고 여겨졌다. 댄은 이 '불가능'을 무너뜨리기 위해 매일 일기장에 '35초 99'라고 적었다. 끝없이 솟아나는 의구심을 물리치기 위한 노력이었다.

1,000미터 경기 또한 심각한 문제였다. 댄은 계속 넘어졌다. 오랜 시간 괴로운 잡념에 사로잡히다 보니 자신도 모르게 머릿속에 자기

파괴적인 생각의 고리가 단단하게 만들어져 있었다. 짐은 2년 동안 매일 댄에게 일기장에 '35초 99'라고 쓴 다음 그 옆에 '나는 1,000미터가 좋다'라고 적게 했다. 댄은 스승의 조언을 충실히 따랐다.

1993년 12월 4일, 댄은 500미터 결승선을 '35초 92'에 돌파한다. 1994년 1월 30일, 댄은 다시 한 번 500미터에서 36초 장벽을 무너뜨리는 데 성공한다. 여세를 몰아 그는 그해 열린 릴레함메르 동계올림픽에 최고의 컨디션으로 참가했다. 올림픽에서 금메달을 딸 수 있는 마지막 기회였다. 하지만 그는 주 종목인 500미터에서 8위에 그친다. 절망적인 성적이었다. 올림픽의 저주가 집요하게 따라다니고 있는 듯했다.

마침내 그에게 그토록 가혹했던 1,000미터 경기가 열렸다. 마지막 올림픽에서 치르는 마지막 경기였다. 그는 넘어지지 않았다. 세계 신기록을 세우며 금메달을 차지해 모두를 깜짝 놀라게 만들었다.

댄은 시상대 가장 높은 곳에 올라 이렇게 말했다.

"내게 1,000미터는 무너뜨릴 수 없는 적이었다. 쓰러뜨리는 게 불가능한 존재를 어떻게든 굴복시키려다가 나만 번번이 넘어졌던 것이다. 그래서 생각과 행동 방식을 바꿨다. 이길 수 없는 적을 다루는 유일한 방법은 '사랑하는 것'이었다."

멋진 이야기다.

당신은 반문할지도 모른다. '감동적이긴 한데 짐 로허가 옆에 있어야 가능한 일 아닌가?'라고. 17살의 나에게도 짐 로허는 없었다. 하지만 침대 위에 놓인 그의 책 《스포츠를 위한 강인한 정신 훈련》이 내 삶을 바꿨다. 최고의 가르침을 얻기 위해 꼭 최고를 직접 만날 필요는 없다. 가르침을 흡수하기만 하면 된다. 책이나 오디오, 한마디 명언을 통해서 모두 가능하다.

스스로 자신에게 최고의 코치가 되는 법을 배워야 한다. 짐의 표현을 빌리자면, 인생의 진짜 실세는 '아무에게도 들리지 않는 목소리'다. 나에게만 들리는 목소리에 담긴 이야기를 어떻게 경청할 것인지가 삶의 질을 좌우한다. 내가 나 자신에게 들려주는 이야기 수준이 곧 나의 현재 모습이다.

예를 들어 속상한 실수를 저질렀을 때 자신에게 뭐라고 말하는가? 친한 친구가 실수했을 때처럼 너그럽고 다정하게 위로하는가? 그렇지 않다면 바꿔야 한다. 누구나 노력해야 한다.

내 오랜 친구나 마찬가지인 '고통을 사랑하라'라는 말에 대해 설명해보자.

'고통을 사랑하라'는 자신에게 가하는 채찍질이 아니다. 모든 성장에는 불편이 따른다는 사실을 일깨워주는 메시지일 뿐이다. 자전거로 오르막길을 오르거나 자존심을 접은 채 귀 기울이는 것처럼 약한 불편일 때도 있다. 지구력 훈련이나 뼈를 맞추는 것과 같은 극심한 고통일 수도 있다. 돌아보면 모두 감당할 만한 스트레스임에도 모두가 피하려고만 한다. 모두가 그럴 때, 자신에게 어떤 방식으로 말을 거느냐는 인생과 성공에 큰 도움이 된다.

따라서 나는 결코 인생의 현자는 아니지만 강력하게 조언한다.

'고통을 이길 수 없다면, 고통을 사랑하라.'

위대한 작가 무라카미 하루키는 장거리 달리기 선수이기도 하다. 그가 남긴 다음의 말은 어떤 인생의 시기에도 탁월하게 적용할 수 있다.

"고통은 필연이지만 괴로움은 선택이다. 당신은 달리면서 '너무 아파, 더 이상 못 달리겠어'라는 생각이 들 수도 있다. '아픈 것'은 피할 수 없다. 하지만 그것을 더 견딜지는 달리기를 하는 당신 자신에게 달렸다."

성공으로 가는 길은 나에게만 들리는 목소리에서 출발한다.

너무 애쓰지 마라

성공을 위해 천재 수준의 두뇌를 갖추고, 소수정예 비밀결사단에 들어가고, 움직이는 목표를 맞혀야 하는 것은 아니다. 모두 방해만 될 뿐이다.

100명이 넘는 인생 현자들이 제시한 성공 비결은 간단하다.

지금 눈앞에 있는 것에 집중하라.

좋은 날을 하나씩 쌓아 좋은 인생을 만들어라.

똑같은 실수를 반복하지 않으면 충분하다.

이게 전부다. 목표물을 너무 정확하게 맞히려고 정조준 하는 데 너무 힘을 들이지 마라. 더 많이 인정받고 싶으면 진상이 되지 않으려고 노력하라. 그러다 보면 어느 순간 슈퍼스타가 되어 있을 것이다.

어떤 게임이든 승리의 비결은 너무 애쓰지 않는 데 있다. 너무 애

쓴다고 생각되는 것 자체가 우선순위와 방식, 초점이 잘못됐다는 뜻이다. 만약 그렇다면 끈질기게 매달리지 말고 조정이 필요하다는 신호로 받아들여야 한다. 의구심이 들 때마다 뻔히 보이는 곳에 답이 숨어 있을 수 있다는 사실에서 위안을 느껴라.

이 모든 것을 간단하게 실행할 수 있다면 세상은 어떤 모습일까?

무엇도 확신할 수 없는 세상에서 끊임없이 자신을 쇄신하며 아무리 이상해 보여도 새로운 길을 갈고 닦을 수 있을 것이다. 괴상해보여도 자신을 받아들여라.

세상에 정답은 없다. 더 나은 질문만 있을 뿐.

이 책에 등장하는 인생 현자들은 '오직 한 가지만 이 책을 읽는 독자에게 조언할 수 있다면?'이란 질문에 이렇게 답했다.

"모두, 느긋하게 마음먹기를."

02
시간을 고용하라

우리에게서 더 창의적인 결과를
끌어내는 탁월한 코치가 있다.
바로 '시간'이다.

〈뉴욕 타임스New York Times〉 베스트셀러 목록에 무려 4년이 넘게 이름을 올린 책이 있다. 《콰이어트Quiet》다. 40개 언어로 번역된 이 책을 쓴 수전 케인Susan Cain은 콰이어트 레볼루션Quiet Revolution의 공동 설립자이자 작가로 명성을 쌓았다. 〈패스트 컴퍼니Fast Company〉는 그녀를 '비즈니스 분야에서 가장 창의적인 인물'로 선정하기도 했다. 그녀의 TED 강연은 1,700만 회가 넘는 조회 수를 기록했고 빌 게이츠Bill Gates가 가장 좋아하는 강연으로 꼽기도 했다.

빠져나올 수 있는 시간을 확보하라

수전 케인은 잘나가는 대기업 사내변호사였다. 법과대학을 졸업하고 연방법원을 거쳐 월스트리트에서 일하며 그녀는 인생의 거의 모든 시간을 일에 쏟는 지독한 워커홀릭이었다.

그러던 어느 날, 수전은 떼놓은 당상처럼 보였던 파트너(임원) 승진 심사에서 고배를 마시고 만다. 승진에서 탈락했다는 소식을 전하는 상사 앞에서 그녀는 울음을 터뜨렸다. 앞으로 절대 임원이 되지 못할 것이라는 의미인지, 아니면 승진이 한동안 지연된다는 뜻인지는 잘 몰랐다. 다만 그녀는 약 10년 동안 참고 참았던 눈물을 쏟으며 드디어 휴직 신청을 할 때가 왔다고 생각했다.

수전은 그날 오후 멍한 상태로 회사를 나왔다. 아무 생각 없이 자전거를 타고 뉴욕 센트럴파크를 돌고 돌았다. 여행이라도 가야 하는 게 아닌가 싶었다. 동시에 한동안 꼼짝 않고 벽만 바라보고 있어야겠다는 생각도 들었다. 모든 일이 너무 갑작스럽게 영화처럼 일어나는 바람에 무슨 생각이 떠올라도 믿기가 힘들었다. 문득 아주 오래전부터 자신이 변호사 일을 해왔다는 걸 새삼 깨달았다. 그러자 아주 오래전부터 작가가 되고 싶어 했다는 생각 또한 그녀를 찾아왔다.

수전은 자전거를 돌려 집으로 돌아갔다. 그날 저녁부터 곧장 글을 쓰기 시작했다. 이튿날에는 뉴욕 대학교의 논픽션 글쓰기 강좌에 등록했다. 일주일 후 첫 수업에 참석한 그녀는 자신이 '길'을 찾았음을 깨달았다.

수전은 회상했다. "오래전부터 작가가 되기를 열망했기 때문도 아니고, 승진에서 탈락하는 바람에 다른 길을 찾을 수 있었던 것도 아니다. 그날 무작정 자전거를 타고 뉴욕 거리를 쏘다녔기 때문에 작가가 될 수 있지 않았나 싶다. 뉴욕은 사람의 창의성과 영감에 불을 지펴주는 도시이니까. 뉴욕은 원하는 것을 발견하려면 일단 바깥으로 나와야 한다는 사실을 내게 알려주었다. 그날 내가 승진에 성공했다면 나는 지금도 하루 16시간씩 협상 테이블에 앉아 있었을 것이다. 물론 나는 그런 삶을 높은 사람이 된 대가로 기꺼이 감수하며 살았을 수도 있다. 그렇다. 원하는 삶이 아니라 '감수하는 삶'이다. 한번뿐인 인생을 그저 감수나 하면서 살고 싶지 않다면 바깥으로 나올 수 있는 시간과 기회를 의도적으로 확보해야 한다. 내가 지금 하고 있는 일의 바깥에 대해 숙고할 시간과 공간이 생기기 전에는 내가 정말 하고 싶은 일이 무엇인지 알 수 없다."

탁월한 결과를 얻는 지혜

우리는 늘 이렇게 말한다.

'시간이 좀 더 있었더라면….'

'주어진 환경이 좀 더 나았더라면….'

모든 게 충분하고 넉넉하다면 우리는 더 나은 결과를 분명 얻을 수 있다. 수전은 이처럼 아쉬워하는 우리에게 강력한 질문을 던진다.

'그렇다면 왜 더 성공적인 결과를 얻는 데 필요한 시간을 충분히 들이지 않는가?'

그녀는 첫 책《콰이어트》를 쓰는 데 7년이 걸렸다. 처음에는 한 권의 책을 완성하는 데 7년이라는 엄청나게 긴 시간이 요구될지는 그녀도 몰랐다. 더군다나 수전도 우리처럼 생계의 압박에서 자유로운 형편이 아니었다. 먹고사느라 바쁜 와중에《콰이어트》의 초고를 출판사에 보내기까지 꼬박 2년이 걸렸다. 원고를 출판사에 보냈다는 사실조차 가물가물해질 무렵 투고 담당 편집자에게서 답신이 왔다.
"썩 매력적이지는 않네요."

하지만 그 편집자의 메일 한 통이 자신의 생각 모두를 바꿔놓는 계기가 됐다고 수전은 말한다.

"메일의 마지막 한 줄이 나를 흔들었다. '더 충분한 시간을 들여서, 처음부터 다시 시작해서, 제대로 써보기 바랍니다.'"

시. 간. 을. 들. 여. 제. 대. 로. 써. 라.

수전은 편집자에게 답신을 보냈다.

"정말 제대로 써서 보내드릴 때까지 기다려주실 수 있나요?"

편집자는 흔쾌히 그러겠노라 말했다. 수전은 편집자가 시간을 줬다는 사실에 흥분했다. 출간 경험이 없는 햇병아리 예비작가에게 얼마든지 기다려주겠다는 편집자가 생겼으니, 세상을 다 얻은 기분이었다. 그로부터 5년 후, 전 세계 수백만 부가 팔린 《콰이어트》가 마침내 베일을 벗고 그 모습을 드러냈다.

"글을 잘 쓰는 데는 재능과 작문 기술이 요구된다. 하지만 그보다 더 중요한 것은 시간이다. 충분히 시간을 들일 수 있다면 누구나 지금보다 훨씬 더 높은 수준의 생각과 철학을 문장들 속에 풀어놓을 수 있다. 시간이야말로 가장 창조적인 편집자다."

수전의 이 말은 매우 역설적인 지혜를 생산한다.

'탁월한 결과를 얻으려면, 결과에 상관없이 시간에 투자해야 한다.'

인생은 수입과 지출로 나뉜다

나 또한 글을 쓰는 일을 하는 사람으로서 작가들은 어디에서 영감을 얻는지 늘 궁금해 한다. 이 질문을 던지자 수전은 미소를 지으며 답했다. "슬픈 느낌의 단조 음악이요."

기분이 고양되면서 초월적인 느낌이 들지만 아주 슬프지는 않은 음악. 그런 음악은 삶과 사랑의 소중함을 전달한다고 그녀는 설명한다.

"레너드 코언Leonard Cohen의 〈페이머스 블루 레인코트〉를 강력 추천한다. 글쓰기에 분명 도움을 얻을 것이다. 또 다른 그의 노래 〈할렐루야〉도 훌륭하다. 사실 그의 노래는 아무거나 들어도 좋다. 이단 라헬Idan Raichel의 〈히나크 야파Hinach Yafah(당신은 아름다워요)〉도 틀어놓으면 영감이 떠오른다. 사랑하는 사람을 갈망하는, 아름다운 그리움에 관한 노래다. 마드르데우스Madredeus나 세자리아 에보라Cesária Évora의 음악을 들어보라. 뭔가 당신의 마음을 두드릴 것이다."

수전은 완벽함을 위해 스트레스를 심하게 받을 때 가장 창의적인 작품이 완성된다고 생각하지 않는다. 그와 정반대다. 가능한 한 편안하고 행복하게 생활할 수 있도록 일상의 규칙과 습관을 정비하고, 그것이 창조적인 작업을 뒷받침하도록 해야 한다는 게 그녀의 지론이다. 앞에서 소개한 삶과 사랑의 소중함을 전하는 음악을 들을 때 영감을 얻을 수 있다는 그녀의 조언 또한 이 연장선상에 있다. 창의적인 목표를 달성하기 위해 자신의 모든 것을 위험에 빠뜨려서는 안 된다는 것이다.

수전은 인생을 크게 '수입'과 '지출'의 시기로 나눈다.

"내겐 월스트리트에서 하루 24시간 일에 매달려 있던 때가 수입의 시기다. 전업작가가 된 지금도 종종 나는 열심히 일하고도 승진에서 탈락했던 그 시기가 시간 낭비는 아니었는지 자문한다. 답은 언제나 '아니다'다. 하고 싶은 일을 하며 사는 삶(지출의 시기)을 위한 가장 중요한 조건은 기댈 수 있는 '재정적 쿠션'을 만드는 것이다. 돈이 없으면 모든 것이 불안해진다. 나는 월스트리트에서 돈을 벌면서 수많은 흥미로운 인간상들을 만났고, 이는 현재 내 글쓰기의 좋은 재료가 되어주고 있다. 치열한 협상과 음모, 협잡이 난무했던 월스트리트야말로 인간 심리를 탐구하는 데 가장 적격인 곳이었다. 젊은 독자들에게 내가 줄 수 있는 조언은 이것 하나다. 수입이 있어야 창조적인 삶을 꿈꾸고 시도할 수 있다는 것. 물론 나처럼 글 쓰는 삶을 살기 위해 무조건 10년은 돈 버는 데 쏟으라는 말이 아니다. 다만 좋아하는 일을 할 수만 있다면, 삶의 대부분은 포기할 수도 있다는 생각은 매우 위험하다는 사실을 조심스럽게 알려주고자 한다. 지출을 하려면 수입이 있어야 한다. 돈은, 아끼면 되고, 없어도 되는 문제가 절대 아니다."

이 책을 읽는 많은 독자들이 일과 삶의 균형 맞추기에 애를 먹고 있을 것이다. 이 문제에서 자유로울 수 있는 사람은 세상에 거의 없다. 여기에 수전의 조언은 유용하다. 어디서 무슨 일을 하든, 최선을 다해 돈을 벌고 인간의 다양한 모습에 대해 배운다는 태도를 갖는다면 한결 수입의 시기를 견디기가 쉬워질 것이다. 위험한 것은 수입도 아니고, 지출도 아닌 모호한 삶을 계속 사는 것이다.

인생을 명료하게 나누고 그에 따른 계획들을 세워보라. 일정한 문제들을 해결하는 데 도움을 얻을 것이다.

그리고 나머지는 수전이 그러했던 것처럼 시간에게 맡겨라.

시간이야말로 우리에게 더 나은 삶, 더 창의적인 결과를 선물하는 지혜로운 코치가 아니던가?

03
테니스 공, 동그라미 그리고 30,000

생각보다 시간이 별로 없는데도
우리는 생각과는 매우 다른 방식으로 시간을 보낸다.

드류 휴스턴Drew Houston은 드롭박스Dropbox의 공동 창업자이자 CEO다. 2006년 MIT를 졸업한 후 그는 USB 드라이브를 들고 다니거나 이메일로 파일을 보내야 하는 번거로움을 없애기 위해 드롭박스를 만들었다. 그는 공동 창업자인 아라시 페르도시Arash Ferdowsi와 함께 2007년 실리콘밸리의 가장 유명한 스타트업 인큐베이터인 와이 컴비네이터Y Combinator에 드롭박스를 소개했고, 드롭박스는 YC 역사상 가장 빠르게 성장한 스타트업 중 하나로 기록됐다. 현재 드롭박스는 5억 명의 등록 사용자와 전 세계 13개 지사에 직원 1,500명을 보유하고 있다.

진정한 변화는 변하지 않는 것들에 있다

드류 휴스턴은 워렌 버핏과 찰리 멍거Charlie Munger의 사상과 철학을 존경한다. 특히 복잡한 주제를 간결하고 명쾌하게 설명해주는 찰리 멍거의 《불쌍한 찰리 이야기Poor Charlie's Almanack》는 드류가 가장 좋아하는 책들 중 하나다.

그는 말한다. "한 기업의 CEO로서는 물론이고 인생에서도 깊은 지식이 없는 분야에서 결정을 내려야만 하는 순간이 아찔할 정도로 많다. 게다가 환경도 끊임없이 변화한다. 이런 상황을 대체 어떻게 헤쳐 나가야 할까? 사람들은 흔히 지식을 축적하다 보면 언젠가 지혜를 얻을 날이 올 것이라고 믿는다. 하지만 언제까지 지식을 쌓으며 기다려야 할까? 《불쌍한 찰리 이야기》는 좋은 출발점이 되어준다. 이 책은 모든 상황에서 제한적인 지식으로 지혜로운 결정을 내리는 방법을 알려준다. 좋은 책, 위대한 책이란 무엇일까? 나는 시대를 초월해 변하지 않는 지혜와 원칙을 담아낸 책이라고 생각한다. 좋은 기업가, 위대한 기업가들은 바로 이 같은 제1의 원리, 가장 궁극적인 지혜와 원칙을 자신의 통찰과 신념으로 만들어낸 사람들이다. 《불쌍한 찰리 이야기》는 진정한 변화란 '변하지 않는 원천적 지혜'를 찾아가는 길임을 탁월하게 보여준다."

어떻게 세상에 기여할 것인가

2013년 드류 휴스턴은 젊은 학생들 사이에서 숱한 화제와 감동을 만들어낸 MIT 졸업식 초청 연단에 선다. 그는 22살의 나로 다시 돌아갈 수 있다면 '테니스 공과 동그라미, 숫자 30,000'이 적힌 커닝 페이퍼를 주고 싶다는 말로 그 유명한 축사를 시작했다.

"테니스 공은 집착에 가까울 정도로 몰두할 수 있는 관심사를 찾으라는 뜻이다. 어릴 때 집에서 키우던 개를 생각해보라. 공을 던져 주면 무슨 일이 있어도 끝까지 공을 쫓아가 낚아채고 마는. 내가 아는 성공한 사람들은 모두 자신에게 정말 중요한 문제를 해결하는 것에 광적으로 집착한다.

동그라미는 당신 그리고 당신과 가장 친한 친구 5명이 속한 '서클 circle(모임)'이라는 뜻이다. 당신은 이 동그라미 안에 있는 친구 5명의 평균이라는 사실을 늘 잊지 말아야 한다. 살아가면서 이 동그라미는 당신에게 많은 것을 묻고, 답하고, 깨달음을 찾아줄 것이다. 이 동그라미가 언제나 당신의 최선의 잠재력을 이끌어낼 수 있는 역할을 할 수 있게 하라.

마지막 숫자 30,000의 뜻은 이렇다. 24살 때 나는 한 웹사이트에서 인간이 평균 3만 일을 산다는 글을 읽었다. 그리고 생각해보니 그 당시 나는 벌써 8,000일을 살았다는 사실에 큰 충격을 받았다. 당신이 찾아야 할 인생 지혜는 간단하다. '매일 하루를 의미 있게 만들어야 한다는 것이다.' 와이 컴비네이터와 드롭박스의 사람들은 인생의 매 순간을 의미 있게 만드는 성공에 대해 이렇게 말한다. '어떻게 세상에 기여할 것인가? 어떻게 하면 사람들의 불편함과 문제점을 해결해 줄 것인가?' 위대한 기업과 뛰어난 CEO와 리더들은 모두 이 질문들에 매달린다는 사실을 잊지 말기를. 위대한 성공은 사람 그리고 세상을 돕는 생각에서 출발한다는 것을 늘 가슴에 품고 다니기를."

어떤 돌을 채울 것인가

살아가면서 모든 변화의 기점이 되어주는 깨달음은 이렇다.

'우리는 생각보다 시간이 별로 없는데도, 우리는 생각하는 것과는 매우 다른 방식으로 시간을 보내고 있다.'

드류 휴스턴이 MIT 졸업생들에게 숫자 '30,000'을 제시한 이유가 여기에 있다. 우리는 예외 없이 아주 제한된 시간을 살다가 세상을 떠난다. 따라서 모든 것을 할 시간이 없을 때는 모든 것을 하지 않아도 되게끔 만들어야 한다. 즉 우선순위가 필요하다.

드류는 말한다. "경영석학 피터 드러커Peter Drucker의 퀴즈를 비유로 들어보자. 당신이 가진 시간을 항아리라고 해보자. 그리고 우선순위 최상단에 있는 것들을 '돌', 나머지 것들은 자갈이나 모래라고 가정해보자. 항아리를 채우는 가장 좋은 방법은 무엇인가? 대부분 우선 돌부터 넣고 그다음 자갈과 모래를 차례로 채워 넣는다고 답할 것이다. 나도 그랬다. 내게 '돌'은 인재 영입과 신상품 개발을 위한 '아이디어'다. 나는 내 시간의 대부분이 여기에 쓰인다고 확신했었다. 그런데 피터 드러커의 책을 읽고 난 후 실제로 2주 동안 내가 시간을 어떻게 사용하는지 매 시간대 별로 꼼꼼하게 노트에 기록해보았다. 두 가지 결과가 나왔다. 첫째, 내 항아리는 대부분 모래로 가득했다. 둘째, 정말 중요한 돌들은 항아리 바닥에 겨우 몇 개 깔려 있었다. 이 경험은 외부에서 들어오는 요청을 한 걸음 떨어져서 바라보게 해주었다. 내 항아리는 애초에 크지도 않았다. 중요한 건 모래와 자갈로 채울 것이냐, 돌로 채울 것이냐가 아니었다. '내 돌로 채울 것인가, 타인의 돌로 채울 것인가?'가 인생을 바꾸는 질문이었다."

드류 휴스턴의 이메일 박스에는 '타인의 우선순위'라는 폴더가 있다. 수없이 쏟아지는 이메일 중에서 내가 아니라 '타인의 우선순위'로 분류할 수 있는 것이 무엇인지를 늘 상기하기 위해서다. 타인을 돕지 않기 위해서가 아니다. 모든 사람의 요청을 고려하는 것이 세상을 돕는 지혜로운 방식이 될 수는 없기 때문이다. 선택에 신중을 기하기 위해서다. 직원과 고객이란 돌 대신에 직원과 고객을 '가장한' 돌을 항아리에 무심코 넣지 않기 위해서다.

마지막으로 드류는 현명한 우선순위 결정을 위한 몇 가지 팁을 남겼다.

"첫째, 돌을 채워 넣기 위한 시간을 미리 떼어놓아라. 실패하는 사람들은 늘 유예되는데도 불구하고 희망적 사고를 버리지 못하기 때문이다. '남는 시간이 있다면 운동을 할 수 있을 텐데…'와 같은 것이 우리가 버려야 할 희망적 사고다. 돌을 넣기 위한 시간을 의도적으로 따로 마련해두지 않으면 이 또한 절대 실현될 수 없는 희망사항으로 전락하고 만다(사실 숙면을 취하고 운동을 하는 습관은 모래나 자갈이 아니라 중요한 돌이 되어야 한다. 잠과 건강만큼 인생에서 중요한 것도 없다). 둘째, 모든 이메일에 답장하지 않아도 된다. 답장하지 않는 데서 오는 죄책감에서 벗어나라. 당신이 답장을 하지 않는다는 것은 그만큼 그 이메일이 아주 작은 모래일 뿐이라는 것이다. 여기에 일일이 신경 쓰면 계속 모래바람이 밀려들 것이다. 생각해보면 성공이라는 나무는 '거절'을 양분으로 자란다."

어떻게 하면 나의 돌로 항아리를 채우면서 세상에 기여할 수 있을 것인가?

테니스 공과 동그라미 그리고 숫자 30,000을 품고 다니는 한 당신은 계속 성장하고 좀 더 탁월해지고 점점 더 지혜로워질 것이다.

그리고 그런 당신에 힘입어 마침내 세상은 달라질 것이다.

내 인생 최고의 투자는 2011년 24시간 장애물 경주인 제1회 월드 터피스트 머더World's Toughest Mudder에 출전하기 위해 450달러의 참가비를 낸 것이다. 당시 나는 법과대학을 다닐 때 대출받은 등록금을 갚느라 빚에 시달리고 있었다. 그런 내게 450달러는 막대한 지출이었다. 더군다나 경주에서 순위를 다투기는커녕 완주나 할 수 있을지 몰랐다. 그런데 엄청난 일이 벌어졌다. 나는 1,000명이 넘는 참가자들 중에서 단 11명만이 성공한 완주자 명단에 포함돼 있었다. 이 일생일대의 사건 덕분에 내 인생 경로는 완전히 바뀌었다. 장애물 경주 분야에서 경력을 쌓으면서 여러 차례 세계 챔피언 자리에도 올랐다. 그때 갖고 있던 현금을 다 끌어 모아서 참가비를 내지 않았다면 절대 일어나지 않았을 일들이다. 그리고 깨달았다. 인생의 다른 문을 열려면 반드시 참가비를 내야 한다는 것을. 여윳돈이 생길 때까지 기다리는 사람에겐 그 문이 좀처럼 열리지 않는다는 것을. 마음이 지금 당장 가진 돈 모두를 걸어볼 만한 곳을 가리키고 있는가? 그곳으로 달려가라. 문을 활짝 열어라. 그러면 뻔했던 인생이 어느 순간 사라지고 아무도 몰랐던 새로운 세계가 불쑥 펼쳐질 것이다.

_아멜리아 분Amelia Boone, 애플Apple 상근변호사, 세계 최고의 지구력 운동선수

글을 쓰는 작가이자 음식을 만드는 요리사인 나는 이 두 작업에 엄청난 에너지를 필요로 한다. 그래서 오랜 시간 동안 내게 빛과 소금이 되어줄 에너지 공급원을 찾아 헤맸다. 그리고 마침내 '유레카!'를 외칠 수 있었으니, 바로 '수면'이었다. 하루 최소한 8~9시간의 수면을 가차 없이 지키기 시작하자 일상이 완전히 바뀌었다. 멀쩡한 정신으로 보내는 시간이 긴 사람에겐 무조건 '잠을 충분히 자라'는 조언이 가장 강력하다. 수면은 깨어 있는 시간을 위한 놀라운 활력을 제공한다. 그리고 그 활력은 삶에 새로운 기회들을 불어넣는다. 외식을 할 때도 최소 8시에는 들어와 잘 준비를 했고, 아무리 즐거운 파티도 9시를 넘겨서까지 있지 않는다. 심지어 내 집에 손님들이 놀러와 있어도 나는 10시면 먼저 일어나 어김없이 침실로 향한다. 내가 왜 이러는지 궁금한가? 그렇다면 잠을 자라. 충분히 자라. 실컷 자라. 그러면 나처럼 전혀 생각도 못한 베스트셀러를 쓸 수도 있고, 많은 사람들이 사랑하는 음식을 만들어낼 수도 있을 것이다. 집중하는 시간이 몰라보게 늘어남을 느끼게 될 것이다. 어디에서 무엇을 하든, 어떻게든, 기어코 잠을 잘 궁리를 하라. 삶의 질이 경이롭게 향상될 것이다.

_사민 노스라트Samin Nosrat, 작가, 교사, 〈뉴욕 타임스〉가 뽑은 최고의 셰프

04
5분 안에 증명하라

최고가 되어라.

붐비지 않는 유일한 시장이니까.

톰 피터스Tom Peters는 긴 설명이 필요 없는 이 시대 최고의 경영 구루다. '20세기 최고의 경제경영서'로 평가받는 《초우량 기업의 조건In Search of Excellence》을 집필했다. 이 책이 출간된 지 벌써 30년이 흘렀고 그 사이에 16권의 책을 더 출간했지만, 그는 여전히 위대한 경영 석학으로 비즈니스 업계의 최전선에서 활약하고 있다.

CNN은 그를 두고 이렇게 말했다.

"대부분의 경영 구루들은 똑같은 만트라mantra 하나를 가지고 최대한 쥐어짜내는 반면, 톰 피터스라는 1인 브랜드는 끊임없이 다른 모습을 보여준다."

그가 가장 최근에 출간한 책은 《리틀 빅 씽The Little BIG Things》이다. 그는 이 책에 자기 분야에서 최고가 되는 탁월한 방법들을 담아 전 세계 비즈니스맨들에게 깊은 감동을 주었다. 톰 피터스는 '사람과 실행이 비즈니스 전략의 전부'라고 확고하게 믿는다. 그는 지금껏 2,500회 이상의 강연을 했고, 웹사이트 tompeters.com을 방문하면 그가 강연과 집필에 사용한 자료를 무료로 얻을 수 있다.

나는 이 위대한 인물과의 인터뷰에서 '어떤 사람이 최고의 자리에 오르는가?'라는 우문을 던졌고 다음 6가지 현답을 얻었다. 그리고 톰은 이렇게 덧붙였다.

"비즈니스맨이라면 누구든 블루오션을 찾고 있을 것이다. 그렇다면 최고가 되어야 한다. '최고의 자리'가 붐비지 않는 유일한 시장이다."

지금 당장 탁월하라

최고가 되는 첫 번째 걸음으로 톰은 이렇게 말했다.

"사람들은 가능한 한 폭넓게 사유하고, 강력한 비전을 가져야 한다고 생각한다. 하지만 이는 환상이다. 최고가 되려면 작게 생각해야 하고, 오늘 하루가 끝나기 전에 근사한 일을 해야 한다."

그는 '탁월함'은 5분 안에 증명될 수 있어야 한다고 말한다. 즉 당신이 얼마나 탁월한지, 당신이 지금 하고 있는 일이 어떤 매력을 갖고 있는지 5분 내에 입증할 수 없다면, 당신은 막연한 꿈을 꾸는 공상가다. '이렇게 노력하다 보면 언젠가는 탁월해질 것'이라는 생각은 금물이다. 어떤 사람을 만났을 때 그 사람과 5분 정도 대화를 나눴음에도 그가 뛰어난 사람인지 여부가 가늠되지 않으면, 그 사람은 절대 탁월한 사람이 아니다.

"지금껏 나는 수천 명의 글로벌 CEO를 만났다. 그들은 한목소리로 말한다. '거창한 포부나 목표를 갖는 대신 지금 써야 할 이메일 안에서 당신의 탁월함을 입증하라. 상대는 당신이 뛰어난 사람인지를 평가하는 데 절대 5분 이상 시간을 들이지 않는다. 장기 계획 따위는 잊어버려라. 지금부터 5분 동안 온 힘을 쏟는 삶을 계속하라.' 나는 그들의 말에 전적으로 동의한다. 최소한 하루에 한 가지는 매력적인 일을 하라. 그런 노력이 우리를 탁월하게 만든다. 언제인지 알 수 없는 미래가 아니라, 지금 당장 탁월해야 한다."

안식을 완성하라

톰 피터스에 따르면 성공적인 CEO들은 대부분 '안식년'을 지킨다. 1년간 회사를 완전히 벗어나 휴식을 갖는 것이 가장 이상적이긴 하다. 하지만 꼭 그러지 않아도 된다. 자신을 재충전할 수 있는 1년짜리 계획을 세워서, 그것을 이루기 위한 시간을 조금씩 내는 것만으로도 충분하다.

톰은 말한다. "계획을 세운 후에는 사람들에게 이를 알리는 것이 중요하다. '내가 올해 안식년이니, 오직 나만을 위한 계획을 세웠으니, 나를 아는 모든 사람은 이를 참조하여 내게 연락하시오'라고 공표하는 것이다."

톰은 지난 20년 이상 늘 다른 사람들보다 반걸음 정도 앞서간다고 생각했다. 하지만 4년쯤 전부터 사실은 타인들보다 너무 뒤처져, 그들의 뒤꽁무니조차 보이지 않았던 게 아닌가 하는 생각이 들었다. 위기의식에 싸인 그는 1년간 처음으로 안식년을 가졌다. 경제경영서가 아닌 책들을 쌓아놓고 읽고, 또 읽고, 독서 모임에도 나가보았다. 그곳에는 그와 같은 이유로 안식년을 갖는 CEO들이 있었다. 엄밀히 말하면 회사 일과 안식년을 병행하는 중이었다.

그들은 톰에게 이렇게 털어놓았다.

"처음엔 정말 어려웠지만 마음을 굳게 먹고 계획을 꼼꼼하게 세우면 일과 휴식의 병행이 결코 불가능한 일이 아니다. 허겁지겁 저녁을 때우고 나면 하품밖에 안 나오는 비능률적 야근을 나를 위한 시간으로 대체하면 충분하다. 또한 이 같은 안식년을 보낼 계획을 지인들에게 알리면, 그들 또한 관심을 갖고 도와준다. CEO가 해야 할 중요한 일 중 하나는 자신의 생각을 타인들에게 잘 알리는 것임을 배우고 있는 중이다."

일하지 않는 시간을 일하는 시간을 위해 쓰는 시대는 지났다고 톰은 강조한다. 삶을 희생해 성공을 얻는 시대 또한 저물었다. 사회경력이 몇 년차인지는 중요하지 않다. 지금 바로 안식년 계획을 세워라. 무조건 쉬라는 게 아니다. 자신을 위한 계획을 모든 계획에 우선하라는 것이다. 1년의 완벽한 안식년을 갖는 게 현실적으로 불가능하다면 3~4년 동안 천천히 '안식'을 완성하면 된다.

좋은 매너를 가져라

수천 명에 이르는 뛰어난 CEO와 리더를 수십 년간 관찰해온 톰은 젊은 비즈니스맨들이 가슴에 새겨야 할 최고가 될 수 있는 기본적인 조건으로 다음 두 가지를 제시한다.

첫째, '좋은 매너가 큰 성공을 안겨준다'는 것이다. 21세기는 똑똑한 사람들도 너무 많고 일 잘하는 사람들도 너무 많다. 이런 시대에 차별화될 수 있는 경쟁력은 '기본기'에 충실한 태도다. 예의 바르고 점잖고 친절한 태도를 갖고 있으면, 눈에 잘 띄기 때문에 발탁의 기회가 많아진다.

"많은 기업들의 인사담당 임원들과 조찬 모임을 가진 적 있다. 그때 그들은 채용 인터뷰에서 탈락을 통보했다가 생각지 못한 예의 바른 태도와 정중함이 담긴 연락을 받고는 다시 합격시킨 지원자가 종종 있다고 말한다. 많은 탈락자들이 '자신이 왜 떨어졌는지, 그 사실만이라도 알려달라'고 부탁하지만, 그 부탁을 들어줘서 고맙다는 회신을 보내지는 않는다. 따라서 좋은 매너를 갖췄다는 것은 대단히 큰 강점이 되어준다는 사실을 잊지 말아야 한다."

둘째, 남의 말에 누구보다 귀를 잘 기울여주는 사람이 되어야 한다. 경청의 중요성은 아무리 강조해도 모자람이 없다고 톰은 설명한다. 또한 경청의 중요함은 잘 알지만 경청을 실천에 옮기기란 매우 어렵다.

톰은 말한다. "경청은 갖추면 좋은 미덕이 아니라 꼭 습득해야 할 능력이다. 그리고 경청은 결심과 의지로 얻을 수 있는 능력이 아니다. 관련된 글을 읽고, 연습하고, 자신을 평가해줄 멘토도 있어야 한다. 입을 닫은 채 고개를 끄덕이는 게 경청이 아니다. 할 말은 하면서, 들어야 할 때는 진심으로 귀를 열어주는 것이 경청이다."

모두가 안 하는 것을 하라

톰은 언젠가 '전설적인 투자자'로 존경받는 인물을 만난 적 있다. 그가 톰에게 이렇게 물었다.

"톰, 요즘 CEO들의 가장 큰 문제점이 뭐라고 생각하세요?"

"글쎄요…"

톰이 머뭇거리자 그는 탄식하듯 말했다.

"책을 충분히 읽지 않는다는 것입니다."

최고가 되고 싶다면 읽고, 읽고, 읽고, 또 읽어야 한다. 나이가 21살이건 51살이건 101살이건 상관없이, 뛰어난 사람이 결국 이기게 마련이다. 그리고 뛰어난 사람은 모두 독서광이다. 요즘 같은 스피드 시대에 몇 시간씩 책을 탐독하는 사람들을 찾아보기란 매우 드물다. 바로 그 희귀성 때문에 독서를 하는 사람이 스마트폰을 보는 사람보다 성공할 가능성이 크다. 앞에서 톰 피터스가 주문한 '붐비지 않는 시장'에 있어야 성공도 하고 최고도 될 수 있다. 이를 다시 정리하자면 이렇다.

'모두가 잘 안 하는 것을 하라.'

톰 피터스와 그가 아는 글로벌 CEO들은 다음의 책을 젊은 독자들에게 추천한다.

수전 케인의 《콰이어트》, 프랭크 파트노이의 《속도의 배신Wait: The Art and Science of Delay》, 린다 캐플런-탈러의 《나이스The Power of Nice》와 《유쾌한 나비효과The Power of Small》, 캐시 오닐의 《대량살상수학무기Weapons of Math Destruction》, 조지 웨일린의 《장사는 차별화다Retail

Superstars》, 보 벌링엄의 《스몰 자이언츠Small Giants》, 윌리엄 테일러의 《차별화의 천재들Simply Brilliant》, 헤르만 지몬Hermann Simon의 《히든 챔피언Hidden Champions of the Twenty-first Century》.

평생 할 수 있는 운동이 있어야 한다

톰 피터스를 비롯해 자기 분야에서 최고의 자리에 오른 사람들의 공통점은 '운동'이다. 그냥 평범한 운동이 아니다. 평생에 걸쳐 꾸준히 하는 운동을 하나씩 갖고 있다.

톰은 노 젓기를 굉장히 좋아한다. 5살부터 지금껏 지속해온 운동이다. 그는 일주일에 이틀 이상 강에서 노 젓는 보트에 올라 한두 시간 정도를 보낸다.

"휴대폰 배터리 충전과 마찬가지로 몸과 정신을 완전히 방전했다가 완전히 재충전할 수 있는 운동이 좋다. 그래야 좋은 컨디션이 더 오래 유지된다. 성공하면 할수록 자연스럽게 고독해진다. 그때 운동은 정말 좋은 친구가 되어준다."

모든 사람에게서 배워라

톰이 《초우량 기업의 조건》을 집필할 때의 일이다.

어느 날 휴렛패커드Hewlett-Packard의 CEO 존 영John Young이 그의 사무실을 찾아와 이렇게 말했다.

"우리 HP의 만트라가 'MBWAManaging By Wandering Around'입니다. 즉 사무실 안에서만 머무는 게 아니라 직접 현장으로 나가 직원과 고객의 목소리를 들어야 한다는 뜻이죠. 사무실에 갇힌 환경만 접하는 생활은 많은 실수와 착각을 불러일으키더군요. 낯선 환경에서도 인간적인 모습을 보이고, 모든 사람에게서 교훈을 얻고자 할 때 비로소 우리는 한 걸음 성장한다고 믿습니다."

그날 존 영이 돌아간 후 이번에는 유통업계 선두주자였던 노드스트롬Nordstrom 백화점의 임원이 찾아와 이렇게 말했다.

"일이 안 풀리거나 기분이 우울할 때는 매장을 30분간 돌아다닙니다. 그러면 답을 알고 있는 고객을 만나게 되죠. 와우, 정말 놀라운 경험입니다. 성공이란 답을 알고 있는 낯선 사람을 얼마나 많이 찾아낼 수 있느냐의 싸움이더군요."

성공하려면 우리는 모든 사람을 찾아내야 한다.

모든 사람에게서 배울 줄 알아야 한다.

낯선 사람을 환대하라.

그는 당신을 돕기 위해 신이 보낸 천사일 수 있다.

05
인생은 둘 중 하나다

인생은 둘 중 하나를 선택하는 일이다.
그리고 선택하지 않은 다른 하나를
오랫동안 돌보는 일이다.

팀 어번Tim Urban은 오피니언 리더들이 탐독하는 '웨잇 벗 와이Wait But Why'라는 블로그를 운영하는 인터넷상에서 가장 인기 있는 작가 중 한 명이다. 〈패스트 컴퍼니〉에 따르면 팀은 "비즈니스 세계의 거물들조차 부러워할 만큼 높은 수준의 독자 참여도를 유지하고 있다." 웨잇 벗 와이의 순 방문자 수는 월 150만 명을 웃돌고 55만 명이 팀 어번의 이메일을 정기 구독하고 있다. 그의 독자들 중에는 명상가 샘 해리스Sam Harris, 수전 케인, 트위터 창업자 에번 윌리엄스Evan Williams, TED 총괄 큐레이터 크리스 앤더슨Chris Anderson 등등 내로라하는 쟁쟁한 인물들이 포진해 있다. 팀의 TED 강연 '할 일을 미루는 사람의 심리'는 2017년 현재 2,100만 건이 넘는 조회 수를 기록하고 있다.

합리적 결정자 vs 원숭이

팀 어번은 TED 강연을 통해 유명 스타로 떠올랐다. 그는 강연에서 우리의 머릿속에는 두 명의 주인공이 존재한다고 설명한다.

합리적인 의사결정자(머릿속의 성인)와 즉각적인 만족을 원하는 원숭이(머릿속에 있는 어린아이로 결과에 아랑곳하지 않고 지금 이 순간의 편안함과 즐거움이 극대화되기를 원하는)가 그것이다. 이 두 주인공은 끊임없이 싸움을 벌이는데, 대개 원숭이가 이긴다. 문제는 원숭이가 이길 확률이 매우 높은 삶은 그만큼 성공과는 거리가 멀다는 데 있다. 하지만 우리는 타고나기를 원숭이에게 매번 지게 돼 있다. 그렇다면 어떻게 해야 하는가?

팀은 제안한다. "원숭이를 이기려 하지 말고 효과적으로 제어할 수 있는 대안을 마련해야 한다. 예를 들어 '오늘 6시까지 일하면 내일 오전 9시까지는 일하지 않는다'는 계획을 세우면 일하는 시간 동안 원숭이를 통제하기가 훨씬 쉬워진다. 지금 당장은 아니더라도 나중에 뭔가 재미있는 게 기다리고 있다는 걸 알아차리면 원숭이는 협조할 가능성이 대폭 높아진다. 우리는 원숭이에게 절대 시간과 보상을 내주지 않는 시스템에 젖어, 열심히 일하는 것도 아니고 즐겁게 노는 것도 아닌 방식을 너무 오랫동안 지켜왔다."

팀에 따르면, 무척 복잡해보이는 문제들도 천천히 해체하면 결국 합리적 의사결정자와 원숭이 간의 대결일 뿐이다. 살아가면서 우리를 끊임없이 고민에 빠뜨리는 것은 언제나 둘 중 하나의 선택이다. '지금 이것을 할 것인가, 아니면 나중에 할 것인가.'

인생이 복잡하게 꼬이고, 생각이 꼬리를 물고, 감당할 수 없는 압박과 스트레스가 몰려올 때는 무조건 머릿속에 있는 원숭이를 깨워야 한다. 우리가 좀처럼 좋은 답을 찾을 수 없는 이유는 원숭이 계획에서 완전히 배제시켜놓기 때문이다.

"과장을 조금 보태면 인생은 모두 둘 중 하나의 선택이다. 둘 중 하나의 선택이 성공적인 결정이 되려면, 선택하지 않은 다른 하나에게 매력적인 보상을 주면서 정성껏 돌봐주어야 한다. 인생의 성공은 지금 당장 선택하기 어려운 원숭이에게 언제 어떻게 먹이를 줄 것인지에 달려 있다."

로아크 vs 키팅

팀 어번은 사람들에게 에인 랜드Ayn Rand의 소설《파운틴헤드The Fountainhead》를 강력 추천한다. 이 책의 두 주인공인 하워드 로아크Howard Roark와 피터 키팅Peter Keating이 우리의 모습을 깊이 반영하고 있기 때문이다.

로아크는 더없이 독립적인 인간이다. 그는 기본적인 원칙들(인생의 핵심에 존재하는 기본 사실들)에 입각해 자신의 삶과 사고방식, 행동을 스스로 결정한다. 키팅은 정반대다. 그는 완벽하게 의존적인 인간이다. 당대의 유행과 신념을 추종하고 타인의 법칙과 질서 안에서 게임에 이기기 위해 최선을 다한다.

우리는 모두 때로는 로아크 같고 때로는 키팅 같다. 중요한 것은 로아크처럼 행동할 때(진로를 선택할 때, 평생 반려자를 고를 때, 자녀의 양육 방법을 결정할 때 등)는 언제이고, 키팅처럼 행동해야 할 때(옷을 고를 때, 적금을 들 때, 멋진 식당을 찾을 때 등)는 언제인지를 정확하게 아는 것이 인생의 열쇠가 되어준다는 사실이다. 로아크처럼 행동해야 할 때 키팅처럼 하고, 키팅처럼 행동하며 에너지를 아껴야 할 때 우리는 너무 진지하게 로아크처럼 행동함으로써 인생을 어렵게 풀어간다.

팀은 말한다.

"테슬라의 CEO 엘론 머스크Elon Musk를 심층 인터뷰할 기회가 있었다. 그때 나는 엘론처럼 큰 성공을 거둔 인물들은 자기 분야에서는 철저하게 로아크처럼 살고, 기타의 삶에서는 기꺼이 키팅이 되어 현명하게 에너지를 절약한다는 사실을 알게 됐다. 비유하자면 엘론은 자신이 가장 잘할 수 있는 일에서는 레시피를 개발해 요리사들에게 공급하는 수석 셰프 역을 맡고, 나머지 삶에서는 타인이 개발한 레시피를 따르는 일반 요리사 역을 충실히 수행한다는 것이다. 이 같은 생각을 내 블로그에 장문의 글로 만들어 올렸을 때 독자들의 반응은 뜨거웠다. 자신의 에너지를 조화롭게 분배할 수 있는 단서를 얻었기 때문일 것이다. 둘 중 하나를 선택할 수밖에 없는 게 인생이긴 하지만, 그 선택이 '둘 중 하나'가 아니라 '둘 사이의 조화'를 위해 존재한다는 깨달음만 잊지 않으면 우리의 삶은 많이 달라진다."

과정 vs 결과

우리는 규칙 안에서 끊임없이 자유를 갈망한다. 수십만 구독자를 거느린 작가 팀 어번도 마찬가지였다. 그는 대학을 졸업한 첫 해에 SAT,

ACT 등의 시험을 대비해 개인 지도를 해주는 소규모 회사를 창업했다. 그후 9년 동안 회사를 키우기 위해 온갖 노력을 기울였고 30대 중반에 이르러 마침내 경제적 풍요와 자유를 획득, 먹고사는 일에 구애받음 없이 전업작가의 길로 나설 수 있었다.

프로 작가가 된 팀은 이제 사회가 정한 규칙을 따르지 않아도 된다는 낭만적인 생각에 한껏 들떴다. 집에서 속옷 차림으로 일을 하고, 새벽 3시에 가장 멋진 글을 쓰고, 자명종 같은 건 절대 맞춰놓지 않는 삶. 생각만으로도 멋진 일이었다.

그런데 그는 생각지도 못한 문제에 직면했다.

"틀과 관습에 얽매이지 않는 작업 방식이 내 일에 전혀 도움이 되지 않았다. 마감이 정해져 있을 때는 어떻게든 일을 했지만, 데드 라인이 없으면 엄청나게 비생산적인 시간을 보냈다. 아울러 끊임없이 일을 계속하는 상태가 이어진다는 것을 깨달았다. 장시간 일에 계속 집중하는 경우도 드물지만, 마찬가지로 일에서 완전히 벗어나는 경우도 드물었다."

결국 팀은 '9시부터 5시까지 사무실에서 일하는 것'의 장점을 활용하기 시작했다. 아침에 옷을 챙겨 입고 집을 나와 커피숍에서 글을 쓰기 시작했다. 보통 사람들과 같은 시간에 잠자리에 들고 자명종도 맞추기 시작했다. 늦은 오후나 초저녁까지 일에 미친 듯이 집중하다가 이튿날 점심시간부터는 일에서 완전히 손을 떼는 식으로 시간을 명확히 구분해서 쓰기도 했다. 완벽하게 지키지는 못했지만 이러한 루틴을 갖게 된 후 그는 다음과 같은 사실을 깨달았다.

"창의적인 결과를 얻으려면 뭔가 독특하고 예술적인 시공간이 필요하고 남다른 일상을 살아야 한다고 굳게 믿었는데, 완전한 착각이었다. 영감을 얻으려면 다수의 길이 아니라 '마이 웨이'를 가야 한다는 생각도 강박에 불과했다. 과정은 아무래도 좋다. 중요한 건 결과다. 내가 블로그 글쓰기를 시작했을 때 가장 많이 들었던 조언이 '어떻게든 규칙적으로 글을 포스팅해야 독자들이 끊이지 않는다'였다. 이것이 함정이었다. 짧은 시간 안에 더 많은 글을 쓰려면 남들과 똑같이 일하고 똑같이 퇴근하는 방식으로는 안 될 거라고 생각한 것이다. 이런 생각이 잘못됐다는 사실을 인식한 후부터 나는 블로그에 규칙적으로 글을 올리기 위해 모두가 잠든 시간에 머리를 쥐어짜는 일을 그만두었다. 창의적인 삶을 살려면 과정이 아니라 결과로부터 자유로워져야 함을 깊이 알게 됐다. 나는 규칙적인 포스팅을 포기했다. 매우 '불규칙한' 포스팅이었지만 더 매력적이고 더 신선한 글을 올리기 위해 '규칙적으로' 일했다. 그 결과, 내 블로그는 매달 100만 명이 넘는 사람들이 찾아와 글을 읽는 공간이 되었다."

팀은 자신이 대부분의 사람들처럼 아침 시간에 업무 효율이 가장 높다는 것을 새삼 알게 됐고, 낮과 밤을 바꿔 살면 인간관계는 포기해야 한다는 사실도 깨달았다. 중요한 건 과정보다는 결과에 더 많은 융통성과 자유를 주어야 한다는 것이었다. 아울러 그저 평범한 결과를 단지 양적으로 더 많이 만들어내기 위해 삶을 기계적으로 찍어내듯 살고 있는 건 아닌지에 대한 검토도 요구되었다.

팀은 이렇게 덧붙였다. "9시부터 5시까지 일하면서 뭔가 잘될 것이라고 기대할 만한 것이 있는가? 그렇다면 당신은 지금 창의적인 곳에서 창의적으로 일하고 있는 것이다. 인생을 전진시키는 것은 빛나는 결과가 아니다. '빛나는 결과에 대한 기대감'이 우리의 삶을 앞으로 나가게 한다."

당신이, 당신의 삶에서 기대하고 있는 것은 무엇인가?

성공하는 삶은 결과가 아니라 기대할 수 있는 것들이 많은 삶이다.

CEO vs 샐러리맨

이제 막 사회에 진출한 젊은 독자들을 위한 조언을 요청하자 팀은 이렇게 답했다.

"세상 모든 직업은 두 가지로 구분된다. CEO로 일하는 직업과 CEO를 위해서 일하는 직업이다. 20~30대에는 이 선택에 대해 시간을 들여 신중하게 생각해볼 것을 권한다."

세상에는 CEO일 때 그 재능이 가장 잘 드러나는 유달리 똑똑하고 능력 있고 특별한 사람들이 존재한다. 그에 반해 일거리를 계속 가져오는 문제를 걱정하는 건 다른 사람에게 맡기고, 고개를 숙인 채 주어진 일에만 집중할 때 최고의 능력을 발휘할 수 있는 사람들도 있다. 일의 성취감을 위해 반드시 CEO가 되어야 하는 사람이 있는가 하면, 어쩔 수 없이 CEO 자리에 올라 모든 일에 다 신경 써야 하는 상황에 처해 비참한 기분만 느끼는 사람도 있다.

팀은 설명한다. "20대에 찾아야 할 사람이 있다면, 내 부족한 점을 탁월하게 상쇄해줄 사람이다. 즉 해당분야 최고의 전문가이지만

CEO로서는 별 자질이 없는 사람은, 전문성은 부족하지만 뛰어난 리더십과 수완을 가진 파트너를 찾아야 한다. 이것이 사업의 성패를 좌우한다. 창업에 실패하는 많은 경우가 창업자들이 이 같은 조화를 이루지 못했기 때문이다. 싫든 좋든, 언젠가는 창업을 하게 된다. 그때 자신의 성향을 파악하고, 자신에게 최적한 파트너를 찾으면 늦다. 뒤집어 말하면, 이런 파트너를 얻지 못하면 절대 창업해선 안 된다. CEO는 후천적인 노력으로 완성되기가 매우 어렵다. 능력을 인정받는 걸출한 샐러리맨도 대부분 그 재능을 타고난다. 20대에 해야 할 일은 하나다. 각자의 강점에 집중하면서 서로가 서로를 알아보는 것이다."

좋아요 vs 싫어요

나는 팀 어번과 시간 가는 줄 모르고 대화하고 토론하고 메모를 나눴다. 그는 위트에 넘치는 지혜로운 사람이었다. 이야기를 나누던 중 나는 유명 스타인 그가 계속 밀려드는 그 많은 일들을 어떻게 처리하는지 궁금했다. 즉 삶의 우선순위를 어떻게 결정하는지에 대해 물었다. 그는 미소를 지으며 답했다.

"'좋아요' 목록부터 시작해 '싫어요' 목록을 작성하면 유용하다. '좋아요' 목록은 중요한 일들이 중심이 되어야 한다. 하지만 '중요하다' 같은 모호한 개념을 어떻게 구체적으로 정의할 것인가? 나는 간단한 리트머스 검사법 두 가지를 활용한다.

내 일과 관련된 '좋아요' 목록을 만들 때는 '묘비명 테스트'라고 하는 것을 생각한다. 어떤 기회가 생길 경우, 내 묘비에 이 프로젝트와 관련된 얘기가 새겨지면 기쁘겠는지 자문해보는 것이다. 만약 명확하게 '아니다'라는 답이 나온다면, 그 일은 나한테 별로 중요한 일이 아니라는 뜻이다. 자신의 묘비명을 생각한다는 것은 소름끼치는 일이기도 하지만 한편으로는 주변의 소음을 모두 차단하고 매우 집중된 관점에서 자신의 일을 바라볼 수 있는 좋은 방법이기도 하다. 그러면 내게 정말 중요한 일이 뭔지 깨달을 수 있다. 그래서 나는 '묘비명 테스트'를 떠올리면서 '좋아요' 목록을 만들고, 그 정의에서 벗어나는 잠재적인 시간 약속들은 '싫어요' 목록에 집어넣는다. '묘비명 테스트'는 내가 할 수 있는 가장 뛰어나고 독창적인 창작 작업에 내 시간과 노력을 집중해야 한다는 사실을 일깨워준다.

인간관계와 관련된 '좋아요' 목록의 경우에도 '임종 테스트'라는 비슷한 실험을 적용할 수 있다. 임종 테스트는 다음과 같은 두 가지 일을 하도록 밀어붙인다.

첫째, '이 사람이 내가 임종 자리에서 떠올릴 사람일까?'라는 질문을 활용해 내가 지금 적절한 사람들에게 시간을 들이고 있는 것인지 확인한다.

둘째, '만약 내일 세상을 떠난다면 지금 이 사람과 함께 있는 것이 맞을까?'라는 질문을 던져 내가 가장 아끼는 사람들과 소중한 시간을 충분히 보내고 있는지 확인한다. 다른 사람들의 임종을 떠올려보는 것도 효과적인 방법이다. '만약 X가 오늘 죽는다면, 지금까지 그와 함께 보낸 시간에 대해 어떤 기분이 들까?'

우리에게 가장 소중한 사람들은 늘 우리의 시간을 놓고 일 또는 다른 사람들과 경쟁해야 하는 처지에 있다. 임종 테스트는 소중한 사람들에게 충분한 시간을 쏟을 수 있는 유일한 방법은 수많은 일과 다른 사람들을 '거절'하는 것임을 일깨워준다. '묘비명 테스트'와 '임종 테스트'의 핵심은 우리가 임종을 맞거나 묘비명을 새길 때가 되면 뭔가를 바꾸기에는 이미 너무 늦었다는 것이다. 따라서 우리는 우리의 삶이 끝나기 훨씬 전에 살아 있는 동안 꼭 해야 할 일들을 모두 할 수 있어야 한다. 또 하나 명심해야 할 것은 '싫어요' 목록에 있는 일들을 휴지통처럼 방치하지 말고 세심하게 살피라는 것이다. 그 목록에 담겨 있는 일들을 실제로 거부하는 것은 매우 힘든 일이다. 그러므로 계속 공을 들여야 한다. 앞에서도 말했던 것처럼 인생은 늘 둘 중 하나를 선택하는 일이다. 그리고 선택하지 않은 다른 하나를 오랫동안 돌보는 일이다."

06
마스터에게 플러스알파를 주어라

10보다는 11을, 20보다는 21을 선택하라.
0+1이 마스터에게 강한 힘을 실어주는 숫자다.

폴란드 출신의 예지 그레고렉Jerzy Gregorek은 1986년 아내 아니엘라와 함께 정치 난민 신분으로 미국에 왔다. 그후 그는 세계역도선수권 대회에서 네 차례나 우승을 차지했고 세계 기록도 하나 세웠다. 2000년 예지와 아니엘라는 UCLA 역도 팀을 창설했다. 해피 보디Happy Body 프로그램의 공동 창안자인 예지는 30년 이상 수많은 사람들의 건강한 삶을 위한 멘토 역할을 했다.

1998년 그는 버몬트 예술대학에서 문예창작 석사학위를 받았다. 그가 쓴 시와 번역문은 〈아메리칸 포에트리 리뷰The American Poetry Review〉를 비롯한 수많은 매체에 실렸다. 그의 〈패밀리 트리Family Tree〉라는 시는 1998년 잡지 〈아멜리아Amelia〉에서 주관한 '찰스 윌리엄 듀크 장시長詩 상Charles William Duke Long Poem Award'을 받기도 했다.

어려운 선택, 쉬운 인생 vs 쉬운 선택, 어려운 인생

예지 그레고렉은 15살 때 알코올 중독 환자였다. 어린 나이에 삶의 바닥을 헤매던 그는 이를 극적으로 극복하고 19살에 소방관이 된다. 숱한 목숨을 구한 최고의 소방관이었던 그는 미국으로 건너온 후에는 세상에서 가장 무거운 것을 들어 올리는 최고의 운동선수가 되었고, 시인이 되었으며, 많은 사람들의 멘탈 코치로 높은 명성을 쌓았다. 드라마틱한 선택의 연속이었던 그의 삶은 우리에게 깊은 울림을 전한다.

"내 삶에는 많은 선택이 있었다. 그때마다 나는 나에게 이렇게 물었다. '지금 이 순간 더 어려운 선택은 무엇이고, 더 쉬운 선택은 무엇인가?' 답은 이미 정해져 있었다. 나는 망설임 없이 '더 어려운 선택'을 선택했다. 어려운 선택을 하는 순간 오래된 낡은 생각 패턴에 젖어 있던 뇌가 깨어나면서 새로운 해결책을 찾아내는 일에 뛰어들기 때문이다. 이 새로운 해결책을 찾아내는 일에 뛰어드는 느낌, 이것이 곧 내가 살아야 할 가장 확실한 이유였다."

잠시 책장을 덮고 심호흡을 하며 생각해보라. 지금껏 살아온 당신의 머릿속에 가장 생생하게 남아 있는 느낌이나 기억은 무엇인가? 십중팔구 정말 어려웠던 난관을 극복하고 뭔가를 성취했을 때일 것이다. 수백 킬로미터에 이르는 트레킹 코스를 완주했거나 모두가 미쳤냐며 말리는 일을 선택해 자신과의 치열한 싸움 끝에 멋지게 성공시킨 경험 등일 것이다. 이런 성취와 경험이 당신에게 더 많은 가치를 추구할 수 있는 에너지를 공급하고 있을 것이다.

한 마디로 말해 손쉬운 선택으로는 아무것도 이룰 수 없다. 손쉬운 선택은 뜨거운 열정과 헌신 그리고 뜻밖의 행운과 기대를 뛰어넘는 성과가 동행하지 않기 때문이다.

힘든 선택을 했다는 것은 절대 물러서지 않을 것이란 결연한 의지 표명이다. 이때 우리의 뇌는 굳은 의지를 뒷받침하기 위해 우리를 더 현명하고, 똑똑하고, 강하고, 풍요한 존재로 만든다. 반면에 쉬운 선택은 우리가 앞으로 나가는 걸 방해하면서 안락하고 즐거운 일에 에너지를 주로 소비하게 만든다.

예지는 이렇게 말했다. "흔히 자신과의 싸움에서 이겨야 한다고 한다. 더 어려운 선택과 더 쉬운 선택 사이에서 더 어려운 선택을 하는 것, 그것이 자신과의 싸움에서 이긴 것이다."

우리가 힘든 선택을 해야 하는 이유는 또 있다. 힘든 선택일수록 인생은 더 쉬워지고, 쉬운 선택을 할수록 인생은 더 어려워지기 때문이다.

숙명론자의 속삭임을 거부하라

예지 그레고리가 막 소방관이 되었을 때, 그는 한 아파트에서 발생한 화재 현장으로 처음 출동했다. 소방차가 붉은 경광등을 번쩍거리고 세이렌을 울리며 도심을 가로지르는 동안 그는 인생의 계시를 얻었다.

"순간 나는 세상에 압도적인 선善 같은 것이 존재한다는 사실을 깨달았다. 그렇지 않다면 어떻게 생면부지 타인을 구하기 위해 자기 목숨을 불길에 던져넣으려고 전력질주하는 사람들이 있을 수 있겠는가? 5분만 더 달리면 어떤 이해타산도 없이 오직 내 구조 활동만을 기다리고 있는 사람들이 있었다. 난생처음 누군가가 나를 완벽히 순수하게 필요로 한다는 느낌이 들었다. 그 느낌이 너무나 좋았다. 세이렌 소리가 도로를 가득 채우고 있던 그때 나는 결심했다. 평생 어려움에 처한 사람들을 돕는 '선'의 일부가 되겠다고."

결국 타인을 위해 자신을 희생하는 것과 같은 '힘든 선택'이 우리를 선한 삶으로 안내한다. 진정한 성공은 '선한 삶을 선택하는 결단'이라고 예지는 말한다.

"우리의 마음에는 '숙명론자'와 '마스터master'가 살고 있다. 선한 삶을 통해 위대한 성공을 얻으려면 먼저 숙명론자의 속삭임을 거부해야 한다. 쉬운 선택을 집요하게 권하는 숙명론자가 이길 경우, 우리가 처한 상황은 악화되고 삶의 질도 추락한다. 다행인 것은 숙명론자만큼이나 우리 안에 존재하는 마스터의 목소리도 뚜렷하게 들을 수 있다는 것이다. 마스터가 숙명론자를 이기려면 처음에는 51퍼센트 대 49퍼센트의 미묘한 차이만 벌릴 수 있어도 된다. 그러다 보면 점점 숙명론자를 새로운 방법으로 함정에 빠뜨려 이길 가능성을 5퍼센트 또는 10퍼센트로 늘릴 수 있다. 하루에도 몇 번씩 숙명론자에게 패배하던 삶이 일주일에 한 번 정도로 줄어들게 되는 것이다."

흥미로운 얘기였다. 인생이란 게임에서 마스터에게 최소 51퍼센트 이상의 힘을 실어주려면 점점 망설이는 시간을 줄여나가다가 어느 순간 어떤 두려움도 없이 곧장 '힘든 선택'을 하는 경지에까지 다다를 수 있도록 노력해야 한다. 언제나 새로운 방법으로 숙명론자를 함정에 빠뜨리면서 말이다. 그 새로운 방법이란 다름 아닌 '선하게 살 궁리'다. 힘든 선택, 마스터에게 힘 실어주기, 선하게 살 궁리가 하나의 조화로운 원을 이룰 때 우리는 참된 성공을 결실로 얻는다.

"내 안의 마스터를 점점 강하게 만들기 위해선 내 삶에 대한 내 책임 비중을 점점 더 늘려, 마침내 100퍼센트로 만드는 것이다. 우리가 행복해지지 않는 핵심적인 이유 중 하나는 타인에 대한 반응에 너무 예민하기 때문이다. 우리는 누군가의 존재나 행동 때문에 화를 내기도 하고, 기뻐하기도 한다. 누군가 때문에 살맛도 나고 죽을 맛일 때도 있다. 마스터가 된다는 건 누군가의 자리에 '나'를 놓는 노력이다. 나에 대한 완전한 결정권을 내가 가질 때 비로소 타인을 돕는 힘든 선택이 가능해진다."

예지 그레고리는 'IARFCDP'라는 알파벳 철자가 새겨진 팔찌를 차고 다닌다. IARFCDP는 '나는 사람들을 진정시킬 책임이 있다I Am Responsible For Calming Down People'의 머리글자다. 그는 하루에도 몇 번씩 팔찌에 새겨진 의미를 들여다보면서 선한 자극을 얻는다. 때로는 자신도 모르게 부정적 감정에 반응하다가도 팔찌가 있는 걸 깨닫고는 후회할 지점에 도달하기 전에 행동을 멈추기도 한다. 그런 다음 다시 계속 추구해온 일에 집중한다.

인생에서 가장 힘들지만 선하고 위대한 선택은 자기 자신에 대한 결정권, 그리고 타인을 향한 탁월한 책임의식일 것이다. 마스터가 되고 싶은가? 그렇다면 당신의 선한 삶을 이끌 문장과 상징이 새겨진 팔찌부터 하나 장만해보라. 앞에서 말했지만 어려운 선택을 하고 나면 인생은 쉬워진다.

마스터의 숫자를 선택하라

소방관일 때도, 역도선수일 때도, 코치일 때도, 시인일 때도 예지는 언제나 마스터가 숙명론자를 이기는 삶을 살아왔다. 변화의 순간마다 쉬운 운명을 선택했더라면, 그는 알코올 중독을 안고 미국으로 이민 온 난민의 삶에서 크게 벗어나지 못했을 것이다.

그는 마지막으로 정말 우리가 깊이 새겨야 할 놀라운 이야기를 보너스처럼 선물했다.

"10보다는 11을, 20보다는 21을, 30보다는 31을, 40보다는 41을, 50보다는 51을 선택하라… 0+1이 마스터에게 강력한 힘을 실어주는 숫자다."

작가가 되고 싶은가? 글을 쓰고 싶은가? 작가의 재능은 타고나는 게 아니라 발견되는 것이라고 나는 믿는다. 그래서 조언하자면, 종종 혼자서 자신도 모르게 찾아가는 장소가 있어야 한다. 그런 장소가 없다면 미안하지만 좋은 작가가 되기 어렵다. 이상하게 들리겠지만 내 발걸음을 끌어들이는 그런 장소들에선 신비한 일들이 일어나곤 한다. 앞일에 대한 신탁 같은 목소리를 듣는다. 과거의 어느 한 순간이 너무나 생생하게 눈앞에 펼쳐지기도 한다. 그토록 찾아 헤맸던 단어 하나, 문장 하나가 유성처럼 떨어지기도 한다. 방문한 장소가 특별해서가 아니다. 나를 이끄는 공간은 주유소 뒤편 공터나 흔한 거리의 벤치처럼 평범한 곳, 우스꽝스러울 정도로 평범한 곳들이다. 가끔은 이런 장소에 가려고 비행기를 타고 대륙을 횡단하기도 한다. 가족이나 지인들과 함께 휴가나 출장을 갔을 때도 문득 홀로 빠져나와 그곳으로 향하기도 한다. 타인과 함께 가면 효과가 없다. 오직 혼자 찾아가야 한다. 왜 설명할 수 없는 이런 공간들이 존재하는 걸까? 아마도 그곳들은 내가 오랫동안 잊고 있던 나의 일부이기 때문이리라.

_스티븐 프레스필드Steven Pressfield, 영화 〈300〉의 원작 《불의 문Gates of Fire》 작가

우리는 어떤 일을 할 수 없는 이유를 합리화하기 위해 수많은 변명을 찾아낸다. 그중 으뜸이 '바쁘다'다. 바쁘다는 변명은 사실이 아닐뿐더러 너무 게으르기까지 하다. 좋은 삶의 첫 걸음은 '너무 바쁘다'는 말을 믿지 않는 것이다. 전혀 안 그런 것처럼 느껴지겠지만, 우리는 결국 자신이 하고 싶은 일을 가장 많이 한다. 너무 바빠서 어떤 일을 못하겠다는 말은 '그 일은 별로 중요하지 않다'는 뜻이다. 그러니 나 자신에게 더 중요하다고 생각되는 다른 일을 하겠다는 뜻이다. 하지만 생각해 보라. 우리는 바쁘다는 핑계로 얼마나 소중한 일들을 놓치고 살아가는지를. 그 소중한 일은 숙면일 수도 있고, 가족과의 대화일 수도 있고, 나 자신을 천천히 돌아보는 명상일 수도 있다. 물론 모두가 이런 일의 중요함을 안다. 다만 너무 바빠서 이런 일을 할 시간이 없을 뿐이다. 나도 그랬다. 그래서 감히 조언한다. 소중한 일을 할 시간이 없다면, 반드시 그 일을 할 시간을 내야 한다는 것이다. 시간은 쓰지 않는다고 해서 유예되거나 적립되지 않는다. 쓰이지 않은 시간은 소리 없이 사라질 뿐이다. 정말 눈코 뜰 새 없이 바쁘다 하더라도 지금 하지 않으면 안 되는 일들을 방해해서는 안 된다. 그렇지 않으면 우리는 성공할 시간도, 행복할 시간도, 내 인생을 살아갈 시간도 내지 못한다.

_데비 밀먼Debbie Millman, 뉴욕 아트 스쿨 교수

07
녹화 버튼을 눌러라

내가 어떤 사람이 아닌지 말하는 건 쉽지만,
내가 어떤 사람인지 보여주는 건 어려운 일이다.

조셉 고든 레빗Joseph Gordon-Levitt은 수사가 필요 없는 우리 시대 최고의 배우다. 〈브릭Brick〉 〈인셉션Inception〉 〈500일의 썸머500 Days of Summer〉 〈스노든Snowden〉 등 예술과 블록버스터 영화를 종횡무진하며 맹활약 중이다.

〈돈 존Don Jon〉이라는 영화로 시나리오 작가 및 감독 데뷔도 했다. 또한 온라인 예술가 커뮤니티인 히트레코드HITRECORD를 설립해 총괄하고 있다. 히트레코드는 '커뮤니티 중심'의 제작사로 발전해 출판, 음반 발매, 기업들의 다양한 브랜드 홍보 비디오 제작 등을 진행한다. 조셉은 〈히트레코드 온 TVHitRecord on TV〉이라는 버라이어티 쇼를 제작, 에미상을 받기도 했다.

히트 레코드!

조셉은 6살 때부터 배우 일을 시작했다. 그러다가 대학에 진학하면서 자연스럽게 아역배우 일을 그만뒀는데, 나중에 다시 본격적으로 성인 배우가 되려고 했을 때는 일자리를 좀처럼 구할 수가 없었다. 1년 동안 계속 오디션을 봤지만 모두 떨어졌다. 다시는 배우로 일하지 못할 거라는 생각이 들자 정말 무섭고 고통스러웠다고 그는 회상한다.

"그때 나는 많은 생각을 했다. 내가 두려워하는 게 정확히 뭘까? 다시는 배우 일을 하지 못하게 되면 무엇을 잃게 될까? 할리우드의 화려함을 동경한 적 없으니 그건 아니었다. 관객들이 내가 출연한 영화나 드라마를 어떻게 생각하는지도 별로 신경 쓴 적 없었다. 그냥 연기가 좋아서 한 것뿐이었다. 따지고 보니 별로 잃을 게 없었다. 그때서야 깨달았다. 나는 연기라는 창의적인 과정 그 자체를 사랑했다는 것을. 그래서 그것만은 잃어서는 안 된다는 것을."

조셉은 창의력을 발휘할 수 있는 능력을, 오디션 결과로 결정하는 사람의 손에 맡겨서는 안 된다는 걸 깨달았다. 그 결정은 오직 그의 몫이어야만 했다.

그는 두려움과 불안에 맞설 용기가 필요할 때 떠올릴 수 있는 '만트라'를 만들었다.

"내게 힘을 불어넣어주는 주문을 만들었으니 바로 '히트 레코드hit record(녹화 버튼을 눌러라)'다. 어릴 때 나는 늘 비디오카메라를 갖고 놀았다. 그래서 카메라의 빨간색 녹화 버튼이 모든 일을 내 힘으로 할 수 있다는 신념의 상징이 되어주었다. 그때부터 나는 오디션을 보러

가는 대신 비디오 편집을 배우고 단편영화를 찍고 노래를 만들고 글을 쓰기 시작했다. 형의 도움을 받아 작은 웹사이트를 개설한 뒤 거기에 내가 만든 작품들을 올리고 그 사이트를 'hitrecord.org'라고 불렀다. 그게 12년 전의 일이다. 그후 히트레코드는 전 세계 50만 명 이상의 예술가들이 모인 커뮤니티로 성장했다. 우리는 힘을 합쳐 놀라운 것들을 만들어냈고, 수백만 달러의 수익을 얻었고, 권위 있는 상도 받았다. 하지만 우리에게 이 사이트의 핵심은 여전히 창의력 그 자체에 대한 열렬한 사랑이다. 이것이 바로 지독한 자기혐오와 실패의 늪에 빠져 죽어가던 12년 전에 내가 찾아낸 녹화 버튼이다."

내가 누구인지 정확하게 표현하라

그러니까 조셉의 말은 자신이 추구하는 게 정확히 뭔지를 스스로에게 먼저 냉정하리만큼 솔직하게 털어놔야 한다는 것이다. 이름을 얻기 위해, 얼굴을 알리기 위해 원하는지, 원하지 않는지도 모를 오디션에 끌려 다니면 그저 그런 배우로 일하다가 슬며시 사라지고 만다. 빨간 녹화 버튼을 스스로 눌러 타인이 원하는 장면이 아니라 내가 원하는 장면을 찍을 수 있어야 비로소 우리는 타인이 원하는 매력적인 것을 만들어낼 수 있다. 그러고 나면 자연스럽게 명성과 돈이 따라오는 것이다.

"지금껏 살면서 깨우친 교훈이 있다면, 내가 어떤 사람인지 보여주는 것은 정말 어려운 일이라는 것이다. 내가 어떤 사람이 '아닌지' 말하는 것은 쉽다. 오디션 장에서 '나는 감독님이 생각하는 그런 배우가 아니에요!'라고 외치는 건 쉽다. 모두가 그렇게 하니까. 하지만 무명일 때는 내가 어떤 배우이고, 어떤 독창성을 갖고 있는지에 대해선 선보일 기회는커녕 진지하게 생각해볼 겨를조차 사실 없다. 하지만 그럴수록 반드시 빨간 녹화 버튼을 직접 눌러야 한다. 그래야만 내 인생이, 시작된다."

명성은 매우 유혹적이다. 모두가 아무것도 없는 청년이 스타가 되는 내용의 영화를 좋아한다. 생물학적인 진화 측면에서 봐도 유명해지고 싶은 건 인간 본능이다. 우리 조상들은 야생에서 살면서 자기가 누구인지 확실하게 존재감을 드러내야 후대에 유전자를 물려주는 데 필요한 도움을 얻을 수 있었다.

조셉 고든 래빗은 말한다.

"명성을 얻고 싶어 하는 건 나쁜 일이 아니다. 다만 명성을 추구하면 행복으로 이어지지 않는 길로 향하게 될지도 모른다는 사실에 유념해야 한다. 내가 만나본 유명 스타들 중 행복을 찾은 사람들과 이야기를 나눠보면, 결코 자신이 스타이기 때문에 행복해진 게 아님을 알 수 있다. 다른 사람들과 똑같은 이유 때문에 행복하다. 늘 많은 사람들의 시선을 한 몸에 받고 있어서가 아니다. 항상 건강하고, 주변에 좋은 친구들이 있고, 또 자기가 하는 일이 만족스럽기 때문에 행복하다. 어느 분야에서 일하든 간에, 당신이 성공했다고 평가받게 될 때는 그에 따른 매력적인 보상이 존재할 것이다. 하지만 내 경험에 비춰 진심을 다해 말하자면, 일 자체에서 즐거움을 얻는 것이 가장 매력적인 보상이다."

명성은 내 이름을 널리 알리는 행동이다. 내가 어떤 사람인지 단 한 명에게만 알려주어야 한다면, 바로 '나 자신'이다. 나에게서 명성을 얻기 위해 노력하고 다른 누구보다 먼저 나에게 유명 스타가 되어주는 삶을 살면 충분히 행복해질 수 있다.

지금 당장 빨간 녹화 버튼을 찾아라.

08
17퍼센트 이상은 신의 영역이다

기억하라,
매일 당신에게는 8만 6,400초가 주어진다.

애덤 로빈슨Adam Robinson은 평생 동안 경쟁에서 적극적인 선제공격을 통해 한 발 앞서 나가는 방법을 연구하는 인물이다. 그는 미국 체스 연맹에서 '라이프 마스터Life Master'라는 타이틀을 받을 정도의 체스 명인이다. 10대 시절 체스 세계선수권대회에서 우승한 그는 성인이 되어 첫 번째 직업으로 프린스턴 리뷰The Princeton Review라는 회사를 창업했다. 이 회사는 세계 최대 규모의 입시 전문 기업으로 성장했고, 그의 책 《크래킹 더 시스템: SAT 편Cracking the System: The SAT》은 출판의 패러다임을 깨뜨렸다는 평가를 받으며 〈뉴욕 타임스〉 베스트셀러 목록에 올랐다. 이 책은 〈뉴욕 타임스〉 베스트셀러 목록에 오른 유일한 수험서다.

글로벌 기업으로 발돋움한 프린스턴 리뷰의 지분을 매각함으로써 세상을 다시 한 번 깜짝 놀라게 한 그는 1990년대 초 막 등장하기 시작한 인공지능AI 분야로 관심을 돌린다. 텍스트를 분석해 인간과 비슷한 논평을 하는 프로그램을 만들어낸 그는 통계 거래 모델을 개발하는 유명한 퀀트 펀드quant fund에 합류하라는 초대를 받았다. 그후 그는 세계에서 가장 성공적인 헤지 펀드와 엄청난 명성을 가진 가문들에게 독자적이고 거시적인 아이디어를 제시하는 글로벌 자문역으로 활약하고 있다.

타인을 인정하라

애덤 로빈슨은 삶의 모든 지혜가 '단순화 작업'에 담겨 있다고 말한다. 너무나 복잡한 세상에서 성공하는 사람들의 면면을 살펴보면 '어떻게 하면 열 가지를 한두 가지로 만들 수 있을까?'를 골몰한 사람들이라는 것이다.

그는 말한다. "세상은 점점 빨라진다. 눈알이 핑핑 돌 정도로 빨라진다는 게 정확한 표현일 것이다. 성공은 늘 한 걸음 앞서 나갈 수 있느냐의 게임인데, 빠른 속도를 통제할 수 있는 유일한 방법은 '단순화'다."

어떻게 해야 무거운 삶을 가볍게 단순화할 수 있을까? 애덤은 먼저 타인의 중요성을 인정하라고 조언한다.

타인의 중요성을 인정하면 세상이 바뀔 뿐 아니라 즐거워진다. 애덤은 극도로 내성적인 사람이었다. 고등학교 친구들은 그가 말하는 걸 한 번도 본 적이 없다. 와튼 스쿨을 거쳐 옥스퍼드 대학원을 졸업할 무렵에 이르러서야 겨우 내면의 세계에서 벗어나 사람들과 어울리게 되었지만, 그래도 여전히 그의 내향성 대 외향성 비율은 95 대 5의 수준이었다.

그는 사람들이 북적이는 세상보다는 아이디어의 세상 속에서 훨씬 많은 시간을 보냈다. 그리고 더 좋은 아이디어가 많이 떠오를수록 더 큰 성공을 거뒀다. 하지만 어느 날 문득 그는 깨달았다. 원하는 삶을 살려면 바깥으로 나가 자신의 계획과 비전에 다른 사람들을 끌어들여야 한다는 사실을.

"나는 복잡하게 사는 게 싫었다. 그래서 혼자 밥을 먹고, 혼자 연구하고, 혼자 아이디어를 짜고, 혼자 결론을 내리는 게 이상적인 삶이라고 생각했다. 하지만 완전히 틀렸다. 어느 순간부터인가 나는 창의적인 일들에서 점점 멀어졌다. 아이디어가 고갈되거나 혼자 일하는 데 어려움을 겪어서가 아니었다. 지금껏 혼자 해온 것처럼 앞으로도 혼자 해나가면 충분했다. 다만 내가 생각했던 더 큰 독창성과 더 큰 새로움을 얻기는 힘들 것이라는 생각이 들었다. 그러다가 '내 안에 갇힌 나'의 모습으로 쪼그라들 터였다. 복잡하다는 것은 뭔가에 꼼짝없이 갇혀 있다는 뜻이다. 마침내 깨달았다. 복잡함을 해결하려면 복잡한 세상으로 나가야 한다는 것을."

애덤에게 필요한 건 '피드백feedback'이었다. 예상치 못한 사람들의 피드백을 얻을수록 애덤은 더욱 창의적인 결과를 얻을 수 있었다. 점점 집 밖으로 나가는 시간을 고대하게 되었고, 사람들과 만나 어떤 마법을 이루게 될지 궁금해서 참을 수 없을 정도가 되었다. 그는 자신의 삶을 '타인'을 발견하기 전과 후, 두 개의 시기로 나눌 수 있다고 말한다.

"모든 걸 혼자서 할 때는 글자 그대로 아이디어를 '쥐어짜냈다.' 수십 개의 답을 내야 할 방정식에 갇혀 엄청난 압박에 시달려야 했다. 그런데 지금은 아니다. 혼자 있을 때는 아이디어를 들이마시고, 다른 사람들과 있을 때는 그 아이디어를 밖으로 내뿜는다. 이것이 내 삶을 놀랍게 단순화시켰고, 그 결과 스트레스와 우울함이 획기적으로 줄어들었다."

많은 사람들과 교류한다고 해서 삶이 복잡해지는 것이 아니다. 사람들과 어울리지 않을 방법을 찾느라 복잡해지는 것이다. 삶에 찾아온 사람들을 특별하게 대하면, 그들은 자신이 당신에게 얼마나 특별한 사람인지를 유감없이 보여줄 것이다.

애덤은 말한다. "어제도 오늘도 내일도 인생이 똑같다면 어떻겠는가? 당신의 머릿속은 온갖 생각으로 복잡해질 것이다. 뻔하지 않은 삶을 살려면 예측불허의 세상으로 나가야 한다."

명상하라

애덤은 많은 인생 현자들과 같이 명상을 강력 추천한다. 혼자 있는 시간엔 호흡만큼 삶에 도움이 되는 게 없다고 강조한다.

그는 늘 의욕이 넘치는 상태로 세상 위에 들떠 있었다. 끊임없는 질문과 답을 찾아 하루 24시간, 1년 365일, 윤년에는 366일을 논스톱으로 움직였다. 그러던 어느 날 정신적 · 육체적 에너지가 완전히 고갈됐다. 그때서야 부랴부랴 스위치를 끄고 긴장을 풀어 재충전할 수 있는 방법을 찾아 다녔다.

요가, 헬스, 운동 등 다양한 방법을 시도해봤지만 소용없었다. 심지어 뉴욕 최고의 최면술사까지도 찾아갔다. 엄청난 비용을 치르고 최면 요법을 네 차례나 받았지만 최면술사는 그의 머리에 손을 얹으며 이렇게 말했다.

"당신의 정신은 너무 활동적이라 최면을 받아들이지 못하는군요."

애덤은 어이가 없었다.

"이봐요, 그래서 당신을 찾아온 건데요!"

백약이 무효한 방황을 한 지 2년쯤 흘렀을 때 그는 지인에게서 명상을 권유받았다.

"나한테는 전혀 효과가 없을 거야." 애덤이 풀죽은 목소리로 말했다. "명상의 효과가 나타나기 시작할 때까지 가만히 앉아 있지를 못하거든."

"심박 변이 훈련을 해본 적 있어? HRV 훈련은?"

그의 친구가 물었다.

"아니."

"그럼 그걸 꼭 해보도록 해."

친구에 따르면, 명상이란 간단했다. 바이오피드백을 이용해 심박동수 진폭의 '평탄한' 정도를 측정하면서 자기 호흡에만 집중하면 충분했다. 심장은 우리가 느끼는 모든 감정과 스트레스를 실시간으로 기록하기 때문에 정상적인 심장 박동은 매우 불규칙한 상태로 평균치 둘레의 단단한 띠 안에 머무른다. 바이오피드백 훈련의 목적은 호흡에 집중하면서 자기 심박 수를 제어해 '들쭉날쭉한' 심박 수를 사인sine 곡선처럼 완만하게 만들고 진폭을 넓히는 것이다.

친구의 설명은 꽤 흥미로웠다. 애덤은 결국 명상에 대한 생각을 바꾸고, 그렇게 실질적인 도움을 얻을 수 있을 것 같지는 않았지만, 아무튼 한 번 해보기로 결심했다. 명상하는 데 할애하는 시간을 세상을 분석하는 데 쓸 수도 있다는 생각도 슬며시 들긴 했지만.

애덤은 점점 바이오피드백 HRV 훈련에 열성적으로 참여하게 되었다. 그리고 몇 주 만에 횡격막과 복부를 부풀리는 단 한 차례의 심호흡만으로도 마음을 진정시키는 법을 배웠다. 필요할 때마다 평온한 선禪의 경지에 이르는 능력이 생긴 것이다.

그는 이제 복잡한 세상과 일상의 스트레스에서 분리되어 정신을 쉬게 할 필요가 있을 때마다 눈을 감고 횡격막부터 깊게 숨을 들이쉰다. 하루에도 수차례, 15~20분의 시간을 이 방법에 '낭비'한다. 물론 이건 절대 낭비되는 시간이 아니다. 1분, 3분, 5분 정도의 짧은 회복 시간을 통해 더 큰 창의력과 생산성이 고취되는 걸 생각하면, 명상을 하면서 소비한 '비생산적인' 시간보다 훨씬 큰 가치가 있다고 그는 말한다.

"명상은 지금껏 존재한 것들 중 가장 실용적이고 강력한 생산성 향상 도구 중 하나다. 일분일초를 쪼개 사는 성공한 사람들이 왜 명상에 기꺼이 황금 같은 시간을 투자하는지 이해할 수 있었다. 명상은 내가 한 최고의 투자다."

명상은 성공한 사람들의 전유물이 아니다. 명상은 성공을 꿈꾸는 사람, 삶을 더 풍요하게 살고 싶은 사람들에게 필수적인 의식이다.

어떤 말이 챔피언이 될 것인가

1974년 심리학자 폴 슬로빅Paul Slovic은 정보가 의사결정에 미치는 영향을 평가하는 실험을 했다. 그는 유명한 경마 도박꾼 8명을 참여시켜 그들이 경주 우승마를 얼마나 정확하게 예측하는지 살펴보고 싶었다.

도박꾼들은 연속으로 진행되는 네 번의 경주 라운드에서 우승마를 예측하는 임무를 부여받았다. 첫 번째 라운드에서는 도박꾼 모두가 각각의 경주마에 대해 자신이 원하는 정보 5가지를 제공받을 수 있었다(물론 도박꾼마다 원하는 정보는 제각기 달랐다). 어떤 도박꾼은 경마 기수의 연륜을 중시한 반면, 어떤 도박꾼은 경주에 참여한 말들이 작년에 가장 빠르게 달렸을 때의 속도가 얼마였는지를 알고 싶어 했다.

슬로빅 박사는 도박꾼들에게 각 경주의 우승마를 예측하라고 지시하면서, 동시에 그 예측에 얼마나 자신이 있는지도 말해달라고 요청했다. 각 경주마다 평균 10마리 말이 출전한다. 따라서 모든 걸 우연에 맡기고 대충 어림짐작하더라도 각 도박꾼이 우승마를 맞힐 확률이 10퍼센트 선은 될 터였다.

5가지 정보를 갖고 예측한 1라운드에서 도박꾼들의 예측 정확도는 17퍼센트였다. 꽤 괜찮은 확률이었다. 정보를 하나도 갖지 못한 상태에서 시작했을 때는 예측 가능성이 10퍼센트인데, 그보다 70퍼센트나 높은 수치가 나왔기 때문이다. 그리고 흥미로운 사실은 그들이 우승마 예측에 보인 '자신감'도 실제 결과와 거의 똑같은 19퍼센트였다는 것이다. 우승마를 예측한 정확도는 17퍼센트, 자신이 우승마를 맞힐 것이라는 예측 자신감은 19퍼센트였다.

2라운드에서는 도박꾼들이 10가지 정보를, 3라운드에서는 20가지 정보를, 마지막 4라운드에서는 40가지 정보를 제공받을 수 있었다. 이는 그들이 처음 시작할 때 얻은 5가지 정보보다 훨씬 많은 양의 정보였다. 그런데 놀랍게도 그들의 예측 정확성은 계속 17퍼센트 선을 유지했다. 처음보다 정보가 35가지나 더 생겼는데도 정확도는 전혀 상승하지 않았다. 그럼에도 그들의 자신감은 거의 두 배나 높은 34퍼센트까지 치솟았다! 정확도가 아니라 자신감만 엄청 높아진 것이다. 자신감에 도취한 도박꾼들은 모두 경마에 거는 돈이 점점 커졌고, 결과적으로 많은 돈을 잃었다.

특정한 최소량을 넘어서는 추가 정보는, 그 정보를 획득하는 과정에서 발생하는 상당한 비용과 시간 지연은 차치하고라도, 심리학자들이 '확증 편향confirmation bias'이라고 부르는 걸 증가시킬 뿐이다. 자신이 원래 갖고 있는 평가나 의견, 결론과 상충되는 정보를 얻으면 사람들은 그걸 무시하거나 일축한다. 또한 원래의 결정을 확증하는 정보가 생기면 자기 결론이 옳았다는 확신이 점점 높아진다.

애덤은 이렇게 말했다. "폴 슬로빅 박사의 실험은, 세상은 우리가 정확하게 파악하기에는 너무 복잡하다는 교훈을 준다. 세상을 이해하려는 시도를 계속할수록 우리는 그 안에서 벌어지는 사건과 동향, 흐름을 '설명'하려는 열망이 더 커진다. 그 결과 세상에서 벌어진 어떤 사안에 대해 일정 수준의 '오판'이 개입된 믿음을 갖게 될 확률이 높다. 정확도는 그대로인데 자신감만 높아진 경마 도박꾼들처럼 말이다. 사실 우리는 늘 세상을 오판하고 있는데도, 세상을 잘 이해하고 있다고 믿으면서 잘못된 자신감을 고양한다는 것이다. 우리는 겸손하게 받아들여야 한다. 우리가 세상에 대해 '견해'는 가질 수 있지만, 세상이 돌아가는 '이치'는 절대 알 수 없다는 것을."

전적으로 맞는 말이다. 소위 대박을 냈다는 투자자와 금융전문가들 사이에서 이런 현상은 두드러진다. 그들은 주식시장에 나타난 특정한 현상을 두고 '이치에 맞지 않는다, 합리적이지 않다'고 목소리를 높인다. '지금 달러 가치가 계속 떨어지는 건 말도 안 되는 일'이라는 보고서를 내고, '주가가 계속 올라가다니 뭔가 잘못됐다'는 경고를 던진다. 하지만 이는 사실, 주식시장의 추세가 지금 나타난 현상과는 정반대 방향으로 움직여야 하는 수십 가지 이유를 자신들이 갖고 있는데, 거기에 부합하지 않는다고 툴툴거리는 것에 불과하다.

정작 말이 안 되는 건 그들이 갖고 있는 세상의 모형이다. 그들의 모형이 터무니없는 것일 뿐, 세상은 언제나 이치에 맞게 움직이고 있다.

"예측할 수 있는 확률은 17퍼센트이고, 그 이상은 내가 도달할 수 있는 영역이 아니라고 생각하면 머릿속이 한결 가벼워진다. 물론 17퍼센트 이상을 꿈꾸는 사람도 많을 것이다. 그들은 아마도 자기 삶의 많은 부분을 희생해야 할지도 모른다. 지금껏 열심히 살다 보니 17퍼센트도 결코 낮은 확률이 아니라는 사실을 깨닫는다. 그 깨달음이 내 삶의 하루하루를 단순하고 홀가분하게 만든다."

8만 6,400초의 기회

좀처럼 집중하지 못하는 하루, 부정적 감정에 사로잡히는 하루… 이럴 때 당신은 어떤 해법을 통해 상황을 밝고 긍정적인 방향으로 전환시키는가?

이에 대해 애덤은 깊이 생각할 거리를 던져준다.

"집중하지 못한다는 느낌이 들 때 나는 자문한다. '나는 오늘 하루를 최고의 날로 만들고 있는가?' '아니다'라는 답이 나오면 어떻게 해야 이 상황을 반전시킬 수 있을지 묻는다. 매일 우리에게는 8만 6,400초가 주어진다. 이는 날마다 다시 정신을 차리고, 균형을 되찾고, 최고의 날을 준비할 수 있는 기회가 8만 6,400번이나 된다는 뜻이다. 부정적인 감정이 들 때도 마찬가지다. 나는 자동적으로 질문을 던진다. '내가 지금 여기에 신경을 곤두세워야 하는가?' 그러면 8만 6,400이라는 숫자가 머릿속에 떠오르고, 마음은 이미 긍정적인 감정 쪽으로 달려가기 시작한다."

태워버려라

우리가 너무 복잡해지는 근본적인 이유들 중 하나는 일을 너무 많이 한다기보다는 '일을 너무 많이 떠맡기 때문이다.'

상사의 부탁, 후배의 요청, 배우자의 당부, 친구의 제안, 자녀의 문자… 이 모든 일을 맡아 열심히 하다가 갑자기 머릿속이 엉클어지면서 앞이 캄캄해진다. 인간은 본능적으로 자신이 맡은 일을 잘해내려는 열망을 갖고 있다고 진화심리학자들은 말한다. 그래서 모든 일을 완벽히 해내려다가 실패하면 거기에서 입는 상처가 매우 크다고 한다.

애덤은 조언한다. "귀에 못이 박히도록 들은 말이겠지만 '우선순위'를 현명하게 정해야 한다. '지금 당장 쳐낼 수 있는 활동이나 약속 가운데 시간을 가장 많이 확보할 수 있는 건 무엇인가?' 자문해본다. 그러면 아주 오래 전 유럽의 한 작은 도시에서 일어난 일에 관한 뉴스 기사를 읽었던 게 떠오른다. 그 도시의 우체국 직원들이 우편물 배달 시간을 지키지 못해 발생한 일이었다. 그들은 월요일에 최선을 다해 우편물을 배달해도 미처 전달하지 못하는 물량이 남는데, 그러면 그것들이 화요일 배달 물량에 추가된다. 화요일에는 당연히 더 많은 양의 미배달 우편물이 남고, 수요일과 목요일에 이르면 상황은 심각해진다. 마침내 금요일까지 배달하지 못한 우편물이 산더미처럼 쌓이고 나면 우체국 직원들은 월요일 아침에 출근해 한 주를 '상쾌하게' 시작할 수 있도록 그걸 모두 태워버렸다. 그다음 주에도 이런 과정이 되풀이되고, 매주 금요일 퇴근시간 무렵이 되면 모닥불을 피워 주중에 배달 못한 우편물 더미를 해치웠다. 이는 한 주를 '새롭게 시작하기에는' 매우 미심쩍은 방법이라 절대 추천하지는 않겠다! 하지만 압박을 느낄 때마다 상쾌하게 다시 시작한다는 생각 자체는 아주 훌륭하다. 어느 날 갑자기 정오 즈음에 예정보다 일 진행이 더뎌서 곧 사방에서 닥쳐오는 파도에 짓눌리는 기분을 느끼게 될 위험에 처했다고 가정해보자. 그럴 때는 시간이 지날수록 점점 더 뒤로 밀리게 될 오후의 약속들을 전부 지키려고 하기보다는, 오후 초반의 약속 중에서 다른 날로 연기해 '태워버릴' 수 있는 게 뭔지 생각해본다. 그날 오후에 잡힌 약속 4개에 모두 늦어서 신경이 곤두서느니 차라리 약속 하나의 일정을 조정해 다른 3개의 약속 시간에 맞추는 것이 더 현명하다. 나는 매주 하루를 완전히 비워두고는, 그날 출장이 있는 척한다. 그러면 긴급한 상황이 발생하거나 갑작스럽게 끝내야 하는 일에 사용할 수 있는 '자유 시간'이 하루 있다는 걸 알고 안심하게 된다. 당신도 이 같은 방법을 활용해보기 바란다. 너무 많은 일을 동시에 처리하느라 허덕이는 상황에 이르면, 잠시 미룰 수 있는 일이 한두 가지쯤 있는지 확인해본다. 분명 있을 것이고, 분명 여유를 찾게 될 것이다."

매복 공격의 즐거움

애덤이 들려준 맑고 가벼운 삶을 살 수 있는 마지막 지혜는 '낯선 사람에게 친절을 베푸는 것'이었다. 그는 아무것도 모르는 낯선 이들에게 무작위로 친절을 베푸는 은밀한 '매복 공격'에서 하루의 큰 즐거움을 얻는다.

예를 들어 스타벅스에서 아이스 라떼를 주문한 뒤 바리스타에게 20달러짜리 지폐를 건네주면서 그의 뒷사람의 뒤에 서 있는 사람에게 그 사람이 원하는 음료를 무료로 주고 남은 거스름돈도 주라고 부탁하는 것이다. 바로 뒤에 있는 사람은 그를 키다리 아저씨로 즉각 알아챌 수 있기 때문이다.

그런 다음 주문 카운터에서 멀리 떨어진 자리에 앉아 커피를 홀짝이면서 무작위로 선택된 수혜자가 예상치 못한 선물에 혼란스러워

하다가 활짝 미소를 짓는 모습을 지켜본다. 때로 그 사람은 남은 거스름돈을 바리스타에게 팁으로 주고 가기도 한다. 또 어떨 때는 선행 나누기를 실천해 자신의 뒷사람에게 무료 커피를 '선물'하기도 한다. 선물을 받은 사람은 언제나 밝은 미소를 남기고 떠난다.

"내 작은 호의가 세상에 밝은 미소와 웃음을 불러 일으켰다는 사실을 알면, 그날 하루 내내 싱싱한 기운을 가질 수 있다. 인생의 마법은 이렇게 확산된다."

생각이 무거워지고 삶이 힘겨워질 때는 기억하라.

매일 당신을 새롭게 바꿀 수 있는 8만 6,400초의 시간과 8만 6,400번의 기회가 주어진다는 사실을.

09
속도를 올려야 할 때는 언제인가

앞으로 다가올 '8년'에 신경 쓰기보다는
코앞의 '8일'에 더 집중하는 삶을 살라.

게리 베이너척Gary Vaynerchuck은 연쇄창업가이며 〈포춘Fortune〉 500대 기업에 속하는 고객들을 위한 풀 서비스를 제공하는 디지털 에이전시 베이너미디어VaynerMedia의 CEO다. 게리는 1990년대 후반 최초의 전자상거래 와인 사이트의 하나인 와인 라이브러리Wine Library를 설립하면서 억만장자 반열에 올랐다. 〈포춘〉이 선정한 '40살 이하의 영향력 있는 인물 40명'에 선정됐고, 〈비즈니스 위크〉는 그를 '모든 기업가가 팔로우 해야 할 인물'이라고 평했다. 4권의 〈뉴욕 타임스〉 베스트셀러를 썼고 트위터, 텀블러, 우버를 발굴한 가장 성공적인 투자자 중 한 명이다.

팀 페리스의 주석: 게리는 인터뷰어인 나를 단숨에 매료시켰다. 밤늦도록 시간 가는 줄 모르고 열띤 대화와 토론을 나눴다. 그의 인생에

관한 철학은 명쾌했다. 그래서 인터뷰어인 내가 간접적으로 그의 목소리를 전하기보다는 직접 가감 없이 그의 목소리를 생생하게 전하는 것이 이 책의 독자들에게 더 도움이 될 것 같아 주요 인터뷰 내용을 그대로 옮겨본다.

성공의 디딤돌이 되어준 실패의 경험은 무엇인가?

나는 덩치도 작고, 이민자 출신에, 12살 때까지 침대에서 오줌을 쌌다. 하지만 이런 모든 것이 모여서 지금의 내가 존재할 수 있었다. 나는 형편없는 학생이었고 학교에서 늘 야단만 맞았다. 이런 실패를 거듭하는 학교생활이 나를 더 강하게 만들었던 것 같다. 나를 조롱하고 깎아내리고 내가 실패할 것이라고 예상했던 친구나 부모님, 교사를 보면서 어떻게든 더 나은 사람이 되려고 노력했다.

세상에 이름을 알리고 나자 인터넷상에서는 내가 사기꾼이자 끔찍한 인간이라고 비난하는 댓글이 엄청 생겨났다. 상식적인 사람이라면 이런 일에 대처하기가 무척 힘들 것이다. 하지만 나는 오래전부터 익숙하기 때문에 전혀 상처를 입지 않는다. 이런 성격이 사업에서 좋은 성과를 올릴 수 있는 이유가 되어주었다. 지금까지 겪은 모든 패배가 결국 큰 승리의 원동력이 되어주었다. 특별한 경험담은 없다. 아이들을 판단하는 유일한 방법은 학교 성적뿐이기 때문에 나는 그 기준에 미치지 못하는 패배자로 자랐다. 우등생도 운동선수도 아니었고, 둘 다 열심히 하지도 않았다. 어떤 팀에도 들어가지 않았고 아무것도 성취하지 못했으며 성적은 내내 D 아니면 F였다. 1982~1994

년의 학교 시스템 속에서 나는 전형적인 실패자였다.

하지만 결국 지금 이 인터뷰 자리에 와 있다.

졸업을 앞둔 젊은이들에게 어떤 조언을 해주고 싶은가?

거시적으로는 인내하고, 미시적으로는 속도를 올리라고 말해주고 싶다. 앞으로 다가올 '8년'에 신경 쓰기보다는 바로 코앞의 '8일'에 더 집중하는 삶을 살기를 바란다. 거시적인 시각에서 보면 모든 사람이 심하게 안달을 내고 있는 것처럼 보인다. 나는 몇 년, 몇십 년 뒤의 일에 대해서는 믿을 수 없을 정도로 참을성을 발휘하지만 하루하루의 시간 속에서는 매 순간을 극도로 흥분한 상태로 보낸다. 그런데 다른 사람들은 나와 반대인 듯하다. 대체로 사람들은 '25살에는 뭘 해야 하지? 지금부터 이걸 준비하는 게 좋겠지?' 같은 질문에 매달린다. 하지만 몇 년 뒤의 일에 몹시 신경 쓰고 나면 지금 당장은 넷플릭스 드라마나 보고 있다. 25살에 생길 일을 22살부터 엄청나게 걱정하지만 매주 목요일 저녁 7시에는 술을 진탕 마시고, 비디오게임을 하고, 〈하우스 오브 카드House of Cards〉를 본다. 그리고 매일 인스타그램 피드 화면을 들여다보면서 4시간 반을 허비한다.

이건 정말 중요한 일이다.

다들 거시적으로는 참을성이 없으면서 미시적인 부분에서는 지나치게 참을성을 발휘한다. 몇 년 뒤의 일은 태산 같이 걱정하면서 당장의 시간은 그냥 흘려보낸다.

나는 미래를 전혀 걱정하지 않는다. 지금도 일분일초 시간을 쥐어짜

내면서 살고 있기 때문이다. 그러니까 당연히 미래도 잘 풀릴 것이다.

최근 5년 동안 잘하게 된 일은 무엇인가?

전부 다다. 그 중 한 가지만 꼽으라면, '정말 어리석어 보이는 일을 20퍼센트 정도는 받아들이게 됐다'는 것이다. 전혀 수익이 나지 않을 것 같은 투자, 요행을 바라지 않으면 안 되는 프로젝트, 내 앞날에 도움이 1퍼센트도 되지 않을 것 같은 사람에게 명함을 주는 일 등등을 내 삶에 20퍼센트 정도 받아들인다.

나도 예전에는 완벽한 규율을 정해놓고 모든 걸 거절하면서 비효율을 완벽히 제거하려고 노력했다. 하지만 일분일초를 쪼개서 산다는 것은 그런 의미가 아니었음을 깨달았다. 말도 안 되는 20퍼센트 일을 처리하기 위해 나는 일분일초를 쪼개 쓴다. 그래야 '조화'가 생겨난다는 것을 알기 때문이다. 성공을 위한 가장 탁월한 알고리즘을 얻고 싶다면 20퍼센트쯤은 말도 안 되는 일을 해봐야 한다고 생각한다. 그래야 그 알고리즘이 최고임을 알게 되기 때문이다. 최근 5년 동안 가장 잘하게 된 일은 인생의 다양한 '역설paradox'의 가치에 주목하게 되었다는 것이다.

압박을 느끼거나 집중력이 흐트러지면 어떻게 하는가?

가족이 끔찍한 사고로 세상을 떠난 상상을 한다. 정말이다. 기묘하게 들리겠지만 이 상상이야말로 나를 움직이게 하는, 상황을 반전시키는 절대적인 힘이다. 아주 어두운 장소로 가서 그 감정을 통절하게 느껴본다. 상실의 고통을 가슴 깊이 새기다 보면, 지금 내가 해결해야 하는 문제가 얼마나 사소한 것인지 알게 된다. 이 우주를 다 뒤져도 가족을 잃은 고통 만한 게 어디 있겠는가? 고객을 잃은 것도, 절호의 기회를 놓친 것도, 비웃음과 조롱을 당한 것도 모두 감사하게 된다.

◑

우리는 어려운 것을 이해하는 데서가 아니라

명백한 것을 항상 기억하는 데서 더 큰 이익을 얻는다.

성공하는 사람들이 똑똑해지려고 하기보다

더 어리석게 되지 않으려고 노력한다는 것을 알면 깜짝 놀랄 것이다.

_찰리 멍거**Charlie Munger**, 버크셔해서웨이 부회장

거절을 할 때는 처음부터 깨끗하고 단호하게 거절하는 게 가장 좋다. 누군가의 요청을 거절하는 건 불편한 일이다. 따라서 결코 내키지 않으면서도 우리는 '충분히 동의하고 공감하지만…'이란 모호한 말로 시작함으로써 상대의 기분을 상하게 하지도 않고, 요청에 응하지 않아도 되는 상황을 만들려고 한다. 하지만 이런 식으로 행동하는 순간 곧바로 거절해야 하는 또 다른 요청이 거기에서 생겨난다. 더 나쁜 것은 '동의하고 공감한다'고 하니 조금만 수정하면 받아들일지도 모른다는 환상을 요청 상대가 갖게 된다는 것이다. 그런 요청에 관심 있는 사람으로 비쳐 상대가 심리적 경계를 넘어서게 된다는 뜻이다. 심리학 연구에 따르면, 처음에는 예의상 한 말인데 점점 이 말에 부응하는 태도를 일관되게 유지하려고 자신도 모르게 노력을 기울이게 된다고 한다. 그래서 노련한 요청자들은 이 같은 심리를 더 강하게 압박하거나 향후 비슷한 요청을 할 기회로 남겨둔다. 이렇게 더 강화된 요청을 거절하기란 첫 번째 요청을 단호하게 거절하는 것보다 훨씬 더 어려울 것이다. 어쩌면 그들은 지인들에게 당신의 연락처를 알려 문제를 더 증폭시킬지도 모른다. 거절할 때는 방어적으로 하지 마라. 정중하되 단 한 걸음도 물러서지 마라.

_더스틴 모스코비츠Dustin Moskovitz, 페이스북facebook 공동 설립자

나는 배우로서 항상 예술적인 부분에만 집중해왔다. 관객들에게 무엇을 보여줄지를 결정하고 연습하는 게 내 일의 전부로 생각했다. 하지만 전혀 그렇지 않았다. 성공한 배우도, 실패한 배우도, 심지어 배우를 포기한 사람도 절대 잊지 않아야 할 것이 있다. 바로 '숫자'다. 수익과 비용을 낱낱의 단위까지 숫자로 파악할 수 있어야, 배우도 하고 예술도 하고 다른 일도 할 수 있다. 비단 사업이나 비즈니스뿐 아니다. 숫자를 몰라 재무제표를 타인의 손에 맡기는 사람은, 타인을 위해 재주를 넘는 곰에 다름 아니다. 나는 배우가 되고 싶다고 찾아오는 젊은이들에게 말한다. 먼저 충분한 시간을 들여 회계지식부터 쌓으라고. 그리고 본격적으로 배우의 길을 걷게 되면 능력 있는 회계사를 우선해 고용하라고. 어떤 분야이든, 일인자들을 잘 살펴보라. 그들의 뒤엔 늘 뛰어난 회계사들이 그림자처럼 따라다닌다.

_디타 본 티즈Dita Von Teese, 풍자극 배우

10
지금 여기에 살아 있어라

인생이 저절로 물이 올랐다가 이울게 내버려두어라.

의지력으로는 어떻게 할 수 있는 일이 아니다.

팀 오라일리Tim O'Reilly는 오라일리 미디어O'Reilly Media의 설립자 겸 CEO다. 그의 원래 사업 계획은 '재미있는 사람들을 위한 재미있는 일'을 하는 것이었다. 그 계획은 현재 아주 훌륭하게 실현된 듯하다. 오라일리 미디어는 온라인 강의를 제공하고, 책을 출판하고, 콘퍼런스를 개최하고, 기업들에게 그들이 획득한 것보다 더 많은 가치를 창출하도록 설득하고, 혁신자들의 지식을 확산시켜 세상을 바꾸고자 노력한다.

〈와이어드Wired〉는 그를 '트렌드 스포터Trend Spotter(어떤 현상이 유행인지 아닌지 파악하는 사람)'라고 정의했다. 현재 그는 비즈니스 세계의 미래 모습을 변화시키는 인공지능, 온디맨드 경제on-demand economy, IT 산업의 트렌드를 연구하는 데 관심을 쏟고 있다.

삶은 행복한 우연들로 이루어진다

팀은 자신의 인생이, 행복한 우연들이 모여 만들어졌다고 말한다. 대학을 갓 졸업했을 때 그의 친구 하나가 어느 날 뜬금없이 과학소설 작가인 프랭크 허버트Frank Herbert에 관한 책을 써보지 않겠냐고 제안했다. 그때까지 그는 책을 집필한 경험도 없었고, 과학소설을 좋아하긴 했지만 마니아 수준도 아니었다. 그는 그냥 피식 웃으며 친구의 제안을 일축했다. 그런데 얼마 후 과학소설 작가에 관한 새로운 시리즈를 기획하고 있다는 출판 편집자 딕 라일리에게서 동일한 제안을 받았다.

"당신이 과학소설을 좋아한다는 사실을 알고 있어요. 그리고 그것보다 더 중요한 건 당신이 글쓰기에 재능이 있다는 것이죠."

팀은 하버드 대학교에서 자신의 논문을 지도해준 교수를 찾아갔다.

"교수님, 글쎄 저보고 SF 작가의 평전을 써보라고 하네요."

지도교수는 읽고 있던 책에서 눈을 떼지 않은 채 답했다.

"팀, 전혀 생각도 못 한 제안은 어지간하면 받아들여야 하는 법이야. 궤도에서 벗어나게나."

"교수님, 궤도를 벗어나기엔 제가 지금 할 일이 너무 많습니다. 잘 아시잖아요."

교수가 빙그레 미소를 지었다.

"자네는 이제 겨우 22살이야. 서른도 안 됐다고. 서른이 넘었는데도 아직 자기가 무슨 일을 하고 있는지 모른다면 그때 가서 걱정해도 돼. 자네가 세계 최고의 평전작가가 될지 누가 알겠는가? 인생은 아무도 모르지. 다만 모든 것은 '우연'을 통해 시작된다는 것만 어렴풋이 알 수 있을 뿐."

그는 딕 라일리의 제안을 받아들여 마침내 작가가 되었다. 그리고 스스로를 작가라고 생각하게 된 덕분에 몇 년 후 프로그래머 친구가 컴퓨터 사용설명서 쓰는 것을 도와줄 수 있었다. 컴퓨터에 대해 아는 게 전혀 없었는데도 말이다. 그리고 이 일을 계기로 훗날 오라일리 미디어로 성장하는 굉장한 회사를 시작할 수 있었다!

팀은 말한다. "행복한 우연을 만나려면 행복한 일을 하면서 적절한 순간이 오기까지 기다려야 한다는 걸 배웠다. 힘겨울 때마다 찾아가는 철학자 노자老子는 이렇게 말했다. '인생이 저절로 물이 올랐다가 이울게 내버려두어라. 의지력으로는 어떻게 할 수 있는 일이 아니다.' 나는 이 말을 삶의 철칙으로 삼아 살아간다. 중요한 일에 공을 들이고, 세상에서 뭔가를 얻었다면 이를 가지고 더 많은 가치를 만들 수 있는 방법을 생각하고, 새로운 제안을 긍정적으로 받아들이며, 무엇을 선택해야 하는지 내면의 목소리에 귀 기울이다 보면 행복한 우연들이 당신을 만나러 찾아올 것이다."

큰 사냥꾼은 늘 숨죽여 때를 기다린다. 그래야만 더 큰 사냥감을 포착할 수 있기 때문이다. 무조건 기다린다고 때를 만날 수 있는 건 아니다. 팀의 말처럼 우리는 지금 이 순간 우리에게 중요하고 행복한 일을 하면서 더 나은 세상을 만들 방법을 고민하고, 우리 내면의 목소리와 새로운 제안에 귀 기울일 수 있을 때 전혀 생각지도 못했던 기회가 우연을 가장해 나타날 것이다.

팀은 매일 아침 달리기를 하다가 우연히 만난 꽃을 찍어 인스타그램에 올리곤 한다. 그가 꽃을 눈여겨보게 된 것은 C. S. 루이스가 쓴 《천국과 지옥의 이혼The Great Divorce》을 읽고 나서였다. 그 소설 속 주인공은 막 숨을 거둔 후 그의 영혼을 안내하는 사자를 따라가다가 길가에 뭔가 작은 덩어리들이 있는 걸 보았다.

"저게 뭔가요?" 그가 물었다.

사자가 답했다. "꽃이라네."

그가 깜짝 놀라 다시 물었다.

"꽃이라고요? 내 눈엔 그냥 얼룩덜룩한 작은 공처럼 보이는데…"

"그건 자네가 살아 있는 동안 한 번도 꽃을 제대로 본 적이 없기 때문이지."

마지막으로 팀은 이렇게 덧붙였다.

"최고의 사업가를 꿈꾸든 부자를 꿈꾸든 유명 스타를 꿈꾸든 간에, 꿈을 이룰 기회를 만나려면 무엇보다 먼저 '살아 있어야' 한다. 살아 있음을 생생하게 알아차려야 한다. 시인 해밀턴의 다음의 시 구절처럼. '주위를 둘러보라, 주위를 둘러보라. 지금 우리가 살아 있다는 것은 얼마나 큰 행운인가!"

11
성공 스타일을 찾아라

100만 달러 같은 건 필요 없다.
수많은 추종자도 필요 없다.
우리는 이미 완전하게 가득 차 있다.

제롬 자르Jerome Jarre는 19살 때 경영대학원을 중퇴하고 중국으로 건너갔다. 스타트업 6개를 실패한 뒤 그는 자신의 모든 역량을 소셜 미디어에 집중했다. 그리고 그가 만든 '행복과 두려움 퇴치'에 관한 동영상이 12개월 만에 조회 수 15억 회를 돌파하면서, 그는 모바일 마케팅 업계의 선두주자로 발돋움했다. 2013년 제롬은 게리 베이너척과 함께 최초의 모바일 전용 광고대행사를 공동 설립했고, 전 세계에서 가장 규모가 큰 몇몇 기업들에게 영향력 있는 인물과 브랜드를 연결시키라고 조언했다. 2017년 제롬은 전 세계 지역 NGO들을 지원했고, 러브 아미Love Army를 통해 모바일상에서 가장 큰 영향력을 발휘하는 계정 50개를 결속, 270만 달러를 모금한 뒤 그 전액을 소말리아 가뭄 현장에서 직접 사용했다.

참된 자아를 만나는 시간

제롬 자르는 함께 있으면 '영혼'이 느껴지는 사람이다. '삶에 긍정적인 영향력을 끼친 100달러 이하의 투자는 무엇이었는가?'라는 내 질문에 이렇게 답하는 사람이다.

"오리건 주에 있는 아름다운 호수 부근에 차를 세우고 4달러의 주차비를 냈다. 호수에서 헤엄을 치면서, 깊이 가라앉았다가 수면 위로 솟아오르기를 반복하면서, 1조 달러를 줘도 아깝지 않은 순간을 누렸다."

그가 해온 일은 대부분 처음에는 실패한 것처럼 보인다는 특징이 있다. 첫 번째 스타트업을 만들려고 경영대학원을 중퇴했을 때, 그가 아는 사람의 75퍼센트는 이 결정을 평생 후회할 것이라 여겼고 심지어 노숙자 신세가 될 것이라고 비웃는 사람도 있었다. 그들의 예언(?)대로 상황이 좋지 않았던 IT 스타트업을 그만두고 온라인에서 동영상을 제작하기 시작하자, 그들은 이제 그걸 부끄러운 도피이자 시간 낭비라고 생각했다. 게리 베이너척과 함께 설립한 인플루언서 마케팅 대행사를 그만두고 대신 소셜 미디어를 활용해 좋은 일을 하려고 하자, 다들 그가 완전히 미쳤고 그냥 미치기만 한 게 아니라 막대한 수입원과 보장된 미래까지 잃게 됐다고 떠들었다.

하지만 결국 이 모두가 그의 인생에 있어 최고의 결정이었던 것으로 판명되었다. (처음에는) 실패처럼 보였던 그 힘든 결정들 하나하나를 통해 그는 진정한 자아에 조금씩 가까워질 수 있었다고 말한다.

"우리가 우리 자신의 가장 솔직한 모습을 볼 수 있는 때가 바로 '실패하는 순간'이라고 생각한다. 실패는 우리를 환상에서 깨어나게 해준다. 객관적이고 냉철하게 우리가 어느 위치에 있는지를 볼 수 있기에, 타인의 눈에는 실패할 것처럼 보여도 사실은 성공으로 가고 있는 중인 것이다."

나만의 스타일을 찾아라

몇 년 전 그는 살던 토론토를 떠나 뉴욕으로 거처를 옮길 결심을 했다. 뉴욕은 마케팅과 광고가 가장 성행하는 도시 중 하나였기에 그곳에서 최초의 모바일 인플루언서 마케팅 회사를 세우고 싶다는 강렬한 열망이 그를 사로잡은 것이다. 문제는 돈이었다. 수중에 동전 한 닢조차 없었다. 그는 통사정해서 친구에게 400달러를 빌렸다.

상상해보라, 아는 사람이 전무한 뉴욕에 단돈 400달러를 들고 떠나는 사람의 심정을. 자신의 직감 말고는 의지할 데가 없었다. 그는 뉴욕까지 가는 버스표를 60달러에 구입했다. 뉴욕 도착 후 잠은 친구의 친구의 친구네 집 바닥에서 잤다. 글자 그대로 천신만고 끝에 새로운 도시에서 '살게' 되었다.

뉴욕에 도착한 지 7일 만에 그는 게리 베이너척과 함께 최초의 모바일 전용 인플루언서 마케팅 대행사인 그레이프스토리GrapeStory를 설립했다. 그는 무일푼 상태였지만 게리에게만은 그 사실을 알리고 싶지 않았다. 퇴근하는 척하면서 근처 헬스클럽에 가서 몸을 씻고는 밤에 다시 사무실로 돌아와 잠을 잤다. 식사는 회사 냉장고에 직원들이 두고 간 음식들로 해결했다. 이런 상황이 몇 달간 지속됐지만 그는 눈 하나 깜짝하지 않았다. 점점 그의 아이디어가 뉴욕 비즈니스맨들 사이에서 긍정적인 피드백을 얻고 있었기 때문이다.

뜨거운 노력이 좋은 성과로 이어지면서 점점 많은 돈을 벌기 시작했다. 2만 명 수준이었던 팔로어가 한두 달이 지나면서 100만 명으로 늘어났다. 그럼에도 그는 계속 사무실에서 숙식을 해결했다. 그럴듯한 아파트로 거처를 옮기기까지 1년 이상을 말이다.

내가 그 이유를 묻자 그는 이렇게 답했다.

"화려한 아파트보다는 내 책상에만 불빛이 밝혀진 사무실을 떠나지 않는 것이 내 적성에 잘 맞았다. 고객들도 그런 나를 흥미로워했고, 평범하지 않은 뭔가가 있을 것이라고 기대하는 듯했다. 그렇게 사무실에서 먹고 자면서 깨달았다. 성공이란 자신만의 스타일을 찾아가는 길이라는 것을."

우리의 궁극적인 목표는 일회성 성공이 아니라 '지속 가능한 성공'일 것이다. 오랫동안 유지되는 성공을 얻으려면, 그 길을 가는 사람 또한 오랫동안 유지할 수 있는 '스타일'이 필요하다. 돈, 명예, 자동차, 슈트가 아니라 최상의 결과를 낼 수 있는 워크work 스타일, 그것을 뒷받침하는 라이프 스타일이 요구된다. 이를 가장 잘 보여주는 인물이 제롬 자르다.

그가 뉴욕을 원한 것도 마천루의 화려함 때문이라기보다는, 뉴욕이야말로 젊은 비즈니스맨들이 뜨거운 열정을 불사르는 데 가장 적합한 장소였기 때문이다.

마음이 머리보다 힘이 세다

제롬은 식사를 하기 전에 꼭 기도를 올린다. 종교적인 의미가 아니라 자신만의 고유한 목적을 갖고 한다. 특히 구호 사업을 위해 소말리아를 몇 달 동안 다녀온 뒤로 더욱 그는 기도하는 삶을 살고 있다.

그는 말한다. "나는 정말 감사한 마음을 느끼면서 음식을 먹기 위해 노력한다. 우리가 먹는 모든 음식은 그것이 토마토든 닭고기든 상관없이 모두 빛을 품고 있다. 이 빛이 음식의 열량이나 단백질보다 우리에게 더 많은 영양분을 공급한다. 이 빛을 통해 대자연이 창조한 모든 존재의 신성함을 인정하면 몇 배의 양분을 더 얻을 수 있다. 이 빛은 우리를 평화로 이끌어간다."

제롬이 정의한 성공은 '자연이 창조한 모든 존재의 신성한 빛을 받아들이는 것'이다. 성직자와 비즈니스맨의 목표가 다르지 않고, 부자와 가난한 사람의 삶이 다르지 않고, 인간과 다른 피조물의 존재 가치가 서로 다르지 않은 것. 그것이 곧 우리가 가야 할 길이다.

"인간은 모두 작은 신이라고 생각한다. 우주가 우리 외부에만 존재하는 게 아니라 마음속에도 존재한다는 뜻이다. 우리는 우리 자신이나 다른 사람이 겪는 문제를 해결할 수 있는 무한한 힘을 지니고 있다. 우리는 현실을 창조한다. 단순하고 작은 믿음이지만 인류의 미래를 바꿀 수도 있다. 작은 신이라는 건 곧 결코 부족함이 없을 것이라는 뜻이다. 이미 모든 것을 가지고 있다는 걸 안다. 100만 달러 같은 건 필요 없다. 수많은 추종자도 필요 없다. 우리는 이미 완전하게 가득 차 있다. 아무 계산 없이 넉넉히 나눠줄 수 있을 정도로 가득하다.

인류 모두가 작은 신처럼 행동하기 시작하는 날이 곧 세상에 평화가 찾아오는 날일 것이다."

최고의 마케터이자 CEO인 제롬이 평화를 위한 일에 힘을 쏟는 이유를 잘 이해하지 못하는 사람들도 많다. 우리는 흔히 성공을 하고 나서 여유가 있어야 기부도 하고 평화도 챙긴다고 생각한다. 하지만 이는 착각이다. 창조적인 성공은 평화의 에너지를 통해 구현될 수 있는 가치라는 것이 제롬의 굳건한 인생 신념이다.

"언제부턴가 사람들은 자기 내면에 잠들어 있는 힘의 존재를 잊어버렸다. 그래서 자신에게 필요한 힘을 공급받기 위해서는 다른 사람의 힘을 빼앗아 와야 한다고 여긴다. 이렇게 생각하기 때문에 성공보다 실패하는 사람이 더 많은 것이다. 진정한 성공에는 우선순위가 필요한 게 아니다. '조화'가 필요하다."

우리는 모두 연결되어 있고, 모두 똑같으며, 우주라는 더 큰 존재의 일부라는 제롬의 설명은 그 울림이 깊다.

나는 제롬에게 이제 막 사회생활을 시작하는 젊은이들을 위한 조언을 부탁했다. 이에 대한 다음과 같은 제롬의 답은 비단 젊은 사람들뿐 아니라 이 시대를 살아가는 모두에게 유용할 것이다.

"전문가들을 믿지 마라. 그들은 자신을 다른 사람들과 분리시킨다. 이런 분리를 조장하는 건 전부 환영이고 착각이다. 특히 온라인상에서 설교를 늘어놓는 사람을 보면 모두 교묘한 속임수라는 사실을 명심하라. 그리고 최대한 빨리 '현실 세계'로 들어서야 한다. 마케팅 회사에서 인턴 생활을 하라는 것이 아니다. 소셜 미디어와 대도시에서 벗어나 대자연과 자신의 영혼, 내면의 아이 같은 진짜 세계와 다시 연결되어야 한다는 뜻이다. 스스로를 존중하라. 우리는 작고 미미한 역할을 할 이유가 없다. 얼마든지 다른 삶을 선택할 수 있다. 모든 건 자기 내면에 달렸다. 진정한 자신을 찾고 스스로를 신뢰하면 답을 알게 된다. 경영학이나 광고홍보, 마케팅을 공부하고 있다면 당장 그만둬라. 세상에는 이미 마케팅 전문가와 사업가들이 넘칠 만큼 많으므로 더 이상은 필요 없다. 세상에 필요한 건 자신의 진심을 발휘하는 치유자와 문제 해결사들이다. 우리의 마음은 머리보다 백만 배 더 강한 힘을 갖고 있다. 그것을 빨리 깨닫는 사람은 성공하고, 뒤늦게 깨닫는 사람은 후회할 뿐이다."

12
그냥, 앉아 있으라!

숨 쉬는 것을 기억하라.
몸 전체에 스며들게 하라.

샤론 샐즈버그Sharon Salzberg는 명상과 마음챙김 수련을 서구사회에 전파한 개척자로 평가받는다. 그녀는 '통찰 명상 수행원Insight Meditation Society'의 공동 설립자이자 〈뉴욕 타임스〉 베스트셀러인 《하루 20분, 나를 멈추는 시간Real Happiness》과 독창적인 영성 서적인 《자애심Lovingkindness》, 그리고 최신작 《진정한 사랑Real Love》 등 10권의 지혜로운 책을 썼다. 무엇보다 샤론은 선禪과 불교의 가르침을 가장 대중적이고 현대적인 방식으로 접근해 누구나 쉽게 이해할 수 있게 하는 교수 스타일로 높은 명성을 쌓았다.

두려움 안에 존재하는 것들

샤론은 나를 만나자마자 질문을 던졌다.

"팀, 사람들이 가장 원하는 게 뭔지 알아요?"

"샤론, 그걸 당신에게 물어보려고 내가 여기 나온 거예요."

그녀는 우아한 미소를 지으며 답했다.

"가만히 고개 끄덕이며 손 잡아주는 거예요."

샤론은 명상과 마음챙김 수련을 위해 구름처럼 모여든 학생들 앞에서 강의를 하는 게 처음에는 너무나 무서웠다. 그녀가 운영하는 수련원에서는 사람들이 하루 종일 명상을 하면서 틈틈이 질의응답 시간, 소규모 집단별 또는 개인별 면담, 매일 밤 진행되는 공식 강의에 참여하도록 되어 있다.

그녀의 명성을 듣고 찾아온 사람들은 눈을 반짝반짝 빛내며 그녀의 입만 쳐다보았다. 하지만 샤론은 머릿속이 하얘진 채 그냥 가만히 앉아 멍한 표정만 짓고 있었다. 이런 상황이 1년 넘게 지속되었다.

샤론은 이렇게 말했다. "그러니까 나는 내가 가진 모든 내공과 지식을 사람들에게 어떻게 전달할지에만 온 신경을 썼던 것이다. 내가 놀라운 이야기나 전문지식, 수준 높은 수련법을 내놓지 않으면 실망한 사람들이 나를 가차 없이 비난할 거라고 미리 벌벌 떨었던 것이다. 꽤 오랜 시간이 흐른 뒤에야 깨달았다. 강의실에 앉아 눈을 빛내고 있는 사람들이 내게 원한 것은 공감과 연대감이었다는 것을. 그저 진실한 모습으로 그 자리에 서 있는 것만으로도 그들은 내게서 유대감을 느낄 수 있었다. 공감을 제공하기 위해선 완벽한 강사가 될 필요가 없다는 걸 알게 되었다. 내가 이런 얘기를 왜 하는지 알겠는가?"

나는 고개를 가로저었다.

"두려움 안에도 배울 것이 있다는 사실을 알려주기 위해서다. 내가 처음 사람들 앞에 섰을 때 심한 두려움을 느끼지 않았다면 나는 더 깊은 곳을 들여다보지 않았을 것이다. 깊은 곳을 들여다보지 못한다는 건 '진실함'을 보지 못한다는 뜻과 같다."

지금껏 줄곧 살펴보았지만 인생 현자들의 공통적인 지혜 중 하나는 두려움 같은 부정적 감정에서도 삶에 도움이 될 수 있는 통찰을 찾아낸다는 것이다. 특히 샤론 같은 명상가들은 삶을 이분법적으로 분리하지 않는다. 늘 '연결'을 모색한다.

두려움이 더 깊은 곳을 들여다보게 하고, 결과적으로 진실함에 대해 더 많은 것을 배우게 한다는 샤론의 말에 밑줄을 긋고 오랫동안 곱씹어볼 일이다.

표현하라

바쁘게 살아가는 현대인의 마음 수업을 위해 샤론은 일본 선승 스즈키 순류가 쓴《선심초심》의 일독을 강력 추천한다. 이 책은 애플의 CEO 스티브 잡스를 명상의 세계로 이끈 책이기도 하다.

샤론은 말했다. "이 책은 쉽고, 읽고 나면 마음이 평온해진다. 나는 이 책에 담긴 다음의 한 문장을 평생 가슴에 새기며 살아간다. '우리가 명상을 수련하는 건 불심을 얻기 위해서가 아니라, 그걸 표현하기 위해서다.' 나는 이 문장을 떠올리면 온몸에 전율이 흐른다. 참된 마음을 얻기 위해서가 아니라 그걸 표현하기 위해서 살아야 한다고 결심하면, 내 수련원에 모여든 학생들에게 무엇을 전해야 할지 명확하게 떠오른다. 타인보다 더 많이 얻고 쌓는 삶보다는 타인보다 더 많이, 더 적극적으로 표현하는 삶이 더 깊고 큰 가치가 있으리라."

그렇다면 우리는 무엇을 표현해야 하는가? 무엇을 알려야 하는가?

"우리가 사랑받을 가치가 있는 사람이라는 것, 그 자체를 표현해야 한다. 그것이 가장 성공한 삶이다. 표현은 증명이 아니다. 증명을 위해 뭔가를 할 필요는 없다. 표현은 갈구가 아니다. 억지로 사랑을 구할 필요도 없다. 그냥, 존재하기만 하면 된다. 사랑받을 자격을 갖추기 위해 테니스를 배우거나 동영상을 만들어 유행시키거나, 세계적인 요리사가 될 필요는 없다. 물론 그런 성취는 모두 아주 좋은 일이다. 하지만 그런 성취를 이루든 못 이루든, 상관없다. 우리는 그냥 모두 가치 있는 존재들이다. 그걸 알아차리고 표현하는 게 명상이고 마음챙김이다."

몸 전체에 스며든다는 것

샤론은 압박을 느낄 때, 집중력을 좀처럼 회복하지 못할 때 이를 극복할 수 있는 질문 두 가지를 제시한다.

"하던 일을 멈추고 스스로에게 조용히 물어보라. '네가 행복해지는 데 지금 당장 필요한 건 뭐지?' '행복해지려면 지금 벌어지고 있는 일 말고 다른 게 필요하니?' 이 질문들을 던지면 곧바로 당신이 관심을 갖고 있는 일로 방향을 돌릴 수 있다. 또한 호흡하는 걸 절대로 잊어서는 안 된다. 사람은 압박과 부담을 느낄 때 먼저 호흡이 상당히 얕아진다. 마음이 혼란스러울 때는 '그냥, 숨 쉬어'라고 속으로 말한다.

아니면 고개를 천천히 숙여 양발이 땅을 굳게 딛고 있는지 확인한다. 우리는 눈 뒤편의 머릿속에만 의식이 자리잡고 있다고 생각하는 경향이 있다. 잘못된 생각이다. 에너지를 아래쪽으로 가라앉혀 발끝부터 시작해 당신의 몸을 느껴보라. 신비로운 감각이 퍼지면서 새로운 에너지에 닿는 느낌이 들 것이다. 처음에는 생경하겠지만 점점 이 같은 수련을 하면 '몸 전체에 스며든다'라는 느낌이 어떤 것인지 알게 된다. 이게 무슨 뜻이냐고? 숨 쉬는 걸 제대로 기억할수록, 어떤 느낌이 몸 전체에 스며들수록 당신의 집중력은 아주 자연스럽게 배가된다는 것이다."

위대한 선승 스즈키 순류는 어떤 기분 좋은 상태나 특별한 마음 상태가 아니라 바른 자세로 앉아 있을 때의 마음 상태 그 자체가 깨달음이라고 설파했다.

무엇을 할지 모르겠을 때, 무엇을 어떻게 해야 할지 몰라 갈팡질팡할 때, 무엇을 어떻게 해야 원하는 결과와 성공을 얻을 수 있을지 머릿속이 복잡할 때 당신은 스즈키 순류와 샤론 샐즈버그의 다음 지시를 따르면 된다.

"그냥, 앉아 있으라!"

예전에는 '그 일만 없었다면 사는 게 정말 행복했을 텐데…'라는 생각을 많이 했다. 살아가면서 겪은 여러 장애물에 분개하곤 했다. 그러다가 어느 날 갑자기 삶 그 자체가 장애물이라는 사실을 깨달았다. 장애물이 없는 경로 따위는 삶에서 존재하지 않는다는 것을 알게 됐다. 그렇다면 우리의 역할은 무엇일까? 그렇다. 장애물을 '받아들이는' 실력을 향상시키는 것이다. 분노나 좌절 대신 평온하고 신중한 반응을 찾고, 방해를 문제 해결의 기회로 보려고 노력할 때 우리는 강력한 지혜를 얻게 된다. 이 같은 노력이 '인생의 탁월한 답'을 찾은 사람들의 공통점이다. 물론 지금도 나는 종종 좌절한다. 하지만 이를 한 단계 더 올라설 기회라고 되새기면 대부분의 갈등은 지금껏 생각해왔던 해결책을 시험할 기회로 재발견될 수 있다. 그리고 힘겹고 지칠 때마다 다음 한 가지를 떠올리면 힘이 날 것이다. 우리는 둥근 땅 위에서 살아간다. 구체球體의 둘레에 찰싹 달라붙어 살아간다. 정말 놀랍지 않은가!

_재너 레빈Janna Levin, 컬럼비아 대학교 물리학 · 천문학 교수

나는 사람들에게 수영을 권한다. 거의 매일 아침 나는 수영을 한다. 수영을 하고 나면 그날 하루 내내 마음가짐이 달라지는 걸 느낀다. 수영을 하는 사람들은 '물 느낌'이라는 의미에 대해 이야기하곤 한다. 이는 손으로 물을 휘젓는 게 아니라 물을 손에 쥐고 몸을 그 지점 너머로 끌어당기는 것을 말한다. 물론 물을 휘저어도 앞으로 갈 수는 있다. 하지만 매우 비효율적이고 우아하지도 못하다. 작가 데이비드 포스터 월러스David Foster Wallace가 말한 것처럼 대부분의 삶은 우리에게 물과 같다. 우리는 물속을 헤엄치고 있지만 너무 서둘러서, 너무 허우적대느라 전후 사정을 깨닫지 못하기 때문에 정작 물을 보지는 못한다. 물을 끌어당기기 전에 동작을 멈추고 진정으로 물을 느껴보라. 그러면 내 존재 방식이 수영장 반대편 끝을 향해 허우적거리고 있는 것에서 벗어날 수 있다. 반대편 끝이 아니라 지금 내가 존재하는 곳의 흐름에 자연스럽게 몸을 맡길 수 있게 된다. 탁월한 전진은 늘 이렇게 이루어진다.

_그레이엄 던컨Graham Duncan, 메들리 글로벌 어드바이저MGA 창업자

13
영원히 추구하라

가장 중요한 것을,

가장 중요하게 두는 것이,

가장 중요하다.

사라 엘리자베스 루이스Sarah Elizabeth Lewis 박사는 하버드 대학교 '아프리카와 미국학' 부교수로 일하고 있는 예술 분야의 대표적 지성인이다. 하버드와 옥스퍼드, 예일 대학교에서 미술과 건축의 역사를 공부했다. 하버드대 교수로 일하기 전에는 뉴욕 현대미술관과 런던의 테이트 모던Tate Modern에서 큐레이터로 일했고 예일대 아트 스쿨에서 학생들을 가르쳤다. 독자들에게 창조적 영감을 불어넣는 베스트셀러 《라이즈The Rise》를 집필했고 버락 오바마 대통령의 예술정책위원회에서 활동했다. 현재 앤디 워홀 비주얼 아트 재단, 크리에이티브 타임Creative Time, 뉴욕시티 대학교 대학원 센터 이사회에 소속되어 있다.

근접 성공이란 무엇인가

물건이 아니라 시간이나 경험을 구매하는 것이 가장 큰 행복을 준다고 믿는 사라 엘리자베스 루이스는 생각하고 글을 쓰고 가르치는 사람이다. 이런 직업을 가진 사람들은 늘 과소평가 받는다. 다시 말해 문과 출신들에게 따라붙는 '글을 써서 먹고살 수 있겠어? 가난을 면치 못할 거야'라는 편견에서 사라 또한 예외는 아니었다.

그녀는 말한다. "게다가 나는 흑인 여성이다. 세상 사람들의 3분의 2는 내가 실패한 삶을 살 거라 장담했다. 그런데 오히려 그런 평가가 나를 홀가분하고 대담하게 만들었는지도 모른다. 평가를 박하게 받은 것들이 나중에는 빛나는 보석이 되는 경우를 우리는 많이 봐왔지 않은가?"

전적으로 그녀의 말이 옳다. 때로는 낮은 평가가 높은 평가보다 삶에 더 큰 자극을 줄 수 있다(앞에서 소개한 게리 베이너척을 떠올려보라). 모두가 실패할 거라 비웃으면 오히려 부담감에서도 벗어날 수 있다. 사라는 세상과 타인의 편견을 성공의 훌륭한 연료로 활용한 좋은 본보기다.

그녀는 묻는다. "가장 기억에 남는 패배는 무엇인가? 너무 분하고 억울해 밤잠을 설쳤던 패배는 무엇인가? 우리가 지금 할 일은 그런 안타까운 패배를 다르게 부르는 것이다. 나는 TED 강연에서 이를 패배라는 표현 대신 '근접 성공near win'이라고 바꿔 불렀다. 최고의 성공은 성공의 완성에 있지 않다. 최고의 성공은 성공에 가장 근접해 있는 상태다. 목표 달성 직전에 이르렀을 때 우리는 엄청난 추진력을 얻기 때문이다."

성공은 완주가 아니다. 성공은 완주를 '추구하는 것'이다. 원하는 목표를 달성했을 때 우리는 짜릿한 쾌감을 느낀다. 하지만 곧 그 쾌감은 허탈감으로 이어지곤 한다. 우리가 가장 강력해지고 창조적 영감을 발휘하는 때는 '추구할 때'다. 우리는 추구할 때 살아 있다는 것을 생생하게 느낀다.

사라는 말한다. "인생의 목표는 '영원한 추구'다. 성공은 '돌파'가 아니다. 경험에서 배우고 추구를 멈추지 않는 한 우리에게 실패는 없다."

가장 중요한 것을 가장 중요하게 하라

사라가 학생들에게 즐겨 하는 말이 있다.

"가장 중요한 것을, 가장 중요하게 두는 것이, 가장 중요하다."

이는 무슨 뜻일까?

"가장 중요한 것은 어떤 이유에서도 훼손되거나 평가절하 당해서는 안 된다는 뜻이다. 내 경우에는 아침에 5분 동안 일기를 쓰고 30분간 초월명상 하는 것을 하늘이 두 쪽 나도 지킨다. 간단해보이지만 이 아침 의식은 내 삶의 소중한 활력소다. 이를 하고 나면 그날 하루 몰려올 다른 실패들을 넉넉히 감당할 자신감이 생긴다."

사라의 조언과 내 경험, 그리고 내가 만난 인생 현자들의 지혜를 종합하면 '소중하고 중요한 것을 가장 먼저 하라'는 문장이 완성된다. 중요한 일일수록 먼저 하라. 무슨 일이 있어도 하라. 장담하건대 그러면 하루가, 인생이 쉽게 풀린다.

사라는 마지막으로 다음과 같은 매력적이고 지혜로운 조언을 남졌다.

"영원한 추구는 당신을 겸손하게 이끌 것이다. 고비가 찾아오고 뭔가에 압도당하는 느낌이 들 때는 천천히 마음을 가라앉혀라. 그리고 당신이 더 큰 무언가의 일부라는 사실을 떠올려라. 더 큰 무엇인가는 바로 '자연'이다. 자연의 힘은 정확하다. 당신이 아직 할 일을 다 하지 못했을 때도 달은 어김없이 정해진 시간에 나타난다. 다시 말해 당신은 자연의 법칙에 영향을 끼칠 수도 있고, 자연의 법칙을 활용해 세상에 뭔가를 드러내 보일 수도 있지만, 당신이 직접 자연의 법칙을 만들거나 파괴할 수는 없다. 자연이 지배하는 세상에서 우리는 그저 충실히 살아갈 뿐이다. 영원한 추구는 우리가 거둘 수 있는 최고의 성공은 '99퍼센트'임을 일깨워준다. 따라서 힘겨울 때는 당신보다 1퍼센트 더 큰 존재인 자연을 찾아가라. 자연으로 나가서 움직임을 다스리는 일련의 체계와 법칙으로 둘러싸여 있음을 알아차려라. 그리고 나면 겸허하고 편안한 마음으로 다시 '추구'의 세상으로 돌아올 수 있다."

14
래리는 어떻게 킹이 되었을까

비즈니스의 성공 비결은 비밀이랄 것이 없다.
솔직한 모습, 이게 전부다.

래리 킹Larry King에게 어떤 수사가 필요할까? 〈타임Time〉은 그를 '우리 시대 최고의 토크쇼 진행자, 마이크의 거장'으로 불렀다. 50년 가까이 방송을 하면서 5만 건이 넘는 인터뷰를 진행했다. 여기에는 제럴드 포드Gerald Ford 이후 모든 미국 대통령과 진행한 독점 좌담 인터뷰도 포함된다. 1985년 CNN에서 처음 방송된 〈래리 킹 라이브〉는 25년간 최고의 시청률을 기록했다.

이를 통해 '방송 인터뷰의 무하마드 알리'라는 칭호를 얻은 래리는 전국 방송사 5곳의 명예의 전당에 헌액되었고 에미상과 알 누하스상Al Neuharth Award 미디어 부문을 수상했다. 그가 진행한 라디오와 TV 프로그램은 모두 조지 포스터 피버디상George Foster Peabody Award 방송 부문을 수상했다. 자서전《래리 킹, 원더풀 라이프》를 비롯해 여러 권의 베스트셀러를 집필했고 현재는 오라 TV가 제작하는 〈래리 킹 나우〉를 진행하고 있다.

팀 페리스의 주석: 내 친구 칼 퍼스먼Cal Fussman은 〈뉴욕 타임스〉 베스트셀러 작가이자 〈에스콰이어〉 칼럼니스트로 활약하고 있다. 그는 미하일 고르바초프, 무하마드 알리, 지미 카터, 테드 카네기, 제프 베조스, 리처드 브랜슨 등등 많은 글로벌 리더들을 인터뷰한 경험과 관록의 소유자다. 칼은 LA에서 거의 매일 아침 래리 킹과 아침 식사를 한다. 나는 이 책에 꼭 래리 킹의 이야기를 넣고 싶었는데, 모두가 알다시피 그는 엄청나게 바쁜 인물이다. 그리하여 고맙게도 칼이 나를 대신해 그를 만나주었다. 지금부터 그의 이야기에 가감 없이 초점을 맞춰보고자 한다. 래리 킹은 '매 순간 솔직하라'는 짧고 클래식한 인생 교훈을 제시했다. 그의 생생한 목소리를 통해 솔직함의 가치에 대해 생각해보는 기회를 가질 수 있기를 바란다.
칼과 래리, 모두 고마워요!

래리 킹의 방송 첫날

1957년 5월 1일 목요일 아침이다.

9시 방송을 위해 6시에 출근한다. 삼촌이 나를 안고 따뜻한 말들을 속삭인다. 후텁지근하지만 햇살 화창한 마이애미 해변의 아침이다. 경찰서 바로 건너편의 41번가 8번지에 도착한다.

8시쯤 스튜디오로 들어가 심야방송 진행자에게 인사를 건넨 후 청취자에게 틀어줄 음반을 차곡차곡 쌓는다. 막 준비가 끝났을 때 언제

들어왔는지 모를 마셜 시몬스 국장이 말한다. "내 방으로 오게."

그가 악수를 청한다.

"방송 첫날이니 행운을 빌겠네.'

"감사합니다."

"근데 자네 이름이?"

"래리 지거Larry Zeiger입니다."

"흠, 별로 재미없군. 안 통할 거 같은데."

통하기만 한다면 아무 이름이나 괜찮다. 엔젤버트 험퍼딩크 같은 이름도.

"엔젤버트 험퍼딩크? 허허, 사람들이 철자나 제대로 외울 수 있겠어? 그리고 너무 외계인 같지 않은가?"

"그렇긴 하지만 국장님, 제 분량은 겨우 12분입니다."

"12분이 짧은 시간인 것 같나?"

국장은 〈마이애미 헤럴드〉를 펼쳤다. 워싱턴 대로에 있는 킹 주류 도매점의 광고가 실려 있었다.

"래리 킹, 어떤가?"

"좋은데요."

새 이름이 생겼고 방송 시간이 얼마 남지 않았다.

9시 정각이다.

음악을 들려주기 위해 음반을 턴테이블 위에 올리고 마이크를 내렸지만 아무런 소리도 나지 않는다.

피디: 아무 소리가 안 나오나?

래리 킹: 헉, 아, 안 납니다…

음반을 올렸다가 내리기를 반복한다. 패닉이다. 식은땀이 줄줄 흐른다. 시계를 쳐다본다. 못 해. 끝이야. 너무 떨려. 내 커리어는 박살났군.

마셜이 조정실 문을 박차고 들어온다.

"빌어먹을, 뭐하고 있는 거야? 청취자들과 소통하란 말이야!"

그가 문을 쾅 닫고 나갔다.

나는 음반을 내리고 마이크를 올렸다.

"좋은 아침입니다. 저는 래리 킹이라고 해요. 이제 막 생긴 이름이라 처음 입 밖으로 꺼내보네요. 래. 리. 킹… 이름에 걸맞게 방송도 오늘이 처음입니다. 평생 꿈꿔온 순간입니다. 다섯 살부터 아나운서 흉내를 내더니… 결국 그러니까… 죄송합니다. 솔직히 말씀드릴게요. 제가 지금 너무 떨려서 아무것도 못하고 있습니다. 널리 양해해주시면 정말 감사하겠어요."

나는 음반을 틀었다. 음악이 흐르고… 그후 나는 60년이 지난 지금까지 다시는 떨리지 않았다.

60년 동안 나는 깨달았다.

비즈니스의 성공 비결엔 비밀이랄 게 딱히 없다는 것을. 그저 솔직한 모습을 보여줘야 할 때 솔직한 모습을 보여주면 된다는 것을. 모르면 질문하면 된다는 것을. 안 그런데 그런 척하면서 전전긍긍하지 않으면 된다는 것을. 바보처럼 보일까봐 두려워하지 않으면 된다는 것을.

15
나보다 더 큰 것을 위해 살라

목표를 이루려면

실현 불가능한 목표를 세워야 한다.

2002년 크리스 앤더슨Chris Anderson은 TED 컨퍼런스 큐레이터로 일하면서 TED라는 무대를 전파 가치가 있는 아이디어를 위한 세계적인 플랫폼으로 발전시켰다. 그는 파키스탄의 작은 시골에서 태어나 인도와 파키스탄, 아프가니스탄, 잉글랜드에서 성장했다. 옥스퍼드 대학교에서 철학과 정치학을 공부한 후 저널리즘에 입문한 그는 1985년 컴퓨터 잡지를 창간했다. 처음 만든 잡지가 성공한 후 다양한 정기간행물을 더 창간했고 이를 관리하는 그의 회사 퓨처 퍼블리싱Future Publishing은 '열정을 가진 미디어'라는 슬로건을 바탕으로 급속한 성장을 거듭했다.

1994년 크리스는 미국으로 진출해 〈비즈니스 2.0〉을 발행했고, 인기 게임 웹사이트 IGN을 만든 이매진 미디어Imagine Media를 설립했다. 그가 거느린 기업들은 100개가 넘는 월간지를 발행하고 직원이

2,000명에 이르는 규모로 확장되었다. 2001년 크리스의 비영리조직인 새플링 재단Sapling Foundation은 TED 컨퍼런스를 인수했고, 크리스는 TED의 성장에 모든 역량을 집중했다. 그의 리더십 아래 TED는 기술과 엔터테인먼트, 디자인뿐 아니라 과학과 정치, 비즈니스, 예술, 세계적 이슈로까지 범위를 넓혔다. 2006년 TED는 인터넷에 강연을 무료로 배포하기 시작했고, 이를 통해 현재 우리는 2,500개 이상의 강연을 만나볼 수 있다.

우리가 늘 한계에 부딪히는 이유

하버드대 심리학 교수 스티븐 핑커Steven Pinker의 열혈 독자인 크리스는 "자신의 존재보다 더 큰 것을 위해 살라"는 메시지를 전한다. 이는 무슨 뜻일까?

"건강을 위해 하루 30분씩 러닝머신 위를 달리며 땀을 흘린 후 샤워를 하고 '운동을 했다'는 성취감을 안고 집으로 돌아가는 사람이 있다. 그는 이 운동을 일주일에 사흘 이상 한다는 목표를 갖고 있다. 그리고 이 목표를 달성하는 주를 달성 못하는 주보다 더 많이 만들려고 노력한다. 이것이 곧 '자신의 존재를 위해 사는 삶'의 표본이다. 더 정확히 말해 자신의 존재 '안'에서 사는 삶이다. 큰 착각들 중 하나는 우리가 목표를 세울 때, 늘 우리의 한계를 넘어선 목표를 세운다고 생각한다는 것이다. 그런데 냉정하게 들여다보면 우리의 목표는 늘 우리의 한계 안에 있을 뿐이다. 우리가 허용하는 한도 내에서 '최소한의 목표'로 자리잡고 있을 뿐이다. 30분씩 운동하는 날을 일주일에 사흘 이상 만든다는 목표는 '최소한의 성공'만을 얻겠다는 선언에 다름 아니다. 진정한 목표는, 이루는 것이 거의 불가능해야 한다. 자신의 존재보다 더 커야 한다. 그래야만 우리는 한계에 안주하지 않는, 존재 밖으로 뻗어나가는 '확장'된 삶을 모색할 수 있다. 이 확장을 통해 우리는 그 목표에 거의 다다를 수 있고, 그 목표 달성을 목전에 둔 순간에 머무는 것을 우리는 진정한 성공이라 부른다."

사라 루이스 엘리자베스의 '근접 성공'과 일맥상통하는 이야기다. 나아가 이것이 TED가 세계적인 플랫폼으로 성장한 핵심 비결이기도 하다. 크리스는 일을 할 때 통제권을 쥐지 말 것을 강조한다. 통제권을 너무 강하게 쥐고 있으면, 결국 그 프로젝트는 통제권을 가진 자의 존재 안에서만 머물고 말기 때문이다. 통제권을 내려놓을수록 더 많은 사람들이 우리를 놀라게 한다. TED가 콘텐츠를 온라인에 무료로 배포한다는 결정을 내렸을 때 세상은 깜짝 놀랐다. 정신이 나가지 않고서야 전 세계인을 사로잡은 그 매력적인 강연들을 어떻게 공짜로 내놓을 수 있단 말인가! 하지만 그 결정은 TED를 TED의 바깥으로 무한하게 확장시켰다. 열정적인 학습자들이 TED의 콘텐츠들을 인터넷에 폭발적인 힘으로 전파시켰고 천문학적인 사람들을 끌어당겼다.

크리스는 말한다. "사람들은 매일 평균 10개 이상의, 우리가 생각지도 못한 아이디어를 우리 사무실로 배달시켰다. 전 세계가 하나로 연결된 시대에 요구되는 리더십은 '내려놓음'이다. 그리고 고이지 않게 물꼬를 터주며 자신의 가치와 목표를 나누는 것이다. 한 인간의 아이디어와 능력과 평판과 태도가 정말 삽시간에 전 세계에 퍼져나갈 수 있음을 모르는 사람들이 너무 많다. 무엇이든 내 존재 안에, 내 한계 안에서만 실현 가능하게끔 두지 마라. '성공'이란 두 음절은 '확장'이란 두 음절과 같다."

하루에 30분씩 달리다가 갑자기 한 시간을 달리면 부상을 당하기 쉽다.

부상을 방지하고 메달을 따려면 한 시간, 두 시간, 하루 종일 달린다는 목표를 세워서는 안 된다.

그냥 계속 달려야 한다.

16
미쳤다는 소리를 듣고 있는가

이유를 명확히 밝히고 열정을 보여주면
사람들은 반응하게 되어 있다.

린다 로텐버그Linda Rottenberg는 전 세계 영향력 있는 기업가들을 후원하는 최첨단 비영리단체 인데버 글로벌Endeavor Global의 공동 설립자이자 CEO다. 〈U.S. 뉴스&월드 리포트U.S. News & World Report〉는 그녀를 '미국 최고의 리더'로 선정했고 〈타임〉은 '21세기를 위한 혁신가 100인' 명단에 그녀의 이름을 포함시켰다. 〈포춘〉 500대 기업에서 가장 초빙하고 싶은 강연자들 중 한 명인 린다는 하버드 비즈니스스쿨과 스탠퍼드 경영대학원의 중요한 성공 연구 케이스이기도 하다. ABC와 NPR은 그녀를 '기업가 위스퍼러the entrepreneur whisperer'라고 불렀고 톰 프리드먼Tom Friedman은 '멘토 자본가'라고 평했다. 그녀의 책 《미쳤다는 건 칭찬이다》는 〈뉴욕 타임스〉 베스트셀러 목록에 올라 많은 사람들의 사랑을 받았다.

린다는 인데버의 창립 10주년 기념일이 다가올 무렵 숲으로 산책을 나갔다가 산불이 덮치는 바람에 큰 충격을 받고 운동 기능을 상실했다. 여행작가였던 남편 또한 치명적인 골암을 선고받아 그야말로 엎친 데 덮친 격이었다. 비행기도 타지 못하게 됐고 사무실 출근도 어려웠다. 남편 브루스도 얼마나 살 수 있을지 몰랐다.

그녀는 회상한다. "남편은 항암 치료를 받아야 했고 나도 오랫동안 재활 치료를 받아야 했다. 상황이 이렇게 되고 보니 인데버는 생존조차 불투명해졌다. 하지만 탁월한 직원들 덕분에 인데버는 큰 성장을 이룰 수 있었다. 다행히 남편도 쾌유했고 다시 회사로 돌아갔을 때 나는 소중한 리더십과 인생 교훈을 얻었다. 나는 여성 CEO이기 때문에 늘 더 큰 강인함과 자신감을 보여주려고 노력했다. 사람들 앞에서 눈물을 흘린다는 것은 상상조차 할 수 없었다. 하지만 회사에 복귀하고 난 후 더 이상 감정을 드러내지 않는 것이 불가능했다. 직원들이 브루스와 어린 두 딸과 내 안부를 너무도 궁금해했기 때문이다. 나는 경계를 내려놓고 처음으로 약한 모습을 보였다. 그러자 놀랍게도 직원들과 오히려 더 가까워졌다. 젊은 직원들은 내가 예전에는 '초인'인 줄 알았다고까지 말했다. 그만큼 교감을 느낄 수 없는 사람이라는 뜻이었다. 그런데 이렇게 약한 모습을 보고 나니, 나와 어디든 함께 갈 수 있겠다고 응원해주었다. 그 순간 깨달았다. '초인superhuman'이 되려고 노력하지 말고 '대단한super 사람human'이 되려고 노력해야 한다는 사실을."

《타이탄의 도구들》에서 내가 만난 세계 최고 CEO들의 공통점이 무엇인지 기억하는가? 그들은 모두 '결점투성이' 인간들이라는 것을? 겨우 한 걸음 전진하기 위해 하루 종일 발버둥치는 사람들이라는 것을?

경영석학 짐 콜린스Jim Collins에 따르면 좋은 기업을 넘어 위대한 기업을 일군 CEO들의 주요 특징 중 하나는 '인간적 면모'라는 것이다.

대단한 사람이 되고 싶은가?

먼저 인간미를 갖춰야 한다.

탁월한 스토커가 되어라

인데버라는 리마커블한 조직을 처음 만들었을 때 린다가 가장 많이 들은 말은 '미친 여자a chica loca'였다. 물론 칭찬이었다. 새로운 일, 특히 통념을 무너뜨리는 새로운 혁신을 시도할 때는 미쳤다는 말을 반드시 들어야 한다. 정신이 나가지 않으면 평지풍파를 일으킬 수 없다. 기업가의 가장 큰 자산은 '남들과 반대 방향으로 질주하는 생각 시스템'이다.

"성공하는 기업가가 되고 싶다면 '무난하다', '나쁘지 않다', '썩 괜찮다'라는 평가를 기어코 거부하라. 그건 당신이 무난한 수준조차 되지 못한다는 정중한 조롱일 뿐이다. 이런 평가를 하는 사람은 눈곱만큼도 당신에게 관심이 없다. 성공하고 싶다면 미친 스토커가 되어야 한다."

린다는 인데버를 시작할 때 최고의 스토킹 실력으로 명성이 자자

했다. 투자자와 CEO들을 만나기 위해 남자 화장실 앞에서 진을 치고 기다린 적도 한두 번이 아니었다. 볼일을 보고 나오는 사람들에게 "안녕하세요, 전 린다라고 해요. 신흥 시장에서 기업가들을 후원하는 조직을 만들었는데, 당신의 사무실에 잠깐 들러 더 자세히 말씀드리고 싶습니다"라고 말했다.

그런데 기겁을 하며 도망치는 사람은 없었다. 성공한 투자자나 기업가들은 대체로 공격적이고 무모하고 겁이 없는 사람에게 흥미를 느낀다. 그들은 기꺼이 린다의 소중한 인맥이 되어주었다.

"화장품 업계의 스타 CEO인 에스티 로더Estee Lauder도 훌륭한 스토커였다. 평소 존경하는 멘토의 목록을 만든 다음 용기를 내 다가가라. 조심하라. 무작정 접근하면 진짜 스토커가 된다. 당신이 왜 대담한 용기를 내 다가섰는지를 정확히 말할 수 있는 대상이라면, 그는 틀림없이 당신에게 명함을 주며 연락하라고 할 것이다. 이유를 명확히 밝히고 열정적인 모습을 보여주면 사람들은 반응하게 되어 있다. 스토킹은 과소평가된 스타트업 전략이다."

문을 닫아라

린다는 젊은 비즈니스맨들을 위해 다음과 같은 조언을 남겼다.

"젊은 사람들은 늘 '모든 가능성을 열어두라'는 말을 많이 들을 것이다. 내 생각은 반대다. 모든 선택을 열어두면 이는 끝내 '마비'로 이어진다. 몇 년 동안만 골드만삭스나 맥킨지에서 일하다가 요리나 창업 같은 진짜 꿈을 따르기로 계획한 대학 동기들 중에서 실제로 요리사나 기업가가 되어 있는 사람이 몇 명이나 될까? 거의 없을 것이다. 성공하고 싶다면 '문을 닫아야 한다.' 자신의 창업 아이템이나 아이디어에 대한 확신이 생길 때까지는 지금 처한 현실에 한 발, 자신의 꿈에 한 발을 담그는 것은 괜찮다. 나이키의 필 나이트Phil Knight도 처음 몇 년은 회계사로 일했고 스팽크스의 사라 블레이클리Sara Blakely도 자기 아이디어에 대한 확신이 생길 때까지는 팩스기를 팔고 다녔으니까. 하지만 기약 없이 계속 딴 곳을 쳐다보는 일은 멈춰야 한다. 한 발만 담근 채로는 성공적인 사업을 일굴 수 없다. 아이디어에 대한 확신이나 견인력이 생기면 즉각 탯줄을 끊어야 한다. 둥지를 떠나지 않으면 아이디어는 비상하는 법을 배울 수 없다."

당신의 발을 내려다보라.

두 발이 한 곳을 향하고 있는가?

당신이 닫아야 할 문은 어디에 있는가?

10분 동안 정말 많은 것을 할 수 있다.

하지만 지나가버린 10분은 다시는 돌아오지 않는다.

당신의 삶을 10분 단위로 쪼개고

의미 없는 일에 희생시키는 일이 최대한 없도록 하라.

_잉그바르 캄프라드Ingvar Kamprad, 이케아Ikea 창업주

지금껏 인생에서 가장 잘한 투자를 꼽으라면, 1992년 여름부터 1993년 여름까지 샌프란시스코에서 백수로 살면서 3년간 저축한 돈을 다 써버린 것(애초에 그렇게 많은 돈도 아니었다)을 들고 싶다. 돈을 받지 못하는 무대였지만 매일 밤 적어도 한 번씩은 올랐고, 그 덕분에 나는 그 1년 동안 코미디언으로서 10년치 성장을 이룰 수 있었다. 갖고 있던 안전망을 다 태워버릴수록 더 유능해지고 집중력이 무서울 만큼 강해졌다. 그래서 나는 사람들에게도 그 같은 경험을 해볼 것을 신중하게 권한다. 우리는 흔히 직장을 잃거나 빈털터리가 되면 '끝장'이라고 생각하는데, 그건 어디까지나 생각일 뿐이다. 절대 끝장이 아니었다. 나는 내 생각보다 훨씬 강했고, 새롭게 도전할 목표만 살아 있으면 반드시 그 보답을 얻었다. 어떤 일을 조금만 더 시간을 들이면 잘할 자신이 있는가? 그렇다면 그 일에 곧장 뛰어들어라. 당신 스스로는 물론, 당신을 둘러싼 모든 것이 당신을 도울 최선의 방법을 궁리할 것이다. 인생이란 본디 그렇게 설계되어 있다.

_패튼 오스왈트Patton Oswalt, 코미디 배우, 작가

지금껏 내가 가장 잘한 일은 자동차 없이도 살 수 있는 곳에 있다는 것이다. 케임브리지에서 뉴욕으로 이사를 한 후 내 일과 삶은 완전히 달라졌다. 더 탁월해졌고 더 행복해졌고 더 의미가 깊어졌다. 이유는 단 하나! 자동차가 없기 때문이다. 날씨나 교통 체증에 관계없이 나는 일터까지 걸어서 10분이면 갈 수 있다. 지붕 위에 쌓인 눈을 퍼낼 필요도, 유리창에 붙은 얼음을 긁어낼 필요도, 주차 공간을 찾아 몇십 분씩 빙빙 돌 필요도 없다. 사람이 걸어 다닐 수 있다는 것은 온갖 삶의 디테일한 축복을 만끽할 수 있다는 뜻이다. 매일 똑같은 길을 걸어도, 매일 새로운 것들이 발견된다. 어제 보지 못한 걸 오늘 볼 수 있다는 건 매일을 기대감으로 가득 채울 수 있다는 의미다. 이 얼마나 멋지고 경이로운 삶인가! 사람은 반드시 유산소 운동을 해야 한다. 건강 때문만이 아니다. 그토록 원했던 활력과 새로운 발견의 즐거움이 생겨나기 때문이다.

_루이스 캔틀리Lewis Cantley, 하버드 대학교 세포생물학 교수

17
피드백은 독이 든 성배다

독창적이라는 것은
몸과 마음이 전력을 다해
앞을 향해 있는 자세다.

닉 스자보Nick Szabo는 다재다능하다. 관심사의 폭과 지식의 깊이가 경이로운 수준이다. 컴퓨터 공학자이자 법학자이고 세계적인 암호학자이기도 하다. 비트코인의 선구자로 평가받는 비트 골드Bit Gold를 디자인하기도 했다.

닉 스자보는 무엇보다 끊임없이 독창적인 아이디어를 꺼낼 줄 아는 인물로 명성이 자자하다. 그의 사무실은 창조적 영감을 구하는 젊은 사람들로 북적인다. 젊고 열정에 찬 CEO부터 투자자, 슈퍼리치, 셀러브리티, 멘사 회원에 이르기까지 그의 조언을 얻기 위해 모여든다. 그가 엄청난 답을 주지는 않는다. 다만 그와 대화를 나누다 보면 생각지도 못했던 단서, 영감, 퍼즐의 답이 반짝 떠오른다고 사람들은 입을 모은다.

아이디어에는 용기가 요구된다

나는 닉에게 단도직입적으로 물었다.

"닉, 어떻게 하면 당신처럼 놀라운 아이디어를 하루에 두세 개씩 만들 수 있는 거요?"

그가 답했다. "리처드 도킨스의 《이기적 유전자》를 계속 읽어요. 그 어떤 책보다 인간 행동과 인생에 대해 잘 설명해주죠."

"그게 전부입니까? 리처드 도킨스만 파면 나도 아이디어 천재가 될 수 있는 거요?"

닉이 어이가 없다는 듯 나를 바라보다가 이렇게 말했다.

"타인의 피드백에 전혀 개의치 않을 자신 있어요? 그러면 천재가 될 수 있어요. 좋은 아이디어를 얻지 못하는 이유는 '내 아이디어가 좋다는 증거'를 찾으려고 무의식적으로 애를 쓰기 때문입니다. 가장 쉽게 얻을 수 있는 증거가 친구, 동료, 상사가 눌러주는 '좋아요'죠. 긍정적인 피드백은 창의성을 떨어뜨립니다. 피드백을 필요로 하지 않으면 않을수록 창의성은 상승하죠. 물론 귀에 솔깃한 피드백을 외면하기란 쉽지 않죠. 독창적인 아이디어일수록 상사나 동료들에게 이해받기도 어렵고요. 십중팔구 '그건 너무 나갔어', '너무 오버하는 거 아냐?' 등의 핀잔을 받기 일쑤죠. 남다른 아이디어를 얻으려면 모든 사람의 피드백을 무시해야 해요. 다시 말해 좋은 아이디어에 필요한 건 창의성보다 '용기'입니다. 무시할 수 있는, 미움받을 수 있는 용기 말입니다."

실제로 닉에게는 처음엔 비판에 직면했다가 나중에 비로소 찬사를 받았던 아이디어들이 많다. 피드백을 무시하라는 의미는 눈과 귀를 닫으라는 게 아니다. 브레인스토밍을 비롯한 다양한 회의 시간에 '내가 이 얘기를 하면 다들 코웃음 치겠지?' 하는 두려움으로 눈치나 살피고 있지 말라는 것이다. 자기검열 없이 당당하게 소신을 펴고 적극적으로 설득함으로써 자신의 아이디어를 세상에 적용할 수 있는 노력을 기울이라는 것이다.

닉은 이렇게 말했다.

"성공한 사람들을 눈여겨보면, 그들은 실패를 많이 한 사람들이죠. 실패란 게 뭘까요? 아이디어를 실행에 옮겨봤다는 뜻이잖아요? 이게 중요하더라고요. 무엇이든 실제로 해봐야 그 결과를 알 수 있고, 이를 통해 한 걸음 더 성장할 수 있겠죠. 피드백 따위는 무시하세요. 결과가 어떻게 될지는 아무도 모릅니다. 아이디어를 사람들의 입맛에 맞게 수정하려 하지 말고, 모든 노력을 총동원해 '못 말리는 친구군. 그래, 한 번 해봐!' 하는 백기 투항을 받아내는 사람이 결국 성공하더군요."

실직이 기회다

닉은 뛰어난 아이디어를 얻을 수 있는 최적의 시기로 '실직 기간'을 꼽았다. 출근하지 않아도 되고, 사람들을 만나지 않아도 되기 때문에 마냥 백수로 아무 생각 없이 방바닥을 뒹굴지만 않으면, 창의성은 획기적으로 높아진다고 장담한다.

"직장인들에게 해주고픈 조언은 한 3년 일하면서 모은 돈으로 1년

놀고, 그다음에 이직을 하거나 새로운 직장에 들어가라는 겁니다. 우리는 의도적으로 실직 상태를 경험할 수 있어야 해요. 자유가 도처에 넘치니 어떻게 창의성이 높아지지 않을 수가 있겠어요? 자신이 떠올릴 수 있는 가장 정신 나간 생각들을 스마트하게 정리할 수 있는 기회가 실직 기간입니다. 직장에 다니는 동안 백수 때 어떻게 시간을 쓸 것인지에 대한 치밀한 계획을 세우면 완벽합니다. 나도 그랬어요. 나도 백수 때 컴퓨터 공학에 눈을 떴습니다. 내가 컴퓨터를 공부한 건 프로그래머가 되기 위해서가 아니에요. 내 아이디어를 적용하려면 그쪽 분야의 인재들이 필요했죠. 그들과 대화하려면 최소한의 지식이 있어야 하니까, 공부를 한 겁니다. 컴퓨터 공학을 공부한 덕분에 인터넷을 남들보다 일찍 접했고 사람들이 잘 모르는 방향으로 달려 나가는 사람들을 만날 수 있었어요. 백수 때가 아니면 그런 사람들을 언제 만나보겠습니까?"

경험칙을 버려라

세상에 가장 많은 것이 무엇인지 아는가?

'흉내'다. 한 사람이 성공하면 백 사람이 이를 따라 한다. 한 번 경험한 성공을 인생 전반에 걸친 '경험칙'으로 만들어 여기에서 벗어나려 하지 않는다. 당신이 좋아하고 존경하고 따르는 사람의 피드백이 당신을 흔해빠진 '아류'와 의미없는 '2등'으로 전락시킬 수 있음을 경계해야 한다.

닉은 마지막으로 이렇게 말했다.

"고대 그리스 철학자 헤라클레이토스는 우리가 절대 같은 강물에 두 번 발을 담그지 못한다고 했습니다. 전적으로 동의합니다. 아이디어의 세계에서는, 독창성의 영역에서는 지금도 휙휙 지나가면서 과거로 편입되는 시간을 돌아봐서는 안 됩니다. 과거의 호명에 귀 기울이면 안 됩니다. 눈이 따갑고 시려도 미지를 가리키는 앞을 봐야 합니다. 독창적이라는 것은 몸과 마음이 전력을 다해 앞을 향해 있는 자세를 뜻합니다."

18
모든 방법이 효과가 없는가?

우리는 결코 모든 문제를 해결할 수 없다.

닐 게이먼Neil Gaiman은 〈문학인명사전Dictionary of Literary Biography〉이 선정한 '살아 있는 최고의 포스트모던 작가 10인'에 이름을 올리고 있다. 산문, 시, 영화, 저널리즘, 만화, 노래 가사, 드라마 부문에서 최고의 작가로 왕성하게 활동하고 있다. 그의 소설들은 뉴베리 상, 카네기 상, 휴고 상, 네뷸러 상, 월드판타지 상, 아이스너 상을 받았다.

나는 그가 1990년대에 출간한 그래픽 소설 《샌드맨》에서 보여준 상상력에 처음 매료되었고 그후 《네버웨어》와 《신들의 전쟁》에 마음을 완전히 뺏겼다. 그밖에 전 세계 독자들이 사랑한 책으로는 《북유럽 신화》《싼 좌석의 전망The View from the Cheap Seats》《오솔길 끝 바다》《그레이브야드 북》《코랄린》 등이 있다. 그의 졸업 축사 '좋은 예술을 만들어라Make Good Art'는 젊은 예술가들과 그 길을 걷고자 하는 지망생들에게 강력하게 추천된다.

닐 게이먼을 이 책에서 소개하는 이유는 그가 탁월하고 매력적인 글쓰기 전범을 보여주기 때문이다. 내가 진행하는 팟캐스트 청취자들과 내 책의 독자들과 이야기를 나누다보면 '글 잘 쓰는 비결'에 관한 문의가 정말 많다. 그래서 시대를 대표하는 작가들을 만날 기회가 있을 때는 그들의 글쓰기 습관이나 태도들을 관찰하곤 한다. 그리고 마침내 닐 게이먼과의 만남을 통해 나는 궁극적인 답을 얻었다.

지금부터 소개해보자. 천천히 반복해서 읽고 행간을 깊이 들여다보길 바란다.

닐 게이먼은 글이 잘 안 풀리고 집중력이 흩어질 때 다음 3가지 질문을 점검한다.

첫째, 잠을 충분히 잤는가?

둘째, 배가 고픈가?

셋째, 내가 지금 산책을 원하는가?

이 질문들의 답을 찾아 행동을 교정해본 후에도 여전히 컨디션이 돌아오지 않으면 그는 다시 다음 두 개의 질문을 점검한다.

첫째, 비장의 카드가 있는가?

둘째, 전화나 대화로 이 문제에 대해 정보나 조언을 얻을 만한 사람이 있는가?

여기까지 해봤는데도 슬프고 우울하고 산만한 기분이 계속 들 때는 다음 두 개의 질문을 점검한다.

첫째, 만족할 만한 글을 쓴 지 얼마나 되었는가?

둘째, 지금껏 써본 방법들이 전부 효과가 없는가?

그럼 무조건 책상에 앉아라.

어제도, 오늘도, 내일도…

닐 게이먼은 무조건 책상에 앉아 글을 쓴다.

19
점을 찍어야 선이 생겨나고 면이 완성된다

뛰어들어라.

계획을 세우느라 귀중한 시간을 흘려보내지 마라.

마리 폴레오Marie Forleo는 대중 예술의 모든 분야에서 활동하는 유능한 기획자다. 오프라 윈프리Oprah Winfrey는 그녀를 '다음 세대를 위한 리더'라고 불렀다. 마리는 그 유명한 〈마리TV〉를 기획하고 B-스쿨을 설립했다. 〈포브스Forbes〉는 그녀의 웹사이트marieforleo.com를 '기업가를 위한 최고의 웹사이트 100개' 명단에 포함시켰다. 마리는 글로벌 기업들과 협업하고 젊은 CEO들에게 기업가정신을 강의하는, 세계에서 가장 바쁜 여성 비즈니스맨 중 한 명이다.

성공의 증표를 만들어라

마리는 3달러짜리 노란색 수첩을 갖고 다닌다. 25살 때 힙합 교실에서 학생들을 가르치고 바텐더로 일하며 조금씩 온라인 사업체를 키우고 있었을 때부터의 습관이다. 그녀는 일할 때 항상 그 수첩을 옆에 두었다. 사람들이 '학교 강의와 바텐더 일을 안 할 때는 뭘해요?' 라고 물을 때마다 그녀는 자신의 온라인 비즈니스를 소개했다. 그러고는 펜과 수첩을 건네며 이메일 구독자 명단에 등록해달라고 부탁했다.

노란 수첩에 적힌 이름이 많아질수록 그녀의 목표는 점점 더 확장되었다. 글로벌한 사업체를 만드는 데 성공했고 지금껏 7억 5,000만 달러의 매출을 올리게 해주었다.

마리는 말한다. "아무리 힘겨워도 저 낡은 노란 수첩을 보면 없던 힘도 솟아난다. 지금껏 살아보니 노력을 인정받은 경험, 적중한 예측 경험, 뭔가를 꾸며 성공한 경험을 늘 휴대하고 다니는 게 중요하다는 사실을 깨달았다."

인간은 시각화의 동물이다. 천 개의 명언보다 가족사진 한 장이 더 큰 힘을 발휘한다. 위기를 극복하고 성공을 유지하려면 이처럼 힘과 용기를 넣어주는 '징표'를 만들어보라. 생각보다 위력적이라는 사실에 놀랄 것이다.

점은 나중에 연결하라

마리는 젊은 CEO를 만날 때마다 "원하는 삶을 살려면 먼저 무엇이든 전부 시도하라"고 권유한다. 도전해본 일이 도전하지 못한 일보다 반드시 더 많아야 성공한다는 것이 그녀의 확고한 지론이다.

"뜻밖의 많은 사람들이 자신이 원하는 일이 아니라는 이유로 지금 당장 해야 할 일의 중요성을 간과한다. 더 좋은 직업과 직장을 찾을 때까지 지금 일하는 회사에서 인내하고 있는 사람은 곧장 사표를 내야 한다. 억만금을 주어도 흘려보낸 그 시간을 나중에 다시 구매할 수 없으니까. 아직 찾지는 못했지만 원하는 일이 어딘가에서 당신을 기다리고 있을 것이라고 생각하는가? 맞다, 그럴 수도 있다. 하지만 당신은 아마도 그 생각을 갖고 있는 한 영영 못 찾을 것이다. 평생 기다리다가 인생을 끝내는 사람들의 목록에 이름을 올리고 싶지 않다면, 지금 맡은 일을 비롯해 무슨 일이든 다 뛰어들어야 한다. 당신이 원하는 일은 분명 당신이 시도하는 모든 일에 섞여 있을 것이다. 서로 전혀 관련이 없는 일들을 각각 독립적으로 도전하면 원하는 일을 찾는 데 시간을 단축할 수 있다. 어떻게든 먼저 '점'을 찍으라는 것이다. 점들을 많이 찍으면 그 점들 사이를 잇는 선이 생겨나고 면이 완성된다. 아직 점 하나 찍지 못했으면서 거창한 계획을 세우느라 생의 가장 소중한 시간들을 흘려보내지 마라."

하얀 도화지에 부지런히 점을 찍으며 어떤 상황에서든 열심히 일하는 사람이라는 평판을 얻으라고 마리는 강조한다. 그리고 어떻게든 돈을 모아 존경하는 사람, 유명한 사람, 유능한 사람들과 가까워질 수 있는 경험이나 배움의 기회를 얻어야 한다고 덧붙인다.

"내가 7억 5,000만 달러의 매출을 올릴 수 있었던 건 뛰어난 경영자여서가 아니다. 뛰어난 경영자들 가까이에 있었기 때문이다. 이 가까움이 곧 힘이다. 당신 가까이에 뛰어난 인물이 많을수록 당신은 당신의 재능을 발휘할 가능성이 높아진다. 나아가 당신이 진정 원하는 일이 무엇인지 알게 될(만나게 될) 확률이 높아진다."

창의성은 몸에 자리한다

마지막으로 집중력을 회복하는 마리 폴레오만의 비법에 귀 기울여 보자. 아마도 나처럼 당신도 그녀를 틀림없이 따라하게 될 것이다.

"집중이 안 되거나 특정한 문제에 얽매여 있을 때는 강도 높은 운동을 한다. 크고 신나는 음악과 함께 하는 스피닝 수업이나 서킷 훈련을 한다. 이렇게 감각을 몰입시키면 중요한 효과가 일어난다. 정신과 감정의 앙금이 청소되면서 보이지 않던 새로운 길이 나타나기 시작한다. 그리고 앞으로 전진하게 해주는 구체적인 행동 계획이 자동으로 다운로드된다. 굳이 스피닝 운동이 아니어도 괜찮다. 좋아하는 운동을 혹사 수준으로 하면 된다. 창의성은 마음이 아니라 몸에 자리한다."

20
할 일을 하라

수작 부리지 말고,

지금 당장 할 일을 하라.

스콧 벨스키Scott Belsky는 기업가, 작가, 투자자다. 2006년 세계적인 창작자들의 커뮤니티 비핸스Behance를 공동 창업해 2012년 어도비에 매각할 때까지 CEO로 재직했다. 비핸스는 전 세계 1,200만 명의 아티스트들이 포트폴리오를 올리는 공간인 동시에 매력적인 아티스트를 찾을 수 있는 공간으로 활발하게 이용되고 있다. 나아가 스콧은 핀터레스트, 우버, 페리스코프 등 눈부시게 성장한 스타트업들의 초기 투자자이자 고문역이다.

거부할 수 없는 메시지를 만들어라

스콧은 대학생부터 CEO에 이르기까지 전 세계에서 가장 조언을 듣고 싶어 하는 강연자로 명성을 쌓았다. 그의 강연은 단 한 줄로 요약될 수 있을 만큼 명쾌하다.

"할 일을 하라."

스콧은 늘 자신에게 이렇게 속삭인다. 우리는 생각이 너무 많다. 주변에서 일어나는 온갖 고민과 사건으로 정신력이 뿔뿔이 흩어지고 무엇이든 지나치게 고민한다. 심지어 지금 하면 될 일을, 왜 이걸 당장 해야 하는지에 대해서까지 생각한다.

스콧은 말한다. "자신이 왜 이렇게 바쁜지 늘어놓고, 지금 해야 할 일을 자꾸만 이유를 대면서 미루는 것은 수작에 불과하다. 재미없는 일이지만 해야 할 때, 나쁜 소식을 전하거나 누군가를 해고해야 할 때 나는 '스콧, 수작부리지 말고 빨리 할 일을 해'라고 외친다. 이러한 자기 지시는 반박하기가 어려워진다. 핑계나 수작을 만드는 데 인생의 절반쯤 쓰는 사람들이 이 세상에 절반쯤 된다."

나는 강도 높은 운동을 해야 할 때 스콧의 '할 일을 하라'를 떠올린다. 이 메시지는 모든 핑계를 눌러준다. 자신에게 이런 지시를 할 때 카리스마 돋고 뭔가 진지해지고 뭔가 멋있는 느낌이 든다. 과장하자면 마치 거부할 수 없는 신탁을 들은 기분이다.

"해야 할 일을 하는 것, 그것이 모든 시도와 도전의 기초 체력을 만들어준다. 자꾸만 달아나려는 몸과 마음을 단번에 확 일깨우는 각성의 메시지를 가진 사람이 결국 원하는 목표를 손에 넣는다."

최고의 기회는 눈에 보이지 않는다

스콧이 강연에서 강력하게 전달하는 메시지가 또 하나 있다.

"좋은 기회는 제목 란에 '좋은 기회'라고 쓰여 있지 않다."

최고의 직장, 최고의 클라이언트, 뛰어난 파트너, 빛나는 사업 아이템 등은 아무리 찾아도 처음에는 잘 보이지 않는다. 처음에는 별로 유혹적이지 않기 때문이다.

스콧은 설명한다. "1,200만 명이 넘는 아티스트들의 경험을 핵심만 간추리면 이렇다. 최고의 기회는 처음에는 관심조차 가지 않았던 것이 대부분이다. 따라서 당신은 어떤 대상을 관찰할 때 표면이 아니라 표면 밑에 깔린 잠재적 가능성을 먼저 들여다보는 습관을 가져야 한다. 이때도 주의할 점이 있다. 잠재적 가능성이 처음부터 명백하게 보인다면, 이건 당신 차지가 아니다. 누군가가 이미 찜해놨을 것이다. 사람들이 좋아하는 것이 아니라 좋아하지 않는 것에서 오래 머물러야 한다. 거기서 가능성을 발굴하면 상상을 초월할 정도로 강력해진다. 지금 눈에 보이는 것, 지금 알고 있는 것만으로 의사결정을 내리면 '비전'은 포기하라. 영향력을 세상에 발휘할 꿈도 꾸지 말아야 한다. 나는 인생을 바꿀 수도 있는 진지한 결정을 내릴 때 사람들이 얼마나 게으른지 발견하고는 깜짝 놀라곤 한다. 이미 만들어진 것에 왜 그렇게 합류하려고 애쓰는가? 기회를 잡고 싶다면 '합류자'가 아니라 새로운 뭔가를 만드는 '설립자'가 되어야 한다."

스콧의 말에 심취해 있다가 나는 문득 내가 가장 싫어하는 말을 떠올렸다.

"그건 가능성이 없어요, 팀."

그렇다. 가능성이 전혀 없는 것이 사방에 가득 들어차 있는 상태가 곧 인생이다. 가능성은 발견되는 것이 아니다. 만들어지는 것이다. 가능성이 없으면 가능성을 만들어서라도 붙여야 한다.

스콧은 말한다. "가능성을 탐구하기 시작하면, 없는 가능성을 만들어서라도 붙이겠다는 태도를 갖고 있으면, 기회가 눈앞에 나타났을 때 놓치지 않게 된다. 기회는 행운과 같은 것이다. 기회를 잡는 행운을 만들려면 유연해지고(올바른 기회를 위해서 무언가를 포기해야 한다), 겸손해지고(스스로 타이밍을 통제할 수 없다), 무엇에든 열려 있는(그래서 눈에 띄었을 때 잡아라!) 것뿐이다. 인생의 가장 큰 기회는 당신의 일정에 맞추지 않고 스스로의 일정에 맞춰 움직인다."

집중 작업 시간을 만들어라

스콧은 하루 3시간을 '집중 작업deep work'으로 설정해놓고 이 시간에 가장 중요한 일들을 한다. 강연 준비를 하거나 글을 쓰고, 중요한 투자 결정을 위한 생각을 다듬는다.

집중 작업 시간을 위해 그는 다음과 같은 노래를 틀어놓는다.

- 칼리 코만도Carly Comando의 〈Everyday〉
- 헬렌 제인 롱Helen Jane Long의 〈The Aviators〉
- 루도비코 에이나우디Ludovico Einaudi의 〈Divenire〉
- 마이클 앤드루스Michael Andrews와 게리 쥴스Gary Jules의 〈Mad World〉
- 시규어 로스Sigur Ros의 〈Festival〉

스콧은 설명한다.

"나에게 '집중 작업'은 중간에 멈춤 없이, 이리저리 돌아다니지 않고 계속 일한다는 뜻이다. 3시간 이상 한 문제에만 집중하는 것인데 요즘처럼 24시간 내내 연결되어 있는 세상에서는 매우 어려운 일이다. 그래서 집중 작업을 할 때는 특별한 보상과 유인을 활용하는 것이 좋다. 초콜릿을 상으로 줘도 좋고, 사우나를 해도 좋으며, 아무것도 안 하고 남은 하루를 빈둥거리는 보상을 줘도 좋다. 3시간만 지키면 된다. 하루 3시간만 제대로 일해도 우리는 원하는 대부분을 이룰 수 있다."

좋아서 하는 고생을 선택하라

스콧은 젊은 독자들을 위한 조언을 요청하는 내게 다음과 같은 답을 들려주었다.

"완벽한 직업을 찾으려고 하지 마라. 조금이라도 높은 연봉에 집착하지 마라. 대신 정말 중요한 두 가지에 집중하라. 첫째, 사회에 첫 발을 내딛은 지 얼마 되지 않았을 때는 자신이 진정으로 관심 있는 것에 조금씩 가까워지도록 이끄는 커리어 선택이 중요하다. 천천히 진정한 관심사를 추구하고 인생을 변화시켜줄 인간관계와 협업, 경험을 준비해놓는 것이야말로 성공에 이르는 가장 유망한 길이다. 좋아서 하는 고생은 언제나 보상을 가져다준다. 당신이 기대한 방식이나 기대했던 때에 딱 맞게 주어지지 않을 뿐이다. 그러니 인내를 갖고 당신의 관심사에 가까워지는 일과 직업을 선택해 곧 찾아올 성공에 대비하라. 둘째, 사람이 전부다. 함께 일하는 사람들의 능력을 바탕으로 기회를 선택하라."

성공하고 싶은가?

'할 일을 하라'를 만트라로 만들어보라. 어려운 고비를 넘을 때 꽤 효과가 있을 것이다.

수작 부리지 말고 할 일을 하면서 언제나 모든 가능성을 열어놓고 관심사를 추구하라. 스콧 벨스키를 비롯한 1,200만 명 이상의 독창적인 아티스트들이 그렇게 하는 것처럼.

일 대 일 승부의 세계에서는 패배가 곧 실패로 간주되는 경우가 많다. 치열한 접전을 벌였지만 매치 포인트를 상대보다 먼저 올리지 못한 채 코트를 떠나는 사람에게는 그 어떤 것도 위로가 되지 않는다. 그 어떤 말도 귀에 들어오지 않는다. '다음에는 꼭 이기자' 같은 생각은 발도 못 붙인다. 빨리 아무도 없는 곳으로 가서 콱 틀어박히고 싶다는 생각만이 온몸을 감싼다. 고작 한 게임 졌을 뿐인데 인생 전체를 망친 실패자라고 자신을 몰아붙인다. 그렇게 나는 연패에 빠진다. 그러던 어느 날 깨달았다. 내가 왜 졌는지를 아는 데 전혀 관심이 없었다는 것을. 그저 내가 졌다는 사실을 받아들이지 않으려고 안간힘을 썼을 뿐이라는 것을. 그후 나는 패배를 다른 방식으로 다루기 시작했다. 화를 내는 대신 질문을 던지기 시작한 것이다. 예상하지 못한 답이 나오면 그것을 기록해 꼼꼼하게 들여다보고 오랫동안 생각해보았다. 그러자 내가 놓친 것들이 보이기 시작했다. 코치와의 대화 수준도 더 높아지기 시작했다. 패배는 라켓과 수건을 내팽개치고 머리를 감싸 쥐며 울부짖어야 할 실패가 아니었다. 패배는 '이기는 연습'이었다. 승리를 위한 리허설이었다. 나는 다시 연승을 시작했고, 21주 동안 세계 랭킹 1위를 지켰고, 그랜드슬램 대회 결승전에서 매치 포인트를 올리기 시작했다.

_마리아 샤라포바Maria Sharapova, 테니스 선수

최근에 새로운 규칙을 하나 정했다. 요청받은 일이 일주일 이상 뒤에 있는 일이라면 그것이 무엇이든 간에 대부분 거절하기로 말이다. 예외가 있다면 꼭 참석해야 하는 가족 행사와 정말 달려가서 강연하고 싶은 컨퍼런스 한두 개 정도다. 아주 단순하고 직접적인 방법으로 이 규칙을 지킨다. 특별한 사정이 없는 한 거절하는 이유를 이렇게 설명한다. "초대해주신 건 감사하지만 기한이 하루 이상 남은 일은 아무것도 미리 약속드릴 수가 없습니다. 저 자신과 함께 일하는 사람들을 위해 계속 제 일정을 비워둬야 하거든요. 가장 좋은 방법은 저와 만나고 싶은 날의 하루, 이틀쯤 전에 연락을 주시는 겁니다. 그때 봐서 일정이 괜찮으면 시간을 잡을 수 있을 겁니다."

이는 워렌 버핏이 사용하는 방법이기도 하다. 기한이 한참 남은 일을 덜컥 승낙하면 약속한 날짜가 다가올수록 후회가 많아진다. 당장은 손해 볼 것이 없기 때문에 승낙을 매우 쉽게 한다. 게다가 미래의 '승낙'은 결국 과거가 당신 일정의 통제자가 된다는 걸 의미한다. 그 시점이 다가올 즈음이면 당신의 일정표는 이미 예전에 한 약속들로 가득 차버린다. 그러면 그 순간에 가능한 일들이 제한을 받는다. 몇 주 혹은 몇 달 전에 승낙한 일 때문에 오늘 하고 싶은 일이 제약을 받는 것만큼 짜증나는 일도 없다.

_제이슨 프라이드 Jason Fried, **베이스캠프**Basecamp CEO, **《리워크**Rework**》 저자**

21
지금 하지 않으면 언제 하겠는가

내가 나를 위하지 않으면

누가 나를 위해줄 것인가?

스티븐 핑커Steven Pinker는 하버드 대학교 심리학 교수이자 우리 시대 가장 중요한 지성인이다. 언어와 인지에 대해 연구하고 〈뉴욕 타임스〉와 〈애틀랜틱〉 같은 글로벌 미디어에 기고한다. 그의 책은 어김없이 베스트셀러가 되었고, 주요 저서로는 《언어본능》《마음은 어떻게 작동하는가》《우리 본성의 선한 천사》 등이 있다. 미국 인문주의협회American Humanist Association의 '올해의 인문주의자', 〈프로스펙트〉의 '대중적인 지식인 100인', 〈포린 폴리시〉의 '오늘날 세계에서 가장 영향력 있는 100인'에 각각 선정되었다.

팀 페리스의 주석: 스티븐 핑커 같은 위대한 지성을 인터뷰한다는 것은 큰 영광이다. 나는 그가 들려준 이야기를 어떻게 독자들에게 더 생생하게 전달할 수 있을지 고민했다. 스티븐 핑커의 이야기는 하나

의 키워드로 압축되지 않는다. 그 대신 그의 말을 그대로 옮긴 문장과 행간에서 독자들이 영감과 단서를 찾을 것이라 믿는다. 따라서 인터뷰 내용을 최대한 원문 그대로 수록해본다.

최근에 가장 긍정적인 영향을 끼친 100달러 이하의 소비는 무엇인가?

X1 Search 프로그램이다. 빠르고 정확한 검색으로 1980년대로 거슬러 올라가 내 파일과 이메일까지 짚어내준다. 정보가 폭발하고 내 기억력은 더 이상 나아지지 않는 상황에서 이 프로그램은 신이 보내준 선물과도 같다. 늘 배움을 갈망하는 사람들은 진지하게 구매를 고려해보라.

인생의 좌우명은 무엇인가?

이스라엘의 현자, 랍비 힐렐Hillel의 말을 항상 가슴에 새긴다.

"내가 나를 위하지 않으면 누가 나를 위해줄 것인가? 지금 하지 않으면 언제 할 날이 있겠는가?"

이 두 문장이 나를 지금 여기에 존재하게 이끌었다. 나의 가장 오랜 친구이자 눈 밝은 동행들이다.

살아갈 날이 더 많은 젊은이들에게 해주고 싶은 말이 있다면?

다음 5가지만 당부하고자 한다. 이는 내가 살아오면서 많은 경험과 대가를 치르고 얻은 배움이다. 부디 조금이나마 도움이 되기를.

첫째, 당신이 존경하는 소수의 사람들은 지지하지만 아직 문화적인 유행이나 보편적인 통념으로 뿌리내리지 못한 새로운 주제나 영역, 관심사를 찾아라. 이미 보편적인 지식이라면 거기에서 당신이 할 일은 거의 없다. 동시에 당신 혼자만 흥분하는 지식이라면 착각일 확률이 높다.

둘째, '결실이나 보상이 있는 행동인지는 중요하지 않다. 중요한 것은 자신의 직관을 따르는 것이다'라는 조언은 절대 무시하라.

셋째, 자기만족에 그치는 행동이나 시도는 하지 마라. 당신의 행동이 자아실현이나 자기만족보다 더 큰 성취로 확장될 수 있는지에 집중하라.

넷째, 지성인은 인문이나 언어계열 등의 고상한 직업에만 존재한다고 생각하지 마라. 엘리트들은 상업이 천하다고 비웃지만, 상업이야말로 예술이라는 사치품을 비롯해 그들이 원하고 필요로 하는 것을 제공해준다. 귀천을 따지는 것처럼 천한 것은 없다.

다섯째, 당신이 세상에 어떤 기여를 할 수 있는지 생각하라. 부와 명예만을 중시하면 당신의 두뇌와 실력은 매우 수상쩍게 활용될 것이다. 부와 명예는 사라지지만 당신의 기여는 언제나 남아 있다.

당신의 삶에 가장 큰 영향을 끼친 책은?

단연 레베카 뉴버거 골드스타인Rebecca Newberger Goldstein의 《신의 존재에 대한 36가지 근거36 Arguments for the Existence of God: A Work of Fiction》다. (고백: 사실 이 책은 내 아내가 쓴 책이다. 하지만 그렇기에 더욱 책임감 있게 추천한다. 이 책이 정말 읽을 가치가 별로 없는 책이라면 명색이 심리학자인 내 판단력에 큰 흠집이 날 테니까.)

종교 심리학자가 쓴 신의 존재에 대한 근거를 다룬 훌륭한 책 중 하나다. 재미있고 감동적이고 오늘날 학계와 지식인들의 약점에 대한 날카로운 풍자이기도 하다.

그밖에 내가 곁에 두고 탐독하는 책들은 다음과 같다.

- 토머스 셸링Thomas C. Schelling의 《갈등의 전략》
- 조지 밀러George A. Miller의 《언어의 과학》
- 존 뮐러John Mueller의 《최후의 날로부터의 후퇴Retreat from Doomsday》
- 주디스 리치 해리스Judith Rich Harris의 《양육가설》
- 도널스 시먼스Donald Symons의 《섹슈얼리티의 진화》
- 토머스 소웰Thomas Sowell의 《지식과 의사결정Knowledge and Decisions》
- 프랜시스 노엘-토머스Francis Noel-Thomas와 마크 터너Mark Turner의 《진리처럼 분명하고 단순한Clear and Simple as the Truth》

더 나은 삶을 만들어준 신념이나 행동, 습관이 있는가?

지루하고 상투적이지만 필수적인 행동을 빼먹지 않고 하기. 재미로 읽는 것을 제외하고 내 모든 기사와 새 책을 전자 형태로 보관하기. 얼마 전까지만 해도 종이의 소용돌이에서 허우적거렸다. 여러 장소에서 지내고 이동을 자주 하다 보니 늘 빠뜨리는 것이 있었다. 하지만 전자 버전은 검색까지 가능한 데다 환경이 '한계'에 이른 지금 유익한 '비물질적 생활'에 참여하는 셈이기도 하다.

지난 5년 동안 거절하기가 쉬워진 일은?

모르는 사람이나 먼 지인의 시간 소모가 큰 부탁이 담긴 이메일. 대개는 (그들이 착각하고 있는) 내 영향력과 힘을 이용하려는 경우다. 부자와 미인은 진정한 친구가 누구인지 알 수 없다는 말도 있지 않은가? 전문분야의 명성 있는 사람들에게도 해당되는 말이다.

성공을 위한 전략이 있는가?

일시적으로 유용한 전략을 위해서는 오스카 와일드Oscar Wilde의 다음 조언을 충실히 따른다. "유혹을 이길 수 있는 유일한 길은 유혹에 굴복하는 것이다."

나 자신이나 타인에게 파괴적이지만 않다면 유혹에 져주는 것도 때로 탁월한 전략이다. 좀 더 심오한 전략이 있다면 이렇다.

"6개월, 1년, 5년 후 나에게 무엇이 중요한가? 인생의 우선순위에서 필수과목과 선택과목은 각각 무엇인가?"

22
인생을 눈에 보이는 곳에 두어라

한 가지 목표에 집중하면서도
삶의 중요한 일에 매일 시간을 쏟아라.

예일 대학교에서 정치학을 공부한 벤 실버먼Ben Silbermann은 핀터레스트의 CEO다. 핀터레스트Pinterest는 수백만 명에게 좋아하는 것을 수집하도록 도와준다. 아이오와에서 보낸 유년 시절 동안 곤충 채집을 즐긴 그에게 잘 어울리는 일이다. 핀터레스트를 설립하기 전에는 구글 온라인 광고팀에서 일했다. 벤 실버먼은 탁월한 비즈니스맨이지만 그보다 더 어울리는 일이 있다. '인생 수업'이라는 강좌가 있다면 무조건 그가 맡아야 할 것이다. 그는 지혜로우면서도 다정한 철학자다.

체크리스트를 만들어라

벤의 사무실 벽에는 인생의 매해를 나타내는 박스형 차트가 걸려 있다. 90살까지 매해 어떻게 살았는지를 기록하고 돌아볼 수 있는 체크리스트다.

그는 말한다. "나는 시각적인 사람이다. 시각적인 것들을 중시했기에 지금 팀, 당신과의 인터뷰 자리에 설 수 있었다. 내가 가지고 있는 차트는 시간을 시각적인 포맷으로 보여주기 때문에 내게는 무척 매력적이다. 직원들에게도 이번 주가 1년 중 어디쯤인지 시각적으로 보여주곤 한다. 1분, 한 시간, 하루, 한 달, 한 해의 소중함을 일깨워주기 위해서다. 물론 내 차트를 보고 모두가 그런 생각을 하지는 않는다. '와, 하루하루가 정말 흥미진진하고 소중하구나'라고 생각하는 사람들도 있지만 '헉, 죽음이 코앞이라니…' 하며 충격을 받는 사람도 있다. 깨달음을 얻든 충격을 얻든 간에, 차트는 필요하다. 양쪽 생각 모두 삶에 돌을 던져 파장을 일으켜 자극을 제공한 결과이니까."

가치 있는 일은 시간이 오래 걸린다

벤은 의사 가문 출신이다. 부모님과 누이 두 명, 그리고 많은 친구들이 의사다. 최소 12년은 공부해야 전문가가 될 수 있는 환경 속에서 자랐기에 벤은 자신의 실패를 성공의 디딤돌로 삼을 수 있었다고 털어놓는다.

"많은 전문직이 그 직업에 필요한 최소한의 역량을 갖추기 위해 8~10년은 필요하다. 이 사실은 내 성장에 훌륭한 받침대가 되어준다. 가치 있는 일에는 시간이 오래 걸린다는 믿음이 최고의 속도전을 벌이는 IT 창업에서 든든한 내 편이 되어주었다. 2008년 구글을 그만두고 창업을 했을 때 처음에 도전한 2~3가지는 성공하지 못했다. 핀터레스트는 2010년에 런칭했는데, 처음 1~2년은 좀처럼 성장을 보이지 않다가 2012년부터 가파른 성장세가 나타났다. 즉 4년 동안은 일이 잘 풀리지 않았던 셈이다. 하지만 정말 아무렇지도 않았다. 나는 생각했다. '그렇게 긴 시간이 아니야. 레지던트가 되기 전에 의과대학을 다니는 기간 정도잖아!'"

성공은, 성공한 후에 찾아오는 것이 아니다

많은 인생 현자들이 그랬듯 벤 또한 '운동'을 성공의 강력한 처방전으로 제시한다. 하지만 그 역시 2년 전까지만 해도 체육관에 한 번도 가본 적 없었다. 게을러서이기도 했고 주눅 들어서이기도 했다.

그러던 어느 날 그에게 깨달음을 준 질문이 찾아왔다.

'나는 평생 절대로 운동을 하지 않는 사람이 될 것인가?'

'만일 이 질문에 대한 답이 아니오,라면 지금 당장 시작하면 어떨까?'

그는 곧바로 운동을 시작했다. 심각한 건강상의 이유가 아니라 계속 운동 시작을 미루고 있다는 생각을 삶에서 제거하기 위해서였다. 난생처음 체육관에 갔지만 도무지 뭘 어떻게 해야 할지 알 수가 없었다. 그래서 그는 코치를 찾아냈다. 1년간 그 코치와 운동을 하기로 하고 돈을 지불하고 나자 '빼먹기'가 어려워졌다는 장점이 비로소 드러났다.

"나는 운동을 시작하는 사람에게 꼭 코치나 트레이너와 계약하라고 강력하게 추천한다. 비싼 계약금을 치러야 하지만, 그만큼 투자 가치가 있다. 누군가에게 문자 메시지로 '오늘 못 갈 것 같습니다'라고 말한다는 게 얼마나 부담스러운 일인지 깨달았다. 이 깨달음이 나를 계속 운동하게 했고, 결국 좋은 습관으로 확장될 수 있었다. 꾸준한 운동을 병에 담을 수 있다면 마법 같은 약이 될 것이다. 꾸준히 운동을 하면 삶의 모든 것이 더 좋아진다. 앞에서 나는 시각화의 중요성을 이야기했다. 운동을 습관으로 만드는 데 가장 좋은 방법은, '운동을 해야겠다'는 관념을 '코치와 계약한다'와 같이 눈에 보이는 실체로 바꿔놓는 것이다. 무슨 일이든 계약서를 머릿속에 떠올리면, 쉬워진다."

우리의 삶은 대체로 한 편의 시리즈와 비슷하다. 대학에 들어가고, 직장에 들어가고, 돈을 벌고, 결혼을 하고, 아이를 낳고, 그다음에는 무엇무엇을 하고… 모두가 이 정해진 길을 묵묵히 가는 게 인생일 수도 있다. 다만 이 운명 같은 길을 걸을 때 주의해야 할 것이 있다고 벤은 말한다. "한 지점을 통과하면 다음 지점이 나타나는 직선적인 삶을 피할 수 없다면, 우리는 인생에서 소중한 것들은 '병렬 처리'되어야 한다는 사실을 잊어서는 안 된다. 건강, 인간관계 등은 하나를 해치운 후 다음 것을 해치우는 순차적인 방식으로는 얻을 수 없는 가치다. 소중한 것들은 나중에 몰아서 한꺼번에 시간을 낸다고 이룰 수 있는 일이 아니기 때문이다. 4년 동안 아내에게 소홀히 해놓고 '자, 이제 먹고살 만해졌으니 가족에게 충실해볼까?'라고 생각할 수는 없다. 건강이나 체력도 마찬가지다. 한 가지 목표에 집중하는 동안에도 삶의 다른 중요한 일에 매일 시간을 쏟을 수 있는 시스템을 갖추는 것이 중요하다."

성공은, 성공한 후에 찾아오지 않는다. 성공은 '동시적인 상태'다. 열심히 일하며 꿈을 향해 뛰는 동시에 가족과 따뜻한 대화를 나누고, 땀흘리는 운동을 하고, 소중한 사람들의 안부를 챙기고, 좋은 책을 읽고, 깊은 잠을 자는 것이다.

높은 성과자들과 시간을 보내라

벤과의 인터뷰 중에서 가장 흥미로웠던 것은 '실패'에 대한 그의 남다른 견해였다. 그는 실패에서 배움을 얻을 수 있다는 건 잘못된 생각이라고 말한다.

"실패에서 배우라는 말은 위로를 얻고 싶다면 옳다. 하지만 뭔가를 잘하는 방법을 배우려면 진짜 잘하는 사람을 관찰하는 데서 시작해야 한다. 빨리 달리는 법을 배우려면 실패한 단거리 주자가 아니라 정말 빨리 달리는 사람을 연구해야 한다. 물론 실패했을 때는 어떻게 하면 더 좋았을까를 생각하며 최대한의 교훈을 얻어야 할 것이다. 단, 실패가 주는 교훈에는 오랫동안 감정의 무게가 실린다는 점도 알아야 한다. 즉 대체로 사람들은 실패에 대한 무거운 혐오가 있기 때문에 자칫 너무 지나치게 오랫동안 실패한 것에 압박을 느낄 위험이 있다는 것이다. 나는 직원들에게 실패에 따른 문제 해결에 너무 과한 초점을 맞추지 말 것을 주문한다. 그 대신 가장 높은 성과를 올리는 사람들과 시간을 보낼 것을 일깨운다. 실패는 될 수 있는 한 가볍게 다뤄질 필요가 있다."

생각을 종이 위에 꺼내라

마지막으로 탁월한 CEO로서의 벤이 갖고 있는 좋은 습관 하나를 소개해보자.

벤은 집중이 되지 않거나 답이 잘 떠오르지 않을 때는 '지금 이 순간의 상황'에 대해 전부 글로 적어 머릿속을 비우면서 읽어본다. 이 또한 '시각화'와 밀접한 관련이 있다. 생각을 종이 위에 꺼내놓으면 좋은 연결고리나 단서, 영감을 얻을 수 있다고 벤은 설명한다.

"지금 머릿속에 있는 생각들을 종이에 적고 한 걸음 뒤로 물러나 '무슨 일이 일어나고 있고, 무엇이 중요한가?'를 생각한다. 그러면 알게 된다. 우리는 중장기적 목표가 아니라 단기적으로 할 일이 많을 때 초점을 잃는다는 것을. 지금 신경 써야 할 일이 산더미라면 종이 위에 생각을 모두 꺼내놓은 다음 이렇게 질문을 던져라. '이것들 중 내게 장기적으로 가장 중요한 것은 무엇인가?' 그러면 대부분을 지워버리고 다시 집중해야 할 것이 무엇인지 찾아낼 수 있을 것이다."

벤은 매일 아침 감사일기를 쓴다. '감사'를 시각화화면 뇌가 자동으로 감사할 일들을 찾게 되어 행복해지기 때문이다. 감사일기는 긍정적인 낙관주의로 삶을 이끌어준다. 우리는 너무 부정적인 뉴스와 사건사고에 둘러싸여 있기에 긍정과 낙관은 아주 한가로운 얘기처럼 들릴 수도 있다. 하지만 낙관주의를 삶에 퍼뜨리지 않으면 우리가 무엇을 잘하고 있는지를 알 길이 없다.

벤은 이렇게 덧붙였다. "원하는 것, 꿈꿔왔던 일, 생각하면 미소가 떠오르고 가슴이 뛰는 목표가 있는가? 그렇다면 그것들을 모두 눈에 잘 보이는 곳에 두어라. 눈에 띄는 차트를 만들고, 목표 달성을 차근차근 잘 보여주는 코치와 운동을 하고, 생각을 종이 위에 옮기고, 감사일기를 쓰면서 나는 내 삶의 구체적인 실체를 점점 알아볼 수 있게 되었다. 무엇이 행복이고 무엇이 성공이고 무엇이 소중한지 나는 이제 쉽고 명확하게 알아볼 수 있게 되었기에 절대 놓치지 않을 자신이 생겼다. 이것이 내가 얻은 인생의 가장 큰 수확이다."

23
쉽게 만들어라

많은 일을 놀랍게 해내는 사람들은
마법 같은 단어를 갖고 있다. '쉽게!'

로버트 로드리게즈Robert Rodriguez는 영화감독이자 각본가, 제작자, 촬영감독, 편집자, 뮤지션이다. 기존의 장르를 뒤엎는 새로운 케이블 방송 채널 엘 레이 네트워크El Rey Network의 설립자이자 회장이다. 그는 이 네트워크에서 내가 가장 좋아하는 인터뷰 형식의 프로그램 〈디렉터스 체어The Director's Chair〉를 진행하고 있다.

로버트는 텍사스 대학교 재학시절, 한 약품연구소의 임상실험에 참여하면서 첫 장편영화의 시나리오를 썼다. 임상 실험에 참여해 받은 돈으로 만든 영화 〈엘 마리아치〉가 선댄스 영화제 관객상을 받았고, 메이저 영화사를 통해 개봉된 역대 최저예산 영화라는 기록을 세웠다. 그후에도 〈데스페라도〉 〈황혼에서 새벽까지〉 〈스파이 키드〉 〈원스 어폰 어 타임 인 멕시코〉 〈씬 시티〉 〈마셰티〉 등 각본과 연출을 맡은 다수의 성공작을 내놓았다.

로버트는《타이탄의 도구들》에서도 한 차례 소개한 적 있다. 그를 다시 이 책에 소개하는 이유는, 그는 매 순간 변화에 변화를 거듭하고 다양한 도전과 시도를 통해 흥미로운 인물이 되어 살아가기 때문이다.《타이탄의 도구들》에서 소개했을 때와는 또 다른 로버트 로드리게즈를 나는 성공적으로 인터뷰를 할 수 있었다.

자, 그럼 세상에서 가장 흥미진진한 사람을 만나보자.

프리맥 원리를 활용하라

로버트 로드리게즈는 창의력 분야를 대표하는 인물이다. 그는 우리가 별로 하고 싶지는 않지만 중요한 일을 할 때 집중하는 방법을 찾아냈다.

열정이 느껴지지 않지만 중요한 과제를 수행할 때는 그보다 훨씬 재미있고 자극적인 일이 머릿속에 떠올라 집중력이 흐트러지게 마련이다. 이것이 가장 큰 문제다. 특히 지금 하고 있는 일에는 아니지만 다른 일을 할 때 필요한 영감이 섬광처럼 스쳐갈 때가 많다. 그토록 고민했던 답이 원했을 때는 잘 안 떠오르고 전혀 뜬금없을 때 '짠!' 하고 순간적으로 나타날 때가 많지 않은가?

로버트는 그래서 우리에게 노트를 준비하라고 주문한다.

편안한 장소에 앉아 노트 두 권을 옆에 놓아둔다. 노트 한 권에는 덜 선호하는 중요 과제 2~3가지를 적고 맨 위에 '과제'라고 쓴다. 두 번째 노트에는 '방해물'이라고 제목을 적는다. 그리고 휴대폰 타이머를 20분으로 맞춰놓는다. 20분간 재미없는 중요 과제를 실행한다. 옆

길로 새면 안 된다. 그러면 20분 동안 방해물(다른 일에 필요한 영감, 지금 하는 일을 밀어놓고 다른 걸 하라고 속삭이는 유혹 등)이 튀어나올 것이다. 방해물은 떠오르자마자 빨리 해치우고 싶은 욕구가 들게 만든다. 노랫가락일 수도 있고, 그림이 떠오를 수도 있다. 새로운 프로젝트에 대한 '아하!' 하는 깨달음일 수도 있고 당신이 어젯밤 찾아 헤맸던 답일 수도 있다. 이는 자연스러운 현상이다. 뇌가 어떤 특정한 과제에 착수할 때는 창의적인 아이디어가 마구 발사된다. 물론 아무런 도움을 주지 않는 쓸 데 없는 생각들도 불꽃처럼 튀어 오른다.

그럴 때는 미사일처럼 떠오르는 생각들을 '방해물' 노트에 적고 난 다음 곧바로 덜 선호하는 중요 과제로 돌아간다. 기록을 통해 방해물 해치우는 일을 잠시 미뤄두는 것이다. 아무리 기발한 생각이나 짜릿한 유혹이라 할지라도 중요한 과제를 하는 동안은 단지 방해물이기 때문이다. 20분이 지난 후 방해물 노트를 펼쳐보면 멋지다고 생각했던 아이디어들 중 몇 개는 지워질 것이다. 당장 하지 않으면 숨이 멎을 것 같던 유혹들도 다시 보니 좀 시들해져 있을 것이다.

어쨌든 이 같은 작업이 순조롭게 진행되면 10분을 더해 총 30분을 타이머로 맞춰놓는다. 30분이 최대한계치다. 자주 보상이 이루어지지 않으면 뇌가 반란을 일으킨다. 최대 30분까지 작업을 하고 난 후에는 10~15분간의 '보상 휴식'을 실시한다.

30분 후에 자리에서 일어나 걷는다. 방해물 노트를 보면서(살아남은 몇 가지가 적혀 있을 것이다) 10~15분 동안 그 중 한 가지만 골라서 한다. 이때도 타이머를 맞춰놓는다. 가장 시간이 적게 걸리는 일을 택한다.

하고 싶지는 않지만 중요한 과제로 돌아가야 하니까. 방해물을 한 번에 끝내지 않아도 된다. 10~15분 안에 끝내지 못하면 다음 보상 휴식 시간에 이어서 한다. 다시 20분 동안 타이머를 맞춰놓고 중요 과제로 돌아간다.

모든 일은 과제와 방해물로 나뉜다. 이를 효율적으로 다루면 정말 큰 변화가 일어난다고 로버트는 말한다. "프리맥 원리premack principle를 아는가? 이는 선호하는 일이 덜 선호하는 일을 도울 수 있다는 사실을 알려준다. 덜 선호하는 일을 한 다음 선호하는 일을 하게끔 하면 덜 선호하는 일의 능률을 높일 수 있다. 방해물 노트를 작성하는 이유가 여기에 있다. 노트로 작성하지 않으면 우리는 작업과 방해물이 엉켜 있는 채로 뭐가 뭔지 제대로 알지도 못한 상태에서 매일 중요한 일을 하게 된다."

쉽고 유쾌하게!

'쉽게!'

이는 로버트가 가장 좋아하는 단어다.

그는 케이블 방송 채널을 설립한 후 이 단어를 하나의 슬로건으로 만들었다. 끊임없이 콘텐츠를 채워 넣어야 하는 24시간 TV 채널을 운영하려면 모두가 엄청난 압박을 감당해야 한다. 다른 방송국에서는 몇 년이 걸릴 일을 엘 레이 네트워크는 몇 달 안에 해치워야 했다. 그래야만 견고한 기존 방송국의 진입장벽을 허물 수가 있다.

그는 말한다. "내가 아이디어를 내놓을 때마다 저가항공을 타고 우주정거장까지 가장 빠르게 도착하라는 지시를 받기라도 한 듯 모두가 눈이 휘둥그레지고 당혹감에 휩싸인다. 그래서 나는 직원들에게 자신감을 불어넣어줄 새로운 전략이 필요했다."

그는 모든 과제 목록의 끄트머리에 '쉽게FACILE!'라는 스페인어를 적어놓기 시작했다. 그러자 사람들은 웃으면서 어리둥절한 표정이 되었다(스페인어 facile은 '쉽게'라는 뜻이지만 '별 것 아니야!'라는 유쾌한 뉘앙스도 갖고 있다).

사람들은 '뭐가 쉽다는 거야?'라고 의아해하면서도 막상 이 단어를 듣고 보는 순간 왠지 모를 편안함을 느꼈다. 리더가 두려움이 없는 모습인데, 당연히 그들도 두려움이 없을 수밖에.

'쉽게!'는 모두에게 큰 힘을 주었다.

'다음 주 수요일까지 이것, 이것, 이것, 이것, 이것, 이것을 해야 되고 거기에 저것과 저것도 해야 합니다. 쉽게!'

다들 처음에는 충격과 스트레스를 받지만 문장의 맨 끝에서 웃음을 터뜨린다. 그리고 실제로 기분 좋게 해낸다! 촉박한 상황 속에서 어떤 과제나 프로그램, 기획을 무사히 끝마치면 로버트는 곧바로 직원들에게 달려가 이렇게 축하한다.

"잘했어요! 거봐요, 쉬웠죠?"

물론 '쉽게!' 때문에 그런 일이 일어났는지는 로버트도 잘 모른다. 하지만 어차피 해야 할 일에는 스트레스나 압박은 도움이 되지 않는다. 생각보다 더 많은 일을 해낼 수 있는 능력이 인간에게는 있고, '쉽게!'는 이걸 꺼내는 마법이다.

로버트는 말한다. “내가 가장 싫어하는 말은 ‘하루는 24시간뿐’이라는 것이다. 하루가 24시간인 건 팩트다. 하지만 이 팩트가 인간의 가능성에 대한 선입견을 만들어낸다. 생각보다 많은 일을 해낼 수 있음에도 우리는 두려움, 공포, 능력 부족, 시간 부족 등을 습관적으로 맨 앞에 배치한다.”

로버트의 말에 따르면, 불가능한 도전을 가능한 것으로 만들어주는 하나의 단어를 갖는 것이 성공의 첫걸음이다. 그런 단어를 갖고 있으면 더 강해지고 부정적 감정과 압박에서 빠르게 벗어날 수 있다. 결국 모든 일은 ‘태도’와 ‘프레임frame’이 결정한다. 쉬운 일을 어렵게 하는 사람이 있고 어려운 일을 쉽게 하는 사람이 있다. 당연히 우리는 후자가 되어야 한다.

‘쉽게!’는 로버트의 상징이 되었다. 누군지 전혀 모르는 사람에게서 메일을 받았는데, 맨 마지막에 ‘쉽게!’라는 단어가 붙어 있기도 했다. 즉 그의 ‘쉽게!’가 많은 사람들의 언어와 사고방식으로 확산되어 가고 있는 것이다.

이 책의 독자들에게도 ‘쉽게!’가 유용한 도움을 주기를 로버트는 바란다.

“꾸준히 방해물 목록을 만들면 큰 도움을 얻을 수 있다. 언젠가 회의에 늦어서 2분 안으로 사무실을 뛰쳐나가야 할 때가 있었다. 2분 내에 식사도 마저 해야 했고, 화장실에도 가야 했다. 선택이 필요했다. 먹을 것인가, 화장실에 갈 것인가? 내 선택은 둘 다였다. 나는 변기에 앉아서 샌드위치를 먹었다. 사실 모든 할 일이 한꺼번에 닥치는 경우는 흔치 않다. 삶은 우리가 원하는 일들이 다 이루어질 수 있도록 사건들을 이동시켜준다. 저절로 말이다! 내일 세 건의 약속이 동시에 잡혀 있는가? 누군가가 취소하거나 미루거나 갑자기 필요 없어진 약속이 생겨날 것이다. 우리가 할 일의 목록을 만들고 방해물 목록을 만들어 이를 적절하게 배치하면 '너무 바빠서…' 대신에 '쉽게!'로 삶의 초점이 옮겨갈 것이다. 가장 큰 스트레스의 원인과 이유가 무엇인지 분명하게 말해주겠다. 그것은 당신이 해야 할 일을 하지 않았기 때문이다. 지금 바로 노트 두 권을 펼쳐놓고 스트레스의 원인을 지워나가라. 쉽게!"

24
사랑이 최고의 몰입을 만든다

성공하는 사람들의 가장 흔한 풍경은
자신의 일에 몰두해 있는 모습이다.

앤 미우라 고Ann Miura-Ko는 스타트업에 투자하는 벤처캐피털 기업 플러드게이트의 임원이자 스탠퍼드 대학교에서 '기업가정신'을 강의하는 교수다. 〈포브스〉는 그녀를 두고 "우리 시대 스타트업 분야에서 가장 막강한 힘을 가진 여성"이라고 평했다. 나사NASA에서 일하는 로켓 과학자의 딸로 태어난 앤은 10대 시절부터 일찌감치 IT 스타트업에 몸을 담았다. 플러드게이트를 창업하기 전에는 맥킨지&컴퍼니에서 일했다. 앤이 투자한 많은 스타트업들이 탁월한 기업으로 빠르게 발돋움하고 있다.

사랑하는 사람이 이긴다

앤은 12살 때 오빠와 나란히 무대 위에 섰던 적이 있다. 오빠는 자신 있게 그녀를 가리키며 확신에 찬 어조로 말했다.

"얘는 내 동생 미우라에요. 쇼팽의 아름다운 녹턴 제20번을 들려드릴 겁니다."

앤은 아무 말 없이 오빠 옆에 서 있다가 피아노를 향해 간신히 걸어가 연주를 시작했다. 당시 앤은 많은 사람들 앞에서 피아노 연주는 할 수 있어도, 남들 앞에서 말을 하는 건 극도로 무서워했다. 그래서 오빠가 앤을 대신해 그녀가 무엇을 할지 설명한 것이다. 앤의 공포감이 더욱 심해진 이유는 가족들이 집에서는 일본어를 썼기 때문이다.

앤은 공부를 잘했지만 영어는 유창하지 못했다. 그래서 친구들이나 선생님 앞에서 입을 여는 걸 너무나 두려워했던 것이다. 그러다가 고등학교에 진학 후 앤은 더 이상 이렇게 살 수는 없다고 입술을 깨물었다. 오랫동안 붙들려 있던 두려움에 정면으로 맞설 결심을 했다.

앤은 웅변과 토론 동아리에 가입했다. 그러고는 과외활동 시간 대부분을 여기에 쏟아 부었다. 2학년을 마칠 즈음 앤의 부모님이 그녀에게 말했다.

"흠, 2년은 짧은 시간이 아닌데… 얘야, 토론 말고 뭐 다른 일을 해보는 건 어떻겠니? 아무래도 그쪽 방면에서는 너를 그다지 원하지 않는 것 같다만."

토론 동아리의 다른 친구들은 대회에 출전해 각종 상을 휩쓸었지만 앤의 부모님은 한 번도 수상자 리스트에서 딸의 이름을 발견하지 못했다. 앤이 가진 달걀을 몽땅 슬프도록 텅 빈 바구니에 집어넣는 걸 보다 못한 부모님이 3학년 때는 진로를 바꿔보는 게 어떻겠냐고 제안한 것이다.

"앤, 펜싱은 어떨까? 펜싱을 잘하면 명문대 입학도 가능하대!"

"토론보다 더 실망하실 거예요. 전 칼이 아니라 입을 날카롭게 갈고 싶어요."

앤은 무엇보다 자신이 토론을 정말 좋아한다는 걸 알았다. 타인과 하나의 주제를 놓고 누가 더 설득력이 있는지 치열하게 경쟁하는 것도 좋았고, 탁월한 논거를 쌓아가는 것도 좋아했다. 그 준비 과정도 무척 좋아했다. 실적은 변변치 않았지만 앤은 토론의 모든 것을 사랑했다. 그녀는 부모님을 설득해 3학년에 올라가기 전 여름방학 내내 동네 도서관에 몸을 숨긴 채 이듬해 새롭게 떠오를 토론 대회의 주제에 대해 연구했다.

철학책, 사회학 논문, 신문 기사, 잡지… 말 그대로 활자로 된 건 뭐든지 탐독하며 지금까지 기울였던 노력을 몇 배로 늘렸다. 새 학기가 열리면서 앤은 부모님과 다가올 두 번의 대회에서 입상하지 못하면 토론 동아리를 그만두겠다고 약속했다.

무르익은 가을에 열린 첫 번째 토론 대회장에 들어설 때 앤은 이미 이긴 것이나 다름없었다. 지난여름 내내 철저하게 준비했기 때문이다. 토론 상대자가 입을 열기도 전에 앤은 분위기를 압도했다. 앤의 넘치는 자신감에 경쟁자는 시작도 전에 위축감을 느꼈다. 앤은 그 대회에서 2위를 했고, 1년 후에는 전국 대회에 나아가 우승을 차지했다.

앤은 이렇게 말했다. "토론 대회를 준비하던 그해 여름, 나는 두 가지를 깨달았다. 첫째, 뭔가를 충분히 사랑한다면 그 일에 온전히 전념하기가 훨씬 쉬워진다는 것이다. 뒤집어 말해 당신이 지금 몰입을 하지 못해 고민하는 일이라면, 하지 않는 게 맞다는 뜻이다. 모든 힘을 쏟을 만큼 사랑하는 일이 아니라면 승부를 걸어서는 안 된다. 십중팔구 패배할 것이기 때문이다. 내가 정말 사랑하는 일인데, 거기에는 엄청나게 많은 경쟁자가 존재해서 망설여질 수도 있다. 하지만 그럴 때는 반드시 승부를 걸어야 한다. 경쟁자보다 더 많은 것을 준비해야 한다. 시간이 없다면 시간을 만들고, 재능이 없다면 재능을 만들어야 한다. 성공을 거둔 사람의 중요한 특징 중 하나는, 그들은 경쟁하지 않는다. 그들은 처음부터 이겨놓고 시작한다. 둘째, 내가 가진 역량을 가장 잘 아는 건 나 자신뿐이라는 것이다. 투지와 결단력, 노력 등등 인간이 지닌 잠재력을 온전하게 측정하는 건 매우 어려운 일이다. 하지만 기회가 생기면 우리는 그것을 다른 누구보다 명확하게 파악할 가능성이 있다. 그해 여름 나는 내가 토론 대회에서 우승할 것이라고는 예상하지 못했다. 단, 나는 누구보다 토론을 좋아하고, 누구보다 토론을 위해 완벽한 준비를 할 수 있다는 사실을 알았을 뿐이다. 사랑하지 않는 일에는 무서운 집중력을 발휘할 수 없다. 사랑하지 않는 일을 하는 동안에는 절대 자신의 잠재력을 파악할 수 없다. 교과서 같은 얘기로 들릴지 모르겠지만 이것이 인생의 거의 유일한 진리다."

진리를 배우고 나눔을 실천하라

스탠퍼드 대학교에서 기업가정신을 강의하는 앤은 졸업을 앞둔 학생들에게 두 가지를 조언한다.

첫째, 인문학 소양으로 마음을 채우라는 것이다.

"전기공학을 전공하고 컴퓨터 보안을 위한 수학적 모델링으로 박사학위를 딴 사람이 하기에는 뭔가 기묘한 조언일 수도 있다. 하지만 나는 만나는 학생들에게 대학에서 남은 시간 동안 최고의 인문학 강의를 들으라고 강력 권유한다. 1995년 내가 수강한 디지털 회로 강의는 이제 전혀 쓸모가 없는 구식이 돼버렸다. 하지만 그해 내가 들었던 문학과 역사 강좌는 지금도 내 마음에 깊이 남아 있다. 존 로크, 토머스 홉스, 임마누엘 칸트 등 시간이 지나도 변치 않는 인간의 본성에 관한 위대한 교훈과 이야기들은 지금도 여전히 밝은 등불이 되어 인류의 앞길을 비추고 있다. 빠르게 질주하는 세계에서 성공하려면 의식적으로 뒤로 물러나, 지금 달려가고 있는 미래가 정말 우리가 만들고 싶은 미래인지를 확인할 줄 알아야 한다. 또한 인문학과 철학은 판단과 추론의 능력을 향상시킨다. 젊을 때 이 능력을 갈고닦지 않으면 나중에는 점점 습득하기가 어려워진다. 대화와 토론을 나누고, 논리적 근거를 만드는 일은 사회생활을 통틀어 가장 중요한 일임을 명심해야 한다."

그리고 앤은 내가 만난 인생 현자들과 같이 '나눔의 철학'을 발전시킬 것을 조언한다.

"뉴욕에서 첫 직장생활을 시작했을 때 상사가 내게 매우 사적이지만 중요한 조언을 해줬다. 지금 당장 '기부하라'는 것이었다. 학자금 대출을 갚는 것 외에 딱히 금전적 의무가 없을 때 이 기부 철학을 진전시켜놓아야 한다고 말했다. 수입의 일정 퍼센티지를 매년 직접 고른 자선단체에 꾸준히 기부할 것을 제안했다. 나는 그의 말을 따랐다. 그러고는 깨달았다. '뭔가 좋은 일을 하고 있다는 사실이 인생에 커다란 힘을 준다'는 사실을 말이다. 첫 직장을 그만두고 대학원에 다닐 때도, 생활에 쪼들릴 때도, 결혼을 하고 나서도 나는 기부 약속을 꾸준히 지켜나가고 있다. 타인이 아니라 내 삶을 위해."

나눔은 존재감을 고양시킨다. 자존감을 드높여준다. 주위를 둘러보라. 나눔을 실천하는 사람들 중 불행한 사람이 있던가? 짜증나는 얼굴로 우울해하는 사람이 있던가? 남을 도울 만큼 돈이 많다고 자랑하는 사람이 있던가?

언제나 조용히 평화로운 미소를 지으며, 잔잔하게 걸으며, 행복해하지 않던가?

◑

자신에게 가능한 범주 안에서만 살아가는 사람은 상상력이 부족하다.

_오스카 와일드**Oscar Wilde**, 작가

지금 소중한 것을 하라

Tribe of Mentors

10여 년 전, 나는 오도 가도 못하는 절망적인 상황에 처해 있었다. 큰돈을 빚지고 있었고, 과체중에 정크푸드 중독이 심했다. 가족과 함께 보내는 시간은 전혀 없었으며 운동 계획도 지키지 못했다. 완전히 실패자가 된 기분이었다. 깊은 상실에 빠져 허우적거리다가 문득 마음 깊이 울려 나오는 소리를 들었다. '죽고 싶다면, 걱정하지 마라. 지금 네가 가장 완벽하게 그 일을 하고 있다.' 다시 일어서야 했다. 그래서 많은 현명한 사람들을 찾아다녔고 최후의 결론에 도달했다. '일단 무조건 한 가지만 바꿔보자.' 나는 한 가지 변화를 이루는 데 모든 노력을 쏟았다. 그런 다음 또 다른 변화를 위해 노력을 거듭했다. 이런 방식으로 내 인생 전체가 바뀌었고, 심지어 다른 사람들의 습관 변화도 돕게 되었다. 정말 끔찍한 시기였지만 한편으로는 인생에서 가장 놀라운 교훈을 얻은 시기이기도 하다. 완전히 바꾸고 싶다면 하나만 바꿔라. 나처럼 금연부터 시작해도 좋다. 나는 담배를 끊는 데 성공했고, 금연에 따른 스트레스를 극복하기 위해 달리기를 시작했다. 달리기로 얻은 몸매를 유지하기 위해 채식주의자가 되었고, 푸른 채소 덕분에 몸과 마음이 맑아지면서 200만 명의 구독자를 가진 명상가가 되었다.

_리오 바바우타Leo Babauta, 젠 해비츠Zen Habits CEO,
〈타임〉이 선정한 우리 시대 최고의 명상가

내가 살면서 가장 크게 깨달은 게 있다면 20대 시절에 '디테일detail'을 보지 못하면 평생 못 볼 수도 있다는 것이다. 당신이 지금 스무 살이라면 당장 짐을 싸 여행을 해야 한다. 반드시 걷거나 자동차를 빌려 여행해야 한다. 그래야만 당신의 눈 안에 들어온 사물과 대상을 다른 방식으로 바라볼 줄 알게 된다. 하늘을 올려다보지 않으면 볼 수 없는 장엄한 구름 행렬, 도로를 가로지르는 다람쥐, 울타리 기둥 위에 앉아 있는 매, 야단법석을 떨며 몰려다니는 시끌벅적한 10대들, 드넓은 포도밭을 들추는 바람, 파도 위에 쌓이는 폭설, 우연히 초대받은 따뜻한 등불 밑 저녁식사… 20대에 해야 할 일은 사진을 찍는 게 아니라 사진 속으로 들어가는 것이다. 생의 모든 아름다움과 의미는 디테일에 숨어 있다.

_안나 홈즈Anna Holmes, 〈뉴욕 타임스〉 편집자

25
시수sisu를 잃지 마라

더 이상 계속할 수 없다고 느껴질 때,

사실은 그때 막 시작된 것임을 알아야 한다.

세계적인 동기부여 강사이자 베스트셀러 작가, 기업가, ESPN에서 매년 뽑는 ESPYExcellence in Sports Performance Yearly Award에서 수상한 종합 격투기 선수이면서 사지가 불완전한 사람 가운데 최초로 보조기 도움 없이 킬리만자로와 아콩콰가Aconcagua 산 정상에 오른 인물이 있다. 카일 메이나드Kyle Maynard다.

오프라 윈프리Oprah Winfrey는 카일을 가리켜 '이 시대 가장 고무적인 젊은이'라고 평했다. 영화배우 아널드 슈워제네거Arnold Schwarzenegger는 그를 '챔피언 인간'이라고 설명했고, 전설의 아이스하키 선수 웨인 그레츠키Wayne Gretzky도 그를 '위대함'이란 단어로 표현했다.

카일은 선천적 희귀질환을 앓은 탓에 양팔은 팔꿈치까지밖에 없고 다리는 무릎 부근에서 끝난다. 그럼에도 불구하고 카일은 가족의 도움을 받아 어릴 때부터 보철장치 없이 독립적으로 살아가는 법을 익혔다. 카일은 레슬링 선수권 대회에서 우승을 차지했고(미국 레슬링 명예의 전당에 입성했다), 크로스핏CrossFit 공인 강사이며, 노 익스큐즈No Excuses 체육관을 운영하고, 역도 세계기록 보유자이자 탁월한 등산가다.

시작도 못해봤다는 것

오늘의 카일을 만든 배경에는 유년시절의 실패담이 숨어 있다. 카일의 무척 연로하신 할머니는 그에게 녹색 단지에 담겨 있는 설탕을 꺼내달라는 부탁을 종종 하셨다. 손자인 그에게 설탕을 꺼낼 손이 없다는 것을 깜빡깜빡 잊은 채 말이다. 카일은 평소 양팔을 이용해 물건을 집곤 했는데, 그 설탕 단지는 입구가 좁아 한쪽 팔만 겨우 들어갈 정도였다. 그래서 한쪽 팔로 숟가락을 잡고 설탕을 퍼 똑바로 들어 올리는 데 계속 실패할 수밖에 없었다. 몇 시간씩 단지 앞에 앉아 끈질기게 시도해봤지만 단지 가장자리 근처에서 설탕을 엎기 일쑤였다.

카일은 회상한다. "수백, 수천 번을 실패했다. 단지 꼭대기까지 설탕을 퍼 올릴 수는 있었지만 거기까지가 한계였다. 그런데 막상 포기하려니까 지금까지 시도한 수백, 수천 번이 너무 아깝다는 생각이 들었다. 딱 한 번만 성공하면 그다음부턴 쉬울 거라는 생각이 들자 멈출 수가 없었다."

그는 결국 성공했다. 그리고 그 성공 경험은 카일의 손재주와 집중력을 늘리는 데 놀라운 도움이 되었을 뿐 아니라 강한 의지력까지 선물했다.

"시수sisu라는 핀란드어가 있다. 자신의 능력이 한계에 달했다고 느낀 뒤에도 계속 시도할 수 있는 정신력을 뜻한다. 나는 이 단어를 가슴에 품고 살아간다. 더 이상 계속할 수 없다고 느껴질 때, 사실은 그때 막 시작된 거라는 걸 알아야 한다."

그렇다. 성공하려면 한계까지 반드시 가야 한다. 한계점에 도착하면 거기서 한 걸음 더 갈 수 있는 용기가 생긴다. 믿기지 않는가? 사실이다. 이를 경험한 많은 사람들을 나는 알고 있다. 한계점까지 자신을 끌어올리려면 카일과 같이 수천 번의 실패를 겪을 수도 있다. 실패를 경험하지 못했다는 건 한 번도 한계점까지 가보지 못했다는 뜻이다. 다시 말해, 아직 시작도 못해본 것이다. 시작도 못해봤는데 어떻게 성공까지 가겠는가?

수없는 실패를 통해 우리는 한계점까지 나아간다는 사실을 명심하라.

죽지 않는 한 그만둘 수 없다

카일의 인생 좌우명은 '죽지 않는 한 그만둘 수 없다'다.

이는 그의 절친한 친구이자 네이비 실Navy SEAL에서 활약한 리처드 마차우이츠Richard Machowicz가 한 말이다.

카일은 설명한다. "죽지 않는 한 그만둘 수 없다는 말을 인생 철칙으로 떠올리면 꺾이지 않는 용기가 생기는 느낌이 든다. 내가 레슬링에 막 입문했을 때 35번이나 연속으로 진 적이 있다. 그럼에도 부모님은 계속 내게 레슬링을 권유하셨다. 이를 놓고 아동학대라고 비난하는 사람들도 있었다. 내가 점점 성장하고 이름을 얻기 시작하자 사람들의 비난은 그만큼 더 거세졌다. 사람들은 내가 부당한 이득을 취했다고 근거 없는 소문을 퍼뜨리기도 했고, 누나들에게 내가 경기가 시작된 후 20초 만에 죽는 모습이 TV로 생중계될 거라는 악성 댓글을 남긴 사람들도 있었다. 내가 장애인이기 때문에 우리 등반 팀이 킬리만자로나 아콩카과 산에서 떼죽음을 당할 거라고도 했다. 내가 지금 이런 얘기를 하는 이유는 하나다. 우리가 좋은 노력을 통해 점점 원하는 것을 얻으면 얻을수록 그걸 시샘하고 조롱하고 비난하는 사람들과 직면할 수밖에 없다는 사실을 알려주고 싶어서다. 그때마다 상처받고 굴복하거나 분노를 터뜨리면 더 이상 삶은 계속될 수 없다. '죽지 않는 한 그만둘 수 없다'는 메시지는 비난에 대처하는 강력한 처방이 되어준다. 그만두는 것은 전적으로 내 선택이지, 타인의 강요일 수 없다. 죽지 않는 한 그만둘 수 없다는 가장 힘든 순간에 나를 지탱해주는 만트라다."

카일에게 인생 좌우명을 선물한 친구 리처드는 암과 사투를 벌이다가 세상을 떠났다. 하지만 그는 이번 생에서 다른 사람들이 열 번을 살아도 못다 할 경험들을 했다. 마지막 숨을 거두는 순간까지 그는 카일에게 속삭였다고 한다. "이봐, 절대 그만두지 마. 나처럼 고통을 즐기는 사람들을 계속 친구로 두게나."

지복을 찾아라

나는 카일에게 인생의 궁극적인 목표가 무엇인지 물었다. 그러자 그는 일초의 망설임도 없이 이렇게 답했다. "계속 지복至福, bliss을 찾는 것이다."

지복이란 즐거움을 안겨주는 것이 최고조에 이른 상태다. 막연히 행복에 대해 생각하는 것은 명확한 비전을 제시해주지 않는다. 행복이 현상 유지보다 약간 위에 존재한다면, 지복은 가장 높은 곳에서 가장 생생하게 살아 있다는 기분을 느끼게 해주는 것이다. 카일에게 지복이란 험난하고 아찔한 산꼭대기 위에서 느끼는 자유, 태평양 한가운데에 떠 있는 조각배에 누워 있을 때 몸을 스치는 산들바람 같은 것이다.

지복을 찾으려면 용기를 내야 한다고 그는 설명한다.

"인생을 살다 보면 알게 된다. 풀리는 날보다 안 풀리는 날이 몇백 배는 더 많다는 것을. 나를 응원하는 사람보다 비아냥대는 사람이 몇십 배는 더 많다는 것을. 죽을 고비를 넘기는 게 한두 번이 아니라는 것을. 질 것을 알면서도 뛰어들어야 한다는 것을. 무엇보다 오늘 지복을 안겨준 것이 내일은 아닐 수 있다는 것을. 그럴 때는 간단하다. 처음부터 다시 추구하면 된다."

오늘 내게 최고의 경험을 준 것이 내일은 평범한 것으로 전락하는 게 인생이다. 그래서 우리는 쉴 새 없이, 끊임없이, 용기를 내 부지런히 찾아다녀야 한다. 역설적이지만 그것이 곧 지복에 머무를 수 있는 유일한 방법이다.

7점짜리 인생을 선택하지 마라

마지막으로 카일은 흥미로우면서도 뭔가 심오한 얘기를 하나 들려주었다. 뭔가를 1~10점으로 평가할 때는 절대 7점을 선택하지 말라는 것이다. 연설, 결혼식, 커피 모임, 조찬회, 데이트 등등 살아가면서 우리가 7점으로 평가한 것이 얼마나 많았는가?

카일은 강조한다. "7은 피해야 한다. 7은 애매한, 너무 평범해 별 의미가 없어 보이는 숫자다. 더군다나 7은 '행운'을 떠올리기에 사람들에게 호감까지 준다. 그래서 더욱 경계해야 한다. 그렇지 않으면 사실은 7점도 되지 않는데, 자신의 삶을 '7점'으로 평가하는 오류를 범하기 쉽다. 그 반대도 마찬가지다. 8점, 9점을 줘도 되는데 굳이 7점만 주고 만족하는 잘못도 곧잘 저지른다. 결국 7점짜리 인생은 현실에 존재하지 않는다. 존재한다 할지라도 전혀 존재감을 발휘하지 못한다. 7점짜리 인생은 우리에게 아무런 각성이나 자극을 주지 않는다. 그냥 7점일 뿐이다. 좀 더 다른 삶을 생각하는 사람이라면 최소한 6이나 8 중에서 하나를 선택해보라. 분명 달라질 것이다. 무엇을 거절할 때도, 뭔가에 전부를 걸고 도전할 때도 7보다는 6이나 8이 훨씬 다른 결과를 가져올 것이다."

26

신은 겁쟁이를 통해 자신의 뜻을 전달하지 않는다

우리는 주사위 게임에서 원하는 숫자를
계속 얻는 사람이 되고 싶어 한다.
틀렸다.
계속 주사위를 던질 수 있는 사람이 되어야 한다.

테리 크루스Terry Crews는 프로미식축구NFL 선수 출신이자 영화배우다. 로스앤젤레스 램스, 샌디에이고 차저스, 워싱턴 레드스킨스, 필라델피아 이글스에서 활약하면서 많은 팬들의 사랑을 받았고 수많은 드라마와 시트콤을 거쳐 현재 골든 글로브 상을 받은 폭스 TV 시트콤 〈브루클린 나인-나인Brooklyn Nine-Nine〉에 출연하고 있다. 2014년 그는《맨후드Manhood》라는 제목의 자서전을 출간해 베스트셀러 작가의 명성을 얻기도 했다.

마지막 슛을 던져라

1986년 테리는 고등학교 3학년이었고 농구부 주전 센터였다. 그날 그의 팀은 지역 결승전에서 버튼애서튼 고교 팀을 완파하고 우승할 수 있는 충분한 전력을 갖추고 있었다. 하지만 상대는 한 번도 보지 못한 전술을 들고 나왔다.

'지연작전'이었다. 당시는 공격 제한 시간이란 개념이 거의 없었을 때였다. 버튼애서튼은 심판의 인내심이 한계에 이르기 바로 직전까지 슛을 던질 생각 없이 계속 공을 돌렸다. 그들의 전술은 성공적이었다. 테리의 팀은 당황했고 경기 내내 끌려 다녔다. 종료 5초 전, 스코어는 47 대 45. 테리의 팀이 두 점 뒤진 상황이었다. 버튼애서튼의 가드가 코트를 가로지르는 긴 패스를 시도한 순간, 테리가 공을 가로챘다.

테리는 연장전으로 경기를 끌고 갈 수 있는 기회를 잡고 코트 끝까지 필사적으로 드리블을 했다.

5, 4, 3, 2, 1….

테리의 손을 떠난 버저비터를 림은 외면했다. 버튼애서튼 선수들은 서로를 끌어안았고, 그들의 응원단은 올림픽에서 우승이라도 한 듯 난리법석을 떨었다. 테리는 인생이 끝난 사람처럼 머리를 움켜쥐고 코트에 무너지듯 쓰러졌다.

이튿날 미시건 주 지역신문에는 테리의 팀이 패한 원인에 대한 분석 기사가 실렸다. 인터뷰에 응한 감독은 테리가 공을 가로채자마자 그날 최고의 슛 감각을 보이고 있던 선수에게 패스해야 했다고 말했다. 코치, 스포츠 기자, 응원 온 팬 등등 모두가 결정적 패인으로 '테리의 침착성 부재'를 꼽았다.

테리의 자존심은 완전히 짓밟혔다. 상실감에 휩싸인 채 가는 곳마다 어두운 구름이 그를 뒤덮었다. '실패자'라는 단어가 머릿속을 떠나지 않았던 테리는 몇날 며칠 두문불출하며 괴로워했다.

테리를 구한 건 형이었다. 형은 방에 누워 있던 그를 일으켜 세우며 조용히 말했다.

"테리, 에머슨이란 시인이 뭐라 했는지 알아? '신은 겁쟁이를 통해 자신의 뜻을 전하지 않는다.' 넌 겁쟁이가 아니었기 때문에 마지막 슛을 던진 거야. 그 슛이 성공했느냐, 실패했느냐가 대체 왜 중요하지? 중요한 건 그 절체절명의 순간에 네가 남에게 너의 운명을 맡기지 않았다는 거야."

그후 테리는 완전히 다른 사람이 되었다고 회상한다.

"모든 순간에 내가 모든 걸 선택하고 통제할 수 있는 삶을 살면 된다고 깨달았다. 생각해보라, 우리는 매 순간 주사위를 던진다. 던져진 주사위에서 어떤 숫자가 나올지는 아무도 모른다. 예측이 불가능하다. 우리가 통제할 수 있는 건 오직 주사위를 던지는 사람뿐이다. 그럼에도 우리는 늘 주사위 게임에서 원하는 숫자를 계속 얻는 사람이 되고 싶어 한다. 틀렸다. 계속 주사위를 던질 수 있는 사람이 되어야 한다."

계속 주사위를 던질 수 있는 사람, 자신의 운명은 자신이 결정하는 사람이 된다는 건 어떤 뜻인가? 실패를 하더라도 다시 일어설 수 있는 사람이 된다는 뜻이다. 타인의 말과 결정에 크게 의존했다가 실패하는 사람은 거의 회복이 불가능할 수준으로 추락한다. 처음부터 게임에 참여하면 안 되는 사람이었던 것이다.

테리는 이렇게 말했다. "좋은 실패를 해야 한다. 좋은 실패란 나 자신이 통제할 수 있는 실패다. 그래야만 실패 경험이 성공의 발판이 될 수 있다. 의사결정을 타인에게 맡긴 채, 결과를 보고 난 후 이러쿵저러쿵 늘어놓는 타인의 견해에 상처 받는 사람은 실패에서 아무것도 배우지 못한다."

당신은 두려움의 추적자인가

탁월한 성취는 대부분 '용기' 덕분에 달성된다. 강 건너에서 구경만 하는 사람은 용기 있는 사람을 비난하고 조롱할 자유를 누리는 대가로, 크고 담대한 성공을 누릴 수 있는 기회는 얻지 못한다. 우리의 어머니들이 우리를 낳을 용기를 내지 않았다면, 우리는 태어나지도 못했을 것이다.

테리는 선택의 기로에서 불안과 초조감에 사로잡힐 때마다 '앞으로 일어날 최악의 상황은 무엇인가?'라는 질문을 던진다. 그리고 그 답은 한결같다.

'누군가의 밑에서 안락함을 누리려고 눈치를 보느니, 위대하고 놀랍다고 생각하는 일을 하다가 죽는 편이 낫다.'

테리는 이 같은 자문자답을 하며 혼잣말을 많이 한다. 그러면 두려움을 구분하고 대처하는 데 명확한 도움을 얻기 때문이다.

그는 조언한다. "두려움은 누군가를 추적할 때 가장 큰 괴물이 되고, 누군가에게 추적당할 때 점점 작아지다가 사라진다."

당신은 두려움을 추적하는 사람인가, 아니면 두려움에게 쫓기는 사람인가?

타인의 통찰은 언제 힘을 발휘하는가

테리는 경청할 만한 조언을 얻는 것도 중요하지만 무시해도 좋은 조언을 가려내는 것도 그 못잖게 중요하다고 말한다. “지금껏 살면서 내가 저지른 실수는 모두 ‘지금 당장 이 일을 하지 않아도 앞으로 기회가 또 있을 거야’라는 조언을 충실히 따른 결과였다. 지혜로운 조언을 구하는 일은 중요하다. 하지만 많은 조언들을 유흥가에 있는 클럽에 비유할 수 있다. 실내는 텅 비어 있는데, 입구에는 긴 줄이 늘어서 있는 클럽 말이다. 인생 조언은 글자 그대로 ‘도움을 주는 메시지’일 뿐이다. 조언은 당신 내면의 목소리를 넘어설 수 없다. 당신의 마음은 항상 이렇게 당신에게 말하고 있을 것이다. ‘하고 싶은 일을 하라. 너는 필요한 걸 다 가지고 있으니까.’”

그렇다. 우리는 너무 많은 조언, 권유, 원칙, 규칙, 통찰에 시간을 뺏기고 있다. 어디까지가 내 목소리이고, 어디까지가 타인의 목소리인지 구분할 수 없는 지점에 서서 우리의 삶을 멍하니 바라보고 있음을 발견하곤 한다.

테리는 특히 ‘경쟁’이란 키워드와 관련 있는 말들은 모두 무시하라고 강력하게 주장한다. “경쟁에서 이기려면 열심히 노력하라는 터무니없는 말이 얼마나 오랫동안 진리처럼 받아들여졌던가? 그렇다고 해서 우리의 삶이 나아졌는가? 경쟁 중심의 사고방식이 우리를 망친다. 다른 사람을 이겨야 성공한다는 믿음은 우리의 주변을 초토화시킨다. 모두가 불타버린 잿더미 위에 서 있으라는 말과도 같다. 살아보니 다음의 사실을 알게 됐다. 내가 성공하려면, 내가 몸담고 있는 분야의 모든 사람이 성공을 거둬야 한다는 것을. 일을 열심히 하는 이유는 '해야만' 하기 때문이 아니라 그러고 싶기 때문이라는 것을. 인생은 '영감을 얻는 사람의 게임'이다. 그래야만 일이 재미있어지고 하루의 활력을 얻게 된다. 누구든 영감을 얻는 사람이 열쇠를 손에 넣는다. 특정한 나잇대, 성별, 경제적 · 문화적 · 유전적 배경을 가진 사람이 영감을 독점하는 일은 없다. 창의력을 발휘하면 경쟁은 무용지물이 된다. 세상에 나는 단 한 명뿐이고, 누구도 나와 완벽히 똑같은 방식으로 일을 할 수는 없기 때문이다. 경쟁에 대한 걱정은 내려놓고 창의력을 발휘하라. 그러면 타인의 성공이 결국 자신의 성공에 보탬이 되리라는 사실을 충분히 아는 상태에서 그들을 응원할 수 있다. 경쟁이 아니라 창의력을 발휘하고자 할 때 비로소 타인의 조언들이 내 삶의 지혜로 완성된다."

경쟁을 뛰어넘어 타인과 함께 가는 성공을 위해 노력할 때 인생의 조언들이 놀라운 지혜를 얻게 된다는 테리의 설명은 우리에게 시사하는 바가 크다. 나아가 테리는 '관계'의 중요성에 대해서도 깊은 통찰을 보여준다. "좋은 삶을 위한 경험에 귀 기울이고자 하는 사람들은 다음 한 가지만은 꼭 잊지 않았으면 한다. '우리의 삶에는 반드시 떠나보내서, 영원히 돌아오지 않게 해야 하는 사람이 존재한다'는 것이다. 가족, 친구, 사업 파트너… 아무리 소중한 사람이라 할지라도 언제든 그를 떠나보낼 수 있어야 한다. 주변에 있는 잘못된 사람 한 명 때문에 삶 전체가 무너질 수 있다는 사실을 기억해야 한다. 피를 나눈 형제든, 내 유전자를 물려받은 자식이든 마찬가지다. '관계'라는 수레바퀴는 어떻게든 고쳐서 끌고 갈 수 있는 대상이 아니다. 새 바퀴로 교체해야만 삶이 더 단단하게 굴러간다. 떠나보낼 수 있을 때 떠나보내지 않으면, 그 사람이 나를 떠나보낼 것이다."

27
메멘토 모리를 기억하라

진정한 변화란, 변화하지 않는 것들을 추구할 때 가능하다.

영원불변의 진리에 기댈 때

삶은 의미 있는 변화를 시작한다.

나발 라비칸트Naval Ravikant는 앤젤리스트AngelList의 CEO다. 그러니까 그는 유망한 스타트업을 골라내 투자하는 일을 한다. 트위터, 우버, 야머 등을 비롯해 기업가치가 1조 원 이상인 많은 비상장 스타트업을 발굴해 큰 성공을 거뒀다. 전 세계 비즈니스맨들이 가장 만나고 싶어 하는 투자자 중 한 명인 그는 '삶이란 무엇인가?'라는 내 질문에 이렇게 답했다.

"메멘토 모리memento mori, 당신은 반드시 죽는다는 사실을 기억하라."

그는 심한 압박을 느끼거나 집중력이 흩어질 때 '메멘토 모리'를 떠올린다. 극심한 스트레스를 받거나 뭔가를 오랫동안 고민하는 이유는 명확한 답을 몰라 혼란스럽기 때문이다. 최선의 처방은 '명확한 답'을 기억하는 것이다. 언젠가는 반드시 죽는다는 사실만큼 인생에서 명확한 답은 없다. 죽음을 의식적으로 떠올리면 삶은 새로운 방향으로 한 걸음 전진한다.

나발은 말한다. "너무 많은 생각에 갇혀 꼼짝 못할 때 유일한 탈출구는 누구도 부인할 수 없는 '진리'를 떠올리는 것이다. 내겐 그런 진리가 두 개 있다. 하나는 앞에서 소개한 '나는 반드시 죽는다'다. 다른 하나는 '나는 아직 내가 원하는 모든 것을 이루지 못했다'다. 언젠가는 반드시 무無로 돌아간다는 생각을 하면 나를 누르고 있던 생각의 무게가 가벼워진다. 나아가 원하는 모든 걸 이룬 사람의 삶은 얼마나 싱거운가? 원하는 모든 것을 아직 다 얻지 못했기에 나는 삶의 이유를 가질 수 있다. 삶은 이런 방식으로 앞으로 나간다. 젊은 시절 가난했기에 나는 나이가 든 후 돈을 벌 수 있었다. 상사들과 나이 많은 사람들의 신뢰를 잃은 덕에 나는 독립하는 데 성공했다. 성격이 맞지 않는 사람과 결혼할 뻔한 적 있었기에 좋은 사람과 결혼할 수 있었다. 병에 걸린 경험이 있기에 건강에 각별한 관심을 기울일 수 있었다. 이것이 인생의 유일한 법칙이다. 사는 게 고통스러운가? 둘 중 하나다. 모든 것을 이미 이루었거나, 모든 것을 끊임없이 회의하고 있거나."

곱씹을수록 깊은 맛이 우러나는 통찰이 아닐 수 없다. 나발은 '욕망'의 정체에 대해 꿰뚫고 있는 지혜로운 사람이다. 욕망은 우리를 움직이게 하고 고무시킨다. 하지만 욕망에 집착하다 보면 곧 그 안에서 익사하고 만다. 욕망에 사로잡힌 삶은 모든 것을 해결해야 할 문제, 명확한 답을 얻어야 할 문제로 인식하기 때문이다. 이를 위해 없는 답을 만들어내는 지경에 이른다. 하지만 그런 답이 우리를 진리로 이끌 리는 만무하다.

"사람들은 머리를 식히기 위해, 기분 전환을 위해 산을 오르고 바다에 간다. 푸른 산과 바다를 보면 마음이 편안해지고 삶의 위안과 평화를 얻는다. 이유는 간단하다. 절대 변하지 않는 것, 영원히 그 자리에 있는 것에는 우리가 마음에 새겨야 할 진리가 숨어 있기 때문이다. 진리 앞에선 모두가 겸손해진다. 바로 그 겸손이 우리가 얻어야 할 궁극적 지혜일 것이다. 인생에 정답 따위는 존재하지 않는다. 겸손한 태도를 얻고자 하는 행동만이 우리를 진리 가까이로 이끈다. 행복이 뭔지 아는가? 숙제나 의무 때문이 아니라 오롯이 그 책이 좋아서 하는 독서와 같은 것이다. 끌어안고 있는 욕망을 버려야 참된 욕망을 얻는다. 죽음을 생각해야 삶을 얻는다. 이 같은 역설을 인생 전반에 적용하면 좋은 개선과 진전을 얻을 수 있다."

인간은 변화를 갈망한다. 변화하지 않으면 뒤처지고, 한 번 뒤처지면 회복할 수 없다는 불안 때문이다. 하지만 진정한 변화란, 절대 변화하지 않는 것들을 추구할 때 가능하다. 영원불변의 진리에 기댈 때 삶은 의미 있는 변화를 시작한다.

나발은 마지막으로 이렇게 덧붙였다. "거의 모든 일을 거부하라. 타협 따위는 개나 줘버려라. 평생 함께 일할 수 있는 사람들하고만 일하고, 하는 것 자체만으로 즐거운 활동에 시간을 투자하라. 다시는 보지 않을 사람들과 저녁을 먹지 마라. 지루한 사람들을 위한 지루한 행사에 참석하지 마라. 휴가를 즐기고 싶지 않은 곳으로 여행을 가지 마라. 그 대신 다른 사람의 바다가 아니라 나의 바다를 항해하라. 나의 산을 올라라. 죽음까지 내가 어떤 경로와 지점을 거치는지 머릿속에 그려라. '메멘토 모리'를 침대 맡에 붙여놓아라. 눈을 뜰 때마다 가장 먼저 보이는 그 메시지가 새로운 삶의 베이스캠프가 되어줄 수도 있다."

◑

사람들은 우리가 삶의 의미를 추구한다고 말한다.

하지만 나는 그렇게 생각하지 않는다. 우리는 살아 있는 경험을 추구한다.

_조셉 캠벨**Joseph Campbell**, 신화학자

나는 단돈 200달러를 갖고 첫 번째 사업을 시작했다. 그 돈으로 〈롤링 스톤Rolling Stone〉의 광고 지면을 사서 1달러만 내면 가장 저렴하게 여행할 수 있는 방법이 담긴 안내 책자를 우편으로 받아볼 수 있다는 광고를 실었다. 문제는 내게 안내 책자가 없었다는 것이다. 주문량이 충분하지 않으면 고객들이 보낸 돈을 미안하다는 말과 함께 돌려줄 예정이었다. 그런데 일이 예상보다 훨씬 잘 풀렸다. 주문량이 폭주했고 안내 책자를 만들어줄 작가와 편집자, 인쇄업자도 나타났다. 고객들은 1달러로 얻을 수 있는 정보를 위해 안내 책자를 받을 때까지 참을성 있게 기다려주었다. 빚만 지게 만드는 MBA 학위보다 이 200달러를 통해 비즈니스에 대해 훨씬 많은 것을 배울 수 있었다. 수많은 성공 케이스를 검토하고, 최적의 전략을 다양한 프로그램을 통해 시뮬레이션하는 것도 중요하지만 결국 인생은 '실전 경험'이다. 더군다나 지금은 내가 〈롤링 스톤〉에 광고를 냈던 시대와는 달리 입소문을 내기가 훨씬 쉬운 환경이다. 온라인이라는 매력적인 괴물이 우리 곁에 있기 때문이다. 전부 날려도 별로 데미지를 입지 않을 수 있는 실전 경험을 찾아라. 당신이 알고 있는 탁월한 CEO들 중 몇몇은 분명 200달러 이하로 성공가도의 첫 삽을 떴을 것이다.

_케빈 켈리Kevin Kelly, 〈와이어드Wired〉 창업자

내가 사진 작업을 하면서 가장 당황했을 때는 '검증된 방법을 따르라'는 조언을 들었을 때다. 세상에, 검증된 방법이라는 게 어떻게 존재할 수 있을까? 만일 그런 게 진짜 있다면 모두가 쉽게 성공할 것이다. 몇몇 소수가 탁월하게 활용한 방법은 존재하겠지만, 그것이 누구에게나 적용되는 지침이 되기란 불가능하다. 물론 나도 타인들의 성공 경험이 담긴 책이며 잡지, 신문과 기사를 꼼꼼하게 읽는다. 그들의 방법을 벤치마킹하기 위해서가 아니다. 그들의 방법을 맹목적으로 따르지 않기 위해서다. 나아가 다양한 성공 스토리를 통독하다 보면 뭔가 새로운 영감과 자극이 떠오르기 때문이다. 효과가 입증된 비타민을 먹고, 많은 사람들이 읽는 책을 읽고, 많은 사람들이 좋아하는 것을 좋아하는 삶은 안전하다. 최소한 그렇게 살면 '안심'이 된다. 그 대가로 뭔가 남다른 걸 만들어내는 삶은 포기해야 한다. 즉 예술가는 될 수 없다. 예술가가 될 수 없다는 것은 독창적인 자리에 오를 수 없다는 뜻이다. 남다른 걸 포기하면 언제나 아류의 삶에 만족해야 한다.

_브랜던 스탠턴Brandon Stanton, 사진작가, 《휴먼스 오브 뉴욕Humans of New York》 저자

28
함께 읽고 쓰고 산책하라

원하는 사람이 전혀 책을 읽지 않는 사람인가?
그렇다면 포기하라.
책을 읽지 않는 사람과 할 수 있는 일은 없다.

보조마 세인트 존Bozoma Saint John은 우버Uber의 최고 브랜드 책임자다. 원래는 비츠 뮤직Beats Music의 글로벌 마케팅 책임자로 있다가 이 회사가 애플에 인수된 후 2017년 6월까지 애플 뮤직Apple Music의 마케팅 책임자로 일했다. 2016년 〈빌보드Billboard〉는 그녀를 올해의 경영인으로 선정했다. 〈포춘〉은 그녀를 '40살 이하 글로벌 경영인 40인' 목록에, 〈패스트 컴퍼니〉는 그녀를 '가장 창의적인 인물 100인' 목록에 포함시켰다.

나는 보조마에게 인생에 가장 큰 영향을 준 책을 소개해달라고 부탁했다. 그녀는 일초의 망설임도 없이 토니 모리슨Toni Morrison의 소설 《솔로몬의 노래Song of Solomon》를 꼽았다. 그리고 당신과 나를 위한 빛나는 교훈을 들려주었다.

"토니 모리슨의 문체는 믿을 수 없을 정도로 시적이고 복잡하다.

그녀는 자기 작품을 읽는 독자들에게 게으름을 '허락'하지 않는다. 따라서 토니의 책을 읽으려면 엄청난 인내력과 상징들에 대한 치밀한 분석력이 요구된다. 한 마디로 그녀의 팬이 아니면 완독하기가 쉽지 않다. 그런데 꼼꼼하게 쓴 서평과 함께 이 책을 내게 선물한 남자가 있었다. 그는 내가 토니의 책을 좋아한다는 걸 알고는, 소설에는 눈곱만큼도 관심 없던 사람이 두 달에 걸쳐 그 책에 대한 독후감을 써 내게 건넨 것이다. 그의 서평은 솔직히 누군가에게 건넬 만한 수준은 아니었다. 하지만 나는 그와 결혼했다. 토니 모리슨의 책을 읽고, 이해하고, 해석할 수 있는 사람과 함께 의미 있는 시간을 보내고 싶었기 때문이다. 내가 줄 수 있는 인생의 지혜가 있다면 이게 전부다. 원하는 사람을 얻고 싶은가? 그렇다면 그가 어떤 책을 읽는지 주의 깊게 살펴보라. 원하는 사람이 전혀 책을 읽지 않는 사람인가? 그렇다면 포기하라. 책을 읽지 않는 사람과 할 수 있는 일은 아무것도 없다. 단언컨대 세상을 가치 있게 살아가는 사람들, 커다란 성공과 성과를 일군 사람들, 누구보다 현명하고 지혜로운 사람들은 한 명의 예외도 없이 독서광이다. 최소한 읽지 않은 책을 산더미처럼 쌓아두고도 다시 지갑을 여는 사람이다."

보조마의 말은 참이다. 나 또한 수백 명에 이르는 성공한 인물들을 만났는데, 책벌레가 아닌 사람은 없었다. 성공한 사람들을 곁에 두고 싶다면 그들의 독서 목록을 검토하는 일이 가장 우선이라는 보조마의 말은 음미할 만하다. 예를 들어 중요한 미팅 자리에서 상대와 내가 600쪽이 넘는 똑같은 책을 지하철에서 읽다가 왔다는 사실을 알게 되면 어떨까? 엄청난 속도로 친분을 쌓게 될 것이다. 따라서 상대의 독서 이력을 살피는 건 취미의 공유를 넘어 가성비 만점인 '사람을 얻는 전략'이 되어준다.

안타깝게도 보조마의 남편은 젊은 나이에 불현듯 세상을 떠났다. 그녀는 그를 추모하며 이렇게 말했다. "누군가와 함께 읽고, 함께 쓰고, 함께 산책하는 삶을 살고 있는가? 당신은 이미 인생에서 가장 큰 행복을 발견한 것이다."

진실로 사람을 얻고 싶은가?

먼저 그 사람이 읽고 있는 책 제목을 메모하라.

29
내 영혼에 말을 걸어라

영혼은 생각을 통해 말하지 않는다.
감정, 이미지, 단서, 실마리를 통해 찰나에 나타났다가 사라진다.
영혼은 파편처럼 우리 삶 곳곳에, 모든 순간에 동시다발적으로 존재한다.

소만 차이나니Soman Chainani는 천재적인 기획자, 영화 제작자, 〈뉴욕 타임스〉 베스트셀러 작가다. 소만의 소설 시리즈《선과 악을 위한 학교The School for Good and Evil》는 100만 부 이상 팔렸고 20개 이상의 언어로 번역되었으며 곧 유니버설 영화사에서 극장용 영화로 만들어진다. 하버드대를 졸업하고 컬럼비아대에서 MFA 영화 프로그램을 수료한 소만은 시나리오 작가 겸 감독으로 경력을 시작했고, 그가 만든 영화는 전 세계 150개 이상의 영화제에서 상영됐다.

어린 시절을 기억하라

어디로 갈 수도 없고, 어디로 가지 않을 수도 없을 때 소만은 어릴 때 가장 좋아했던 동화《피터 팬Peter Pan》을 펼쳐 든다. 수없이 되풀이해서 읽었던 문장들을 천천히 다시 읽고 음미하다 보면 가장 순수했던 어린 시절, 영혼의 목소리가 고요하게 울려 퍼진다.

소만은 말한다. "믿기지 않는다면 한번 해보라. 어렸을 때 당신이 즐겨 읽던 책을 꺼내 행간을 들여다보라. 분명 지금의 당신을 움직이게 하고, 인생의 목표까지 알려준 실마리가 담겨 있음을 알게 될 것이다. 그리고 틀림없이 당신은 언젠가 다시 그 책을 펼쳐 다음 단계로 옮겨가게 하는 인생의 단서와 실마리를 새롭게 발견하게 될 것이다."

그렇게 성장해 어른이 된 소만은 컬럼비아대 영화대학원에서 졸업논문 대신 영화를 만들어 제출했다. 그 영화를 만드느라 저축한 돈(2만 5,000달러)을 다 쏟아 붓고 8개월 동안 매달렸다. 마침내 교수진에게 최종적으로 영화를 선보이기 바로 전날, 그는 평소 친분이 있었던 한 교수와 미리 시사를 해보았다. 엔딩 크레딧이 올라간 후 교수는 굳은 표정으로 영화를 조각조각 잘라서 완전히 다시 편집하는 게 좋겠다고 평했다.

소만은 몹시 당황했다. 간신히 정신을 차린 그는 교수의 조언에 따랐고, 그다음 날 다른 교수들 앞에서 난도질된 버전의 영화를 틀었다. 교수들의 얼굴에 조소가 비쳤다. 소만은 3년 동안 그들에게서 얻은 신뢰가 연기처럼 사라져버리고 있음을 직감했다.

참담한 몇 주가 흘렀고 실망을 감추지 않았던 교수들 중 한 명과 소만은 우연히 마주쳤다. 그 일이 있기 전에는 소만의 재능을 열렬히 지지해주던 사람이었다. 소만은 고개를 떨군 채 지나가듯 말했다.

"실망시켜드려서 죄송합니다, 교수님. 사실 그 전날 완전히 새롭게 편집하느라 정신이 없었습니다."

교수가 답했다.

"재편집을 했다고? 그럼 원본은 따로 있고? 내가 그걸 좀 볼 수 있을까?"

원본을 보고 난 교수의 표정이 환해졌다.

"이제야 영화 속에서 자네의 영혼이 보이는군."

소만은 당시를 회상하며 깊은 인생 지혜를 들려준다.

"영화 속에서 내 영혼을 봤다는 교수의 말, 그것이 내가 얻은 인생에서 가장 소중한 교훈이다. 목적지에 도달하기 전에 다른 사람이 내 삶을 방해하게 놔두면 안 된다.《피터 팬》에 내가 수없이 밑줄 긋고 메모로 적어 넣은 게 불쑥 떠올랐다. '나를, 내가 한 일을 믿어라.' 그렇다. 항상 나 자신을 믿으라고 내 영혼은 속삭여왔던 걸 까맣게 잊고 있었던 것이다."

영혼은 곳곳에 존재한다

소만은 우리가 늘 영혼은 우리 내면에 완전한 모습으로 존재한다고 생각하기 때문에 오히려 영혼과 접촉할 기회를 갖지 못한다고 강조한다.

"영혼은 우리가 상상할 수 있는, 이상적인 형태로 존재하지 않는다는 사실을 깨닫는 데 인생의 절반쯤 쓴 것 같다. 명상을 해본 사람은 안다. 머릿속에 존재하는 생각, 규칙, 체계, 신념은 대부분 진실이 아니라는 것을. 그저 내가 아직 손에서 놓지 못하고 있는 과거 경험의

잔재들이라는 것을. 영혼은 결코 생각을 통해 말하지 않는다. 아주 작고 사소해 보이는 감정, 이미지, 단서, 힌트, 실마리 등을 통해 찰나에 나타났다가 사라진다. 영혼은 파편처럼 우리 삶 곳곳에, 모든 순간에 동시다발적으로 존재한다."

영혼이 우리 삶 곳곳에 존재한다는 소만의 말은 작가 스티븐 프레스필드의 혼자 찾아가야 하는 장소를 떠올리게 한다. 우리가 수많은 왜곡 속에서도 길을 잃지 않는 건 스티븐이 가리킨 장소에서 소만이 말한 영혼이 우리를 이끌기 때문인지도 모르리라.

소만은 틈이 날 때마다 놀랍게도 '공중그네' 수업을 받는다. 그네를 타기 위해 지상 15미터 높이까지 올라가는 순간 완전히 순수한 자기 자신, 두려움, 본능과 직면하는 경험을 한다고 한다. "나의 자아, 두려움, 본능은 모두 내게 목소리를 들려주는 내 영혼이다. 공중그네 수업을 한 번만 받아도 우리는 우리 자신과 가장 친밀한 경험을 공유할 수 있다. 마음을 단단히 먹고 날아오르면, 영혼이 내 모든 걸 조정하며 아무런 흔적도 남기지 않은 채 나를 끌고 간다."

소만은 또한 영혼과 접촉 기회를 만들려면 날마다 기대하는 게 있는 삶을 살아야 한다고 조언한다. 맡은 프로젝트에서의 성취감일 수도 있고, 일이 끝난 뒤 땀 흘리며 뛰는 농구 경기일 수도 있고, 철학 스터디 모임이나 작문 수업일 수도 있고, 데이트일 수도 있다. 매일 자신의 감정을 고무시키는 기대감이 있는 하루를 보내야 한다. 영혼은 열망과 자극이 있는 곳에서 더 뚜렷하고 생생하게 모습을 드러내기 때문이다.

"하루를 마무리하는 의식을 가볍게 여기는 사람들이 많다. 이는 고쳐야 할 습관이다. 삶에 아름다운 감각과 질서를 불어넣는 일을 하면서 잠자리에 들 때 그다음 날을 살아갈 힘을 저장할 수 있다. 나는 늘 어릴 때 읽었던 따뜻한 안식과 평화를 주었던 만화책을 읽다가 잠자리에 든다. 하루의 마무리 의식을 세심하게 만들어보라. 심호흡을 해도 좋고, 세 줄짜리 일기를 써도 좋고, 오랫동안 그려야 완성되는 그림에 조금씩 색깔을 입히다가 잠들어도 좋다. 꼭 시도해보라. 당신의 영혼이 당신을 포근히 이불처럼 덮어줄 것이다. 우리의 영혼은 500피스짜리 퍼즐이다. 500개의 퍼즐 조각은 우리 삶 도처에 흩어져 있고, 각 조각의 퍼즐은 다음 퍼즐을 찾는 단서가 되어준다. 마지막 500번째 퍼즐을 찾아내는 순간, 마침내 우리는 인생이 어디로 가는지 알게 될 것이다."

30
인생은 늘 사라질 준비를 한다

한 발을 내딛는 동시에 뒷발을 땅에서 떼야 한다.
그러지 않으면 앞으로 나아갈 수 없다.

리차 차다Richa Chada는 많은 상을 받은 인도 출신 배우다. 〈오예 럭키! 럭키 오예!Oye Lucky! Lucky Oye!〉라는 코미디 영화로 데뷔한 그녀는 느와르 갱스터 무비 〈와시푸르의 갱들Gangs of Wasseypur〉에서 조연을 맡으면서 배우 인생의 중요한 전기를 맞았다. 리차는 호전적이고 입버릇이 매우 나쁜 폭력배의 아내 역할로 인도의 오스카 상 격인 '필름페어Filmfare 어워즈'에서 상을 받았고, 2015년에는 극영화 〈마싼Masaan〉에서 첫 주연을 맡았는데, 이 영화는 칸 영화제 상영 당시 기립 박수를 받았다.

무시할 수 없는 사람이 되어라

리차는 젊은 사람들 앞에서 강연이나 연설을 할 기회가 있을 때마다 강조한다.

"훌륭한 사람이 되어라. 흔히 등장하는 훌륭한 사람이 아니라 누구도 넘보기 힘든 훌륭한 사람이 되어라."

새로운 프로젝트를 시작할 때마다 그녀는 이 말을 깊이 마음에 새긴다. 자신이 현재 어느 위치에 있는 누구인지, 과거 어떤 영예를 얻었는지 깨끗하게 잊는다. 그러면 자만심이 가라앉고 목표에 더 집중할 수 있다는 게 그녀의 일에 대한 철학이다.

그녀는 설명한다. "영화 업계에는 이런 말이 있다. '톱스타는 언제든 사라질 준비가 되어 있다.' 새로운 얼굴이 혜성처럼 나타나 유성처럼 떨어지는 곳이 영화계다. 이런 곳에선 평범한 성공으로는 엔딩 크레딧에 이름 한 줄 못 올린다. 살아남으려면 내가 결코 호락호락한 목표물이 아니라는 사실을 분명하게 보여줘야 한다."

비단 영화계뿐이겠는가. 한 번의 성공은 절대 다음의 성공을 보장해주지 못하고, 세상의 관심은 언제든 우리를 떠날 준비가 되어 있다. 그녀는 이렇게 덧붙인다. "넘볼 수 없는 압도적 성공이 무엇인 줄 아는가? 성공이 우리를 떠나기 전에 우리가 먼저 성공을 떠나는 것이다. 정상에 오른 사람이 계속 정상에 머물 수 있는 비결은 하나다. 정상에 오른 다음 다시 처음부터 시작해 새로운 정상에 오르는 것이다. 한 번 정상에 올랐다고 해서, 다음에는 산중턱에서 시작할 수 있는 방법은 없다."

무명으로 살지 마라

넘볼 수 없는 사람이 되는 첫 걸음은 자기 삶의 큰 그림을 보는 것이다. 비행기가 천천히 공중에서 착륙을 위해 선회할 때 아래 세상을 내려다보면 어디가 가장 높은 곳인지, 몇 개의 산을 넘어야 하는지, 위험지역이 어디인지 일목요연하게 볼 수 있다. 인생도 마찬가지다. 큰 그림과 큰 지도가 없으면 내가 지금 어디에 서 있는지조차 알 수 없다.

"내가 처음 디지털 영화에 참여했을 때 사람들은 이제 인터넷이나 기웃거리는 한물 간 배우라고 비웃었다. 하지만 지금은 누구도 그런 평가를 하지 않는다. 디지털 세상이 새로운 정상으로 우뚝 솟아올랐기 때문이다. 우리가 겪는 모든 순간이 이렇다. 가장 높은 곳에서 내려다보지 않으면 어느 곳에서 화산이 폭발할지 알 수 없다. 큰 그림이 없으면 우리는 작은 고치에 틀어박힌 벌레에 불과하다."

리차는 자본주의 사회에서는 자칫 잘못하면 평범하게 살기 십상이라고 말한다. 모든 사람을 '표준'에 몰아넣기 때문이다. 대학을 졸업해 일자리를 얻고, 결혼을 해 아이를 키우고, 보험과 펀드를 들어 노후를 준비하고… 평범한 삶은 평화롭고 안락하다. 하지만 너무 평범해서 드러나지 않는 '무명無名'은 감수해야 한다. 무명은 나쁘지 않지만 훌륭하지도 않다. 무엇보다 무명은 혜성처럼 나타나 유성처럼 떨어질 기회도 없이 '이미 사라져 아무것도 보이지 않는 상태다.'

리차는 말한다.

"부족한 것 없이 키워주신 부모님께 대학 졸업 때 받은 학위를 활용해 직장을 구하는 대신 뭄바이로 가서 배우가 되겠다고 말씀드렸다. 격하게 반대하실 줄 알았는데, 뜻밖에도 내 결정을 지지해주셨다.

어머니는 말씀하셨다. '한 발을 앞으로 내딛는 동시에 뒷발도 땅에서 떼야 한다. 그렇지 않으면 앞으로 나갈 수 없다.' 나는 이 말을 힘겨울 때마다 떠올린다. 이것이 유일한 전진의 법칙이다."

생각해보라, 우리는 그 얼마나 많은 순간, 앞으로 한 걸음도 나가지 못한 채 앞발과 뒷발 사이에 눌러 앉아 있었던가를. 평범한 삶에 한 발을, 가보지 못한 삶에 한 발을 걸친 채 오도 가도 못하며 얼마나 많은 시간을 그저 물끄러미 보냈는가를.

"누구든 사회 경력이 어느 정도 쌓이면 지지자와 조언자가 생겨난다. 그리고 그들은 늘 당신에게 이렇게 말할 것이다. '~을 하지 마라.' 하지 말라는 조언은 안전을 추구하기 때문에 당신을 무명으로 만든다. 보이지 않는 한계를 강조하는 조언들은 그냥 무시하라. 어차피 그들 또한 꿈도 못 꿔본 길이다.'"

리차는 언제든 대가를 치를 준비를 하고, 인생이란 절대 쉽게 풀리지 않는다는 사실을 명확히 깨달으면 조금씩 새로운 길이 보일 것이라고 말했다. 나는 그녀와 대화를 나누면서 마케팅 구루 세스 고딘의 말이 선명하게 머릿속에 떠올랐다.

'가장 안전한 길이 가장 위험한 길이다.'

시간을 축적하라

리차에게 인생의 큰 그림을 그릴 수 있는 구체적인 방법과 실행에 대해 물었다.

그녀는 먼저 '일기를 쓸 것'을 첫손에 꼽았다. "나는 10살 때부터 계속 일기를 썼다. 그리고 내가 아는 뛰어난 사람들은 대부분 일기를 쓴다. 일기를 쓰는 이유는 시간을 축적하기 위해서다. 예를 들어 고등학생 때 썼던 일기를 다시 꺼내 읽으면, 지금 이 순간 내가 어디쯤 와 있는지 좀 더 명확하게 파악할 수 있다. 어릴 때 꿈꿨던 삶에 얼마나 접근해 있는지를 아는 건 다음 삶을 위한 큰 힘이 되어준다. 꾸준히 써온 일기 속 인생 설계도를 새롭게 고치고 다시 그리는 동안 자신과 솔직하게 대화할 수 있는 기회가 자연스럽게 확보되기도 한다. 일기 쓰기는 인생에서 소중한 것들을 마음에 각인시키는 행동이다. 성공하는 사람들의 주머니 속엔 왜 깨알 같은 메모가 적힌 수첩이 들어 있을까? 자신을 북돋고 고무하는 메시지들을 읽고 또 읽으면서 한 걸음씩 앞으로 나가기 위해서다."

나는 《타이탄의 도구들》에서도 일기 쓰기의 중요성에 대해 입에 침이 마르도록 강조한 바 있다. 세계 최고를 만들어내는 지혜는 아주 작은 습관의 꾸준한 반복임을 잊지 않아야 한다.

리치는 또한 일기 쓰기와 함께 '명상'을 강력 추천한다. "호흡에 집중하라. 호흡 하나에도 집중 못 하는데 어떻게 큰 목표에 집중할 수 있겠는가? 정상에 오르지 못하는 이유가 무엇인지 아는가? 정상까지의 길이 험난해서가 아니다. 내가 정상까지 갈 수 있는 사람인지를 잘 모르기 때문이다. 명상은 나를 재발견하게 해준다. 무엇이 부족하고 무엇이 지나친지 파악하게 해준다. 명상은 내가 나에서 빠져나와, 나를 가장 객관적으로 바라볼 수 있는 유일한 시간이다. 그 시간의 중요함은 이루 헤아릴 수 없다."

숨을 내쉬는 동안 숫자를 10에서 1까지 거꾸로 세다 보면 누구나 명상에 빠져들게 된다. 아무 생각도 나지 않는 무심의 경지에 이르려면 평균 20분 정도 걸린다. 때로는 잠이 든 듯한 기분이 들기도 하지만 그런 평정 상태가 명상이라는 걸 곧 알게 된다. 명상은 언제나 도움이 된다. 명상을 하는 사람들은 한 목소리로 말한다. 살면서 뭔가에 대해 명상을 했을 때 도움이 되지 않은 적은 한 번도 없었다고.

나아가 리차는 '멘토와 대화하기'를 적극 권유한다. "앞에서 말한 바와 같이 '~을 하지 말라'고 하는 사람은 멘토로 삼기 곤란하다. 작지만 지혜로운 것을 권하는 사람, 나 스스로 깨달을 수 있도록 이끄는 사람을 신중하게 선택하라. 내 경우에는 아버지였다. 아버지는 심리학자이셨는데, 내가 뭔가에 낙담하거나 도취되지 않고 늘 본 궤도를 유지하도록 도와주신다. 가장 완벽한 멘토는 다음과 같은 일을 나와 함께 하는 사람이다. 함께 휴식을 취하고, 고양이 몸에 붙은 진드기를 잡고, 오랫동안 함께 목욕을 하고, 트레킹을 하고, 책을 읽고, 맛있는 음식을 나누는 사람이다. 나와 함께 있는 것을 즐기고 좋아하는 사람이다. 그런 사람을 곁에 두면 당신은 정상까지 단숨에 뛰어올라갈 수 있다."

그래서 뭐?

마지막으로 리차는 무척이나 흥미로운 얘기를 들려주었다. 두고두고 곱씹어볼 만한 인생 지혜를 선물받은 느낌이었는데, '그래서 뭐?'라는 질문의 활용법이다.

화가 머리끝까지 치밀어 오르거나 계속 기분이 저조할 때, 앞이 잘 안 보일 때 '그래서 뭐?'라는 질문을 던지면 매우 효과적이다.

예를 들면 이런 식이다.

X는 무례하기 짝이 없다.

그래서 뭐?

존중받지 못하는 기분이 든다.

그래서 뭐?

존중받지 못하는 게 싫다.

그래서 뭐?

다들 나를 업신여기면 어쩌지?

그래서 뭐?

나는 외톨이가 되어 조롱받을 거야.

그래서 뭐?

외톨이 따위는 절대 되고 싶지 않다고.

그래서 뭐?

나는 외로움을 너무 광적으로 두려워해.

그래서 뭐?

그건 비이성적인 행동이야.

그래서 뭐?

비상식적인 생각이니까 뭐, 별 거 아니라고.

그래서 뭐?

그러니까, 아무것도 아니라는 얘기지.

타인이 넘볼 수 없는 훌륭한 사람이 되고 싶은가?
먼저 인생을 아무것도 아닌 걸로 만들어보라.

31
최고의 인재는 누구인가

다리가 아플 때는 큰 소리로 외쳐라.
"닥쳐, 다리야! 내가 시키는 대로 해!"

맥스 레브친Max Levchin은 이베이eBay가 15억 달러에 인수한 페이팔PayPal의 창업자를 거쳐 첨단 기술을 활용해 금융 인프라의 핵심 요소들을 다시 구성하고 구축하는 회사 어펌Affirm의 공동 창업자겸 CEO로 일하고 있다. 그는 또 구글이 1억 8,200만 달러에 인수한 슬라이드Slide의 설립자 겸 CEO이기도 했다. 유망한 회사를 만들고, 비전을 매각하고, 유망한 회사를 발굴하는 데 천재적인 감각을 지닌 그는 〈MIT 테크놀로지 리뷰MIT Technology Review〉를 통해 '세계 최고의 혁신가'로 선정되기도 했다.

절박한 사람을 찾아라

책을 쓰고 강연을 하고 투자를 하면서 20~30대 젊은 비즈니스맨들에게 내가 가장 많이 받는 질문은 이것이다.

'어떻게 해야 성공적인 스타트업을 만들 수 있을까?'

40~50대 비즈니스맨들에게 가장 많이 받는 질문도 마찬가지다.

'어떻게 하면 내 사업을 할 수 있을까?'

싫든 좋든 간에, 자본주의를 살아가는 사람이라면 대부분 창업에 대해 진지하게 고민하는 순간들이 존재한다. 이들을 위한 인생 멘토로서 맥스 레브친 만한 인물도 없으리라.

나는 그에게 먼저 스타트업이란 무엇인지에 대해 물었다.

"스타트업이 무엇인지 알고 싶다면 구로사와 아키라 감독의 영화 〈7인의 사무라이Seven Samurai〉를 100번쯤 보면 된다. 용감한 몇몇 리더가 오합지졸인 마을사람들을 훈련시켜 사활이 걸린 싸움에서 이기기 위해 모든 것을 건다는 내용의 이 영화는 스타트업에 대한 거의 완벽한 은유다. 스타트업은 결국 '인재 싸움'이다. 문제는 스타트업을 꿈꾸는 당신보다 더 나은 인재를 당신이 영입하는 행운은 생기지 않는다는 것이다. 뒤집어 말해 당신이 최고다. 당신이 만든 스타트업이 성공하려면 당신보다 못한 사람들을 당신 수준으로 끌어올리는 리더십과 트레이닝이 요구된다. 탁월한 파트너가 나타날지 모른다는 멍청한 기대를 할 시간에 말이다."

생각해볼 만한 조언이 아닐 수 없다. 맥스는 '뛰어난 능력'을 가진 사람이 아니라 '절박한 마음'을 가진 사람이야말로 스타트업이 영입해야 할 '으뜸 인재'라고 강조한다. 회사를 만든 사람보다 더 절박한 사람이 회사 내에 또 있을까? 결국 뛰어난 창업자는 직원들을 자기 수준의 '절박함'으로 끌어올릴 줄 아는 사람이다.

맥스는 설명한다. “당신이 만든 스타트업이 성공할지의 여부를 알고 싶은가? 당신이 스스로에게 ‘내가 이 사람에게 얼마의 연봉을 지급해야 회사에 남을까?’보다 ‘내가 이 사람에게 어떤 비전을 만들어주고, 어떤 미션을 주어야 될까?’라는 질문을 더 많이 한다면, 당신의 회사는 성공한다. 인재는 영입되지 않는다. 훈련될 뿐이다. 스타트업을 만든 당신은 주군이다. 너무 뛰어난 사무라이는 경계해야 한다는 뜻이다.”

가짜 실패를 많이 하라

맥스는 젊은 비즈니스맨들에게 ‘지금 당장 위험을 감수하라’고 주문한다. 젊은 나이가 갖는 최대 이점은, 잃을 것은 없고 얻을 것은 많다는 것이다. 아직 젊기 때문에 중요한 책임이 부재하고, 돈키호테의 추진력을 갖고 있고, 육체적 안락을 추구하지 않는다는 것이다. 따라서 위험을 감수하는 데 이보다 더 좋은 시기는 없다. 막 커리어를 쌓기 시작한 때부터 위험을 감수하는 데 익숙해지지 않으면 점점 안락한 삶에 집착하면서 발전 속도가 느려진다.

“유망하고 대성할 싹이 보이는 스타트업들을 관찰해보면 알 수 있다. 그들은 모두 위험을 즐긴다는 사실을. 나도 20대 초반에 여러 회사를 만들었다가 모두 문을 닫았다. 위험을 즐긴다는 건 실패 때문에 새로운 회사 설립을 망설이지 않는다는 의미다. 큰 성공을 위해선 수십 번의 시도가 필연적으로 요구된다. 그렇지 않으면 앞에서 말한 백마 탄 인재를 기다리거나 모든 걸 행운에 맡기고 만다. 이것이 바로 결코 해서는 안 될 '진짜 실패'다. 진짜 실패를 하지 않으려면 가짜 실패를 많이 해야 한다."

책임져야 할 사람이 오직 자신뿐일 때가 창업의 최적기다. 이때야말로 안주하고 있는 지대에서 벗어나 흥미진진하고 위험한 프로젝트를 시작하거나 참여해야 할 인생에 둘도 없을 때다. 절박한 마음으로 다른 건 다 떨쳐버리고 공격적으로 달려들어야 한다. 학교는 언제든 돌아갈 수 있고 공부 또한 마음만 먹으면 언제든 시작할 수 있다. 월스트리트나 실리콘밸리에서 절박한 인재를 찾는 사람들의 눈에 띌 때까지 기다릴 수도 있다. 그러니 일단 시작해야 한다. 자본주의 사회에서 부자가 되려면 회사의 주인이 되는 길이 유일하다. 창업을 포기해야 하는 경우는 자신의 강점이 이 같은 위험을 감수하는 데 있지 않다는 걸 발견했을 때다. 그렇지 않고 위험 감수에 남다른 인내력과 장점을 갖고 있다면 열심히 노력하며 정진할 기회를 부지런히 찾으면 된다.

맥스는 말한다. "20~30대에는 '아직은 때가 아니다', '더 많은 경험과 실력을 쌓아라', '기회가 되는 한 계속 이직하라' 등의 조언은 무시해도 좋다. 승자와 패자는 기다림의 결과로 결정되지 않는다. 그만두지 않는 한 언제나 승자가 될 기회가 있다. 스타트업은 예측이 불가능한 세계다. 어떻게 될지 아무도 모르는 세계에서, 스타트업이라는 롤러코스터가 아래로 곤두박질칠 때도 그만두지 않고 이겨내려면 오직 필요한 건 젊음을 밑천 삼은 당신의 배짱이다."

빨리 해고하라

나는 맥스에게 이제 막 마흔을 맞이한, 그러니까 좀 더 나이가 든 비즈니스맨들을 위한 조언을 부탁했다(맥스 또한 이제 40대 초반이다). 그는 빙그레 웃으며 다음과 같이 답했다.

"마흔이 넘으면 시간이 얼마 남지 않았음을 피부로 느낀다. 이때 경청해야 할 메시지는 '빨리 해고하라'다. 창업가이든 팀장이든 간에, 함께 일하는 직원, 공동 창업자, 사업 파트너에 대해 좀처럼 확신이 서지 않을 때는 깨끗하게 결별해야 한다. 그들이 좋은 쪽으로 바뀔 확률은 매우 낮다. 나이가 들면서 점점 확연하게 깨닫는 게 있다면, 매 순간 내 직감을 믿어야 한다는 것이다."

영화 〈로닌Ronin〉에는 다음과 같은 대사가 나온다.

"뭔가 의심이 들 때는, 그 의심 안에 뭔가 확증이 있기 때문이다."

나이가 들수록 우리는 경험이 많아지면서 지혜로워진다. 지혜로워진다는 것은 옥석을 구별해낼 줄 안다는 뜻이기도 하다. 마흔이 넘으면 타인의 말을 경청하는 것도 중요하지만 자신의 직관을 신뢰하는 것도 못잖게 중요하다. 의심이 드는 것은 골라내야 한다. 사람은 쉽게 변하지 않는다. 누군가의 코칭이나 피드백으로 변하는 데에는 명확한 한계가 있다.

맥스는 말한다. "안 되는 조직과 기업의 리더들을 살펴보면, 그들은 대부분 좋지 않은 관계에 매달려 있다. 그 사람과의 관계를 정리하지 않는 수십 가지의 핑계를 갖고 있다. 반면에 잘나가는 CEO들은 매일 내가 좋은 이미지를 심어주고 싶고, 또 내게도 그렇게 하려고 노력하는 파트너가 있다고 자신 있게 말한다. 공연한 허세가 아니다. 지난 20년 동안 수많은 창업 조직의 경영자들을 관찰한 결과, 성공하는 CEO들에게는 감탄이 날 정도로 이상적인 파트너십이 다양한 형태로 존재한다. 그 비결을 물으면 이렇게 답한다. '정리를 반복하면 집중할 파트너가 자연스럽게 남는다.' 당신이 신뢰하는 사람이 계속 뭔가를 배우면서 더 나아지려고 노력한다면, 당신 또한 새로운 수준의 성취로 나아가기 위해 스스로를 다그칠 것이다. 이 선순환의 관계에 성공의 요체가 있다."

젊은 시절에는 위험을 감수하고, 나이가 들수록 위험을 제거하라는 것이 맥스가 우리에게 주는 조언의 핵심인 것 같다. 위험을 껴안는 것도, 위험을 골라내는 것도 쉬운 일은 아니다. 하지만 그렇게 하지 않으면 우리는 나이가 들수록 지혜가 아니라 후회가 쌓이는 삶을 살게 될 것이다.

전설적인 사이클 경주 선수 옌스 포이크트Jens Voigt는 이렇게 말했다.

"다리가 아플 때는 큰 소리로 외쳐라. '닥쳐, 다리야! 내가 시키는 대로 해!'"

이 멋진 말이 창업가의 삶을 상징할 수 있다. 아무리 피곤해도, 아무리 심한 부상을 입었다 할지라도 절박한 마음으로 나, 그리고 나와 함께 하는 사람들에게 헌신할 때 창업은 계속 고비를 넘어간다. 고비를 넘다보면 어느덧 정상에 닿아 있게 된다.

맥스 또한 옌스의 말을 인용하며 인터뷰 자리에서 일어났다.

"창업은 지구력 스포츠다. 한계에 직면할 때마다 다음의 말을 떠올려보라. '이것이 나를 힘들게 한다면 다른 사람은 두 배 더 힘들 게 분명하다.' 가장 탁월한 파트너는 언제나 나 자신임을 잊지 말라."

◑

인생은 우리에게 무엇을 원하느냐고 묻지 않는다.

그냥 선택안을 여러 개 제시할 뿐이다.

_토머스 소웰**Thomas Sowell**, 경제학자

'지금 출발하면 기차를 놓치지 않을 수 있을까?' '퇴근시간인데 거기까지 가려면 얼마나 걸릴까?' '설거지를 해놓지 않으면 아내는 나한테 얼마나 화를 낼까?' 이런 질문에 대한 답은 '어쩌면, 그럴 수도, 가끔, 아마도, 모르긴 몰라도…' 등으로 시작될 것이다. 즉 확실하지 않은 것을 예측할 때는 모호한 말이나 단어보다는 '퍼센티지'를 부여하려고 노력해보라. 불확실하고 추상적인 단어가 떠오를 때마다 0(절대로 그렇지 않다)에서 100(항상 그렇다)까지의 단계 중 어떤 숫자에 해당하는지를 생각해보는 습관을 들임으로써 나는 의사결정의 결과를 획기적으로 개선시킬 수 있었다. 살면서 점점 뚜렷하게 깨닫는 것이 있는데, 세상은 수학이 지배하고 있고, 수학적 사고는 강력한 무기가 되어준다는 것이다.

_리브 보리Liv Boeree, 포커 선수, 월드 포커 시리즈 챔피언

첫째, 미래로 향하는 것이 중요하다. 지금 일어나는 일보다 앞으로 일어날 일 속으로 들어가야 한다. 웨인 그레츠키가 훌륭한 하키 선수가 된 비결은 퍽의 현재 위치가 아니라 향하는 위치에 집중하고 먼저 그곳에 도달했기 때문이다. 그렇게 하라!

둘째, 성공하려면 코딩을 전공해야 한다는 생각은 버려라. 코딩보다 중요한 건 창의성과 협동이다. 그리고 자신이 아닌 사람이 되려고 하지 마라. 자신이 가진 기술에 자신감을 가져라. 그것이 앞으로의 여정에서 승패를 결정할 테니까.

셋째, 두려워 마라. 베이브 루스는 홈런왕이자 삼진왕이기도 했다는 사실을 기억하라. 성공하려면 울타리 너머로 공을 날려 보내야 한다. 세상은 삼진왕이 아니라 홈런왕을 기억할 뿐이다. 위험을 무릅쓰지 않는 삶이야말로 가장 위험한 삶이다. 툭툭 털고 일어나 두 배로 노력해야 한다는 결심이 서지 않는다면, 당신은 실패조차 못해 본 사람이다.

_스티브 케이스Steve Case, 레볼루션 LLC**Revolution LLC** CEO

32
유능해질 시간을 확보하라

시간을 자유롭게 쓴다는 것은
시간을 빈틈없이 쓴다는 뜻이다.

베로니카 벨몬트Veronica Belmont는 봇bot에 푹 빠져 있는 샌프란시스코 출신의 제품관리자다. 트위터 팔로어 수가 160만 명이 넘는 그녀는 그로우봇Growbot에서 일하면서 직원들이 자기 팀에 대한 기여도를 제대로 인정받게 도와준다. 또 봇 제작자와 열렬한 지지자들이 모인 거대 커뮤니티 봇위키Botwiki.org와 봇메이커스Botmakers.org의 관리도 돕고 있다. 작가이자 프로듀서, 연설가로서 그녀가 가지고 있는 주요 목표는 기술이 어떻게 삶을 향상시킬 수 있는지를 모든 계층의 사람들에게 가르치는 것이다. 그녀는 오랫동안 혁신에 대한 사랑을 바탕으로 굿리즈Goodreads(아마존이 인수), 어바웃미about.me(AOL이 인수), 데일리드립DailyDrip, 사운드트래킹SoundTracking(랩소디Rhapsody가 인수), 밀크Milk(구글이 인수), 위게임WeGame(태그드Tagged가 인수), 포지Forge, 시크CEOChic CEO 같은 많은 스타트업들에게 제품과 커뮤니케이션, 마케팅에 대한 조언을 해주고 있다. 동시에 그녀는 팟캐스트를 운영하면서 모질라Mozilla의 〈IRL〉과 〈스워드&레이저Sword&Laser〉를 진행하고 있다.

닥치고 돈이나 내!

베로니카는 수억 명에 이르는 지구상의 프리랜서들에게 지혜를 나눠줄 수 있는 인물이다. 그녀는 졸업하자마자 탄탄한 직장에 입사한 선망의 대상이었지만, 곧 그 일에서 내려왔다. 공황장애를 불러오는 조직생활의 비참함을 견뎌내기엔 인생이 너무 짧다는 이유 때문이었다. 다양한 곳에서 다양한 역할을 성공적으로 수행하면서 베로니카는 가장 주목할 만한 프리랜서로 명성을 쌓았다. 그녀는 스타벅스에서 자신의 일에 집중하고 있는 젊은 프리랜서들을 바라보면서 이렇게 말했다.

"멋진 프리랜서가 되고 싶다면 클라이언트 면전에서 일초의 망설임도 없이 이렇게 말할 수 있어야 한다. '닥치고 돈이나 내세요!' 10년쯤 프리랜서로 일해보면 안다. 나를 공짜로 부려먹으려고 사람들이 쓰는 온갖 수법을. 프리랜서는 멋진 경험일 수도 있고, 유명인이 되기 위한 필수 코스일 수도 있고, 새로운 가치를 제시해주는 트렌디한 직업군일 수도 있다. 하지만 이 모든 것보다 우선하는 가치는 '먹고 살아야 한다'는 것이다. 집세를 내고 음식을 살 수 있어야 한다. 숫자에 밝아야 한다. 내가 먼저 돈 얘기를 집요하고 철저하게 꺼내지 않으면 세상은 결코 먼저 지갑을 열지 않는다."

베로니카의 의견에 나도 전적으로 동의한다. 어떤 프로젝트를 진행할 때 계약금이나 수익 분배에 관한 이야기를 꺼내면 습관적으로 미세하게 눈살을 찌푸리는 의뢰인을 나도 많이 만나봤다. 돈에 대해 이야기하는 건 고상하지 못하다는 이해할 수 없는 믿음 또한 비즈니스 세계에선 강력하다. 돈보다 더 중요한 가치가 있다고 목소리를 높이는 사람이 있다면, 절대 그 사람과는 일하지 말아야 한다. 그렇지 않으면 베로니카의 말처럼 공짜로 부려먹으려고 눈이 빨개진 사람이 밤낮으로 당신을 괴롭힐 것이다.

자유시간을 계획하라

흔히 프리랜서가 되면 자유시간이 획기적으로 늘어날 것으로 생각한다. 베로니카도 이에 동의한다. "내가 통제할 수 있는 시간이 확실히 늘어난다. 하지만 아무것도 안 하고 가만히 있는 시간도 바쁘게 움직이는 시간만큼이나 중요하기에 그에 따라 스케줄을 잘 세워야 한다는 사실을 결국 깨닫게 된다. 빈 시간이 많으면 그만큼 사소한 약속들이 그 자리를 채우고, 사람들의 부탁을 거절하기도 어려워진다. 탁월한 프리랜서는 여유 있는 사람이 아니다. 오히려 시간을 철저하게 쓰는 사람이다. 자유시간에 무엇을 할지 치밀하게 계획해놓지 않으면, 결국 나인 투 파이브9 to 5의 세계로 돌아가게 될 것이다."

자유시간을 온전히 내 시간으로 만들려면 일분일초를 쪼개 쓰는 계획이 필요하다는 베로니카의 역설적인 조언은 사뭇 의미심장하다. 사실 우리는 규칙적으로 일하는 시간 외에는 너무나 시간에 대해 느슨한 생각을 갖고 있지 않던가? 일하는 데 너무 에너지를 쏟아 아무것도 하지 않아도 되는 시간에 정말 아무것도 안 했던 날들이 얼마나 많았는가? 아무것도 안 할 바엔 넷플릭스라도 실컷 보라는 게 베로니카의 주문이다.

시간을 자유롭게 쓴다는 것은 시간을 빈틈없이 쓴다는 뜻임을 명심하도록 하자.

해야 할 일의 목록을 만들어라

프리랜서들은 늘 일거리를 고민한다. 맡은 일을 마감하고 새로운 일을 맡을 때까지의 갭을 못 견뎌하는 사람들이 많다. 그런 사람들을 위해 베로니카는 이렇게 권유한다.

"늘 해야 할 일과 하고 싶은 일을 병행하는 습관을 들여야 한다. 새로운 일거리나 프로젝트를 기다릴 때는 더욱 그렇다. 작가나 칼럼니스트가 꿈이라면 블로그에 더욱 적극적으로 포스팅을 하고, 프로그래머가 되고 싶다면 깃허브GitHub 활동을 본격적으로 시작한다. 더 많은 일거리를 맡고 싶다면 링크드인이나 유튜브를 통해 '나는 이 일에 정말 열정을 갖고 있어!'라고 내세울 수 있을 만한 것들을 만든다. 해야 할 일을 계속할 때도 이런 작업을 병행해야 하고, 해야 할 일이 없을 때도 이런 작업은 꾸준히 이루어져야 한다. 그때 비로소 좋은 프리랜서로 가는 한 걸음을 내딛을 수 있다."

프리랜서뿐이겠는가. 내가 정말 좋아하고 바라는 일을 꾸준히 하면 뜻밖의 기회가 찾아오는 게 하나도 이상할 게 없는 세상이다. 당장 유튜브를 뒤져보라. 별의별 기회를 잡는 수많은 사람들을 우리는 쉽게 목격할 수 있다. 해야 할 일과 좋아하는 일, 해야 할 일과 더 큰 성공을 위해 준비하면 좋을 일을 병행하라. 구글에서 일하는 직원들의 상당수는 이런 병행 노력을 통해 발탁된 스토리를 갖고 있다.

베로니카는 말한다. "내가 아는 뛰어난 프리랜서들은 해야 할 일과 하고 싶은 일의 목록list을 만드는 데 귀신이다. 다양하고 멋진 목록을 시간을 들여 만들고 나면, 그것만으로도 기분이 좋아진다. 종이에 뭔가를 적어뒀다가 그 일을 마치고 난 뒤에 박박 지워버리는 짜릿한 쾌감을 좋아한다면 당신도 유능한 프리랜서가 될 수 있다. 목록을 만드는 이유는 하나다. 목록을 지우며 작은 성취감을 쌓아 가면 일에 더 집중할 수 있고, 일하는 시간을 줄일 수 있기 때문이다. 일하는 시간을 줄여야 유능해질 시간을 얻는다. 프리랜서의 생명은 바로 그 '유능함'이다."

33
스무 살에 알았더라면 좋았을 것들

미래전문가?

그런 직업군은 존재하지 않는다.

안나 홈즈Anna Holmes는 수상 경력이 있는 작가이자 〈워싱턴 포스트The Washington Post〉 〈뉴요커The New Yorker〉 〈글래머Glamour〉 〈코스모폴리탄Cosmopolitan〉 〈뉴욕 타임스〉 등 글로벌 미디어에서 활약한 탁월한 편집자다. 특히 〈뉴욕 타임스〉에서 일하던 시절에는 '선데이 북 리뷰Sunday Book Review'에 정기적으로 칼럼을 기고했고, 이를 통해 젊은 독자들에게 폭넓은 지지와 사랑을 받았다.

어떻게 살 것인가

나는 그녀에게 '스무 살 독자들에게 꼭 해주고 싶은 조언을 하나만 선물한다면?'이란 질문을 던졌고 안나는 다음과 같이 답했다.

"너무 고민하지 마라, 어른들이 얘기한 미래는 오지 않는다."

안나는 미래를 들먹이는 사람들을 친구 목록에서 제거하는 일이

20대에는 중요하다고 말한다. 미래가 어떻게 될지는 아무도 모른다. 미래를 놓고 토론을 벌일 수는 있다. 하지만 미래에 대한 예측을 자신의 진로 설정에 나침반으로 삼아서는 절대 안 된다. 소위 전문가들은 늘 다가올 미래가 아니라 '이미 와 있는 미래'만을 약삭빠르게 주워섬길 뿐이다.

안나는 말한다. "나는 한 번도 미래를 정확히 예측한 사람을 보지 못했다. 미래전문가? 그런 직업군은 존재하지 않는다. 이미 일어난 과거에 기댄 평론가들이 존재할 뿐이다. 인공지능이며, 4차 산업혁명이며… 세상이 온통 난리다. 지금까지는 깡그리 잊고 새로운 책, 새로운 지식을 하루아침에 습득하지 않으면 낙오자가 될 것이라고 외치는 사람들의 풍경을 동영상으로 촬영한 다음 1년 후에 돌려보라. 어이가 없어서 피식 웃음이 날 것이다. 대학을 졸업한 후 어떻게 살아야 할지 고민하는 젊은 독자들의 메시지를 많이 받는다. 그럴 때 나는 마지막 문장이 거의 똑같은 답신을 보내곤 한다. 변함없는 지혜가 담긴 책을 읽고, 산책하고, 사랑을 나누는 일의 미래를 생각해보는 게 훨씬 더 현명한 노력이라고."

방향이 같은 사람과 함께 가라

또한 안나는 스무 살 때는 타인의 현란한 예측이 아니라 자신의 '호기심'을 따라갈 것을 조언한다. 좋은 삶을 살려면 궁금한 것이 많아야 한다. 호기심은 인간을 배우게 하고, 글을 쓰게 하고, 행동하게 하고, 타인과의 연대와 공감을 끌어낸다.

그녀는 설명한다. "나는 직장에 다닐 때 사내 정치판에서는 완벽한 실패자였다. 좀 느린 성격이라 그런지 몰라도 권모술수를 알아차리고 은밀한 전략을 실행하는 처세에는 젬병이었다. 실력도 실력이지만 정치도 잘해야 한다는 직장 동료들의 말에 낙담한 적이 한두 번이 아니다. 눈치가 빠르지 못하고 행동이 둔한 내 자신이 얼마나 원망스러웠는지 모른다. 하지만 점점 나이가 들면서 알게 됐다. 인생에서 사내 정치 따위는 정말 발가락의 때만큼도 중요하지 않다는 것을. 그러니 젊었을 때는 너무 걱정하거나 불안해할 필요 없다. 나는 요가를 하면서 새로운 삶에 눈을 떴다. 요가를 하는 사람들과 함께 만든 공동체가 내 삶을 구원했다. 젊은 세대에게 필요한 조직이 있다면 바로 이것이다. 궁금해 하는 것이 비슷한 사람들, 나아가 삶의 방향이 여러분과 비슷한 사람들과 연대하는 것. 그게 사내정치 집단에서 줄타기를 하거나 미래 예측보다 천 배는 중요하다."

귀 기울이되 받아들이지 마라

마지막으로 안나는 젊은 독자들에게 좀 더 자주 싫다고 말하는 법을 배울 것을 주문했다. 특히 젊은 여성들은 사람들에게 적극 협조하고, 타인을 잘 돌봐주고, 평지풍파를 일으키지 않고, 언제나 자기 자신보다 다른 사람을 더 우선시하도록 사회화된다. 따라서 거절하는 법을 의식적으로 배워야 한다. 모든 행동을 거부하라는 것이 아니다. 친구나 연인, 직장 동료 등과 같은 다른 사람의 부탁을 거절할 때 느끼는 불편한 감정을 극복하기 위해 노력해야 한다는 것이다.

“특정 젠더를 위한 미덕을 만들고 찬양하는 족속들 또한 미래전문가들만큼이나 한심하다. 그 어느 시대보다 많은 사람들이 사기꾼들의 강연회와 북 콘서트를 방문한다. 단지 엄청나게 운이 좋아 벼락부자가 된 사람들의 사인을 받으려고 줄을 선다. 더 많은 경험과 지식을 가진 사람의 말에 귀 기울이되 받아들이지 마라. 우리는 뭔가를 너무 잘 받아들이고, 거기에 순응하고, 순응하지 못하는 자신을 심하게 질책하는 경향을 갖고 있다. 다시 말하건대 경청하되 따르지 마라. 수천 년에 걸쳐 삶의 진리와 지혜로 받아들여진 책들을 읽어보라. 그 책들은 모두 과감하게, 우아하게, 세련되게 거부하는 법을 담고 있음을 알게 될 것이다.”

34
우아한 거절의 기술

이런 멋진 기회를 거절한 내 엉덩이를
힘껏 차주고 싶은 기분이 들 거예요.

웬디 맥노튼Wendy MacNaughton은 〈뉴욕 타임스〉 최고의 삽화가 겸 그래픽 저널리스트다. 그녀의 삽화가 담긴 베스트셀러는 수없이 많다. 작가와 편집자들이 가장 일하고 싶어 하는 아티스트 중 한 명이다. 〈캘리포니아 선데이 매거진California Sunday Magazine〉에 아름답고 통찰 깊은 칼럼을 쓰고, 뛰어난 여성 일러스트레이터들의 커뮤니티 '위민 후 드로Women Who Draw'의 공동 설립자이기도 하다.

팀 페리스의 주석: 아름다운 독자 모두가 알아차렸겠지만(아름다울 뿐 아니라 똑똑하기도 하니까), 나는 이 책을 통해 '멋지게 거절하는 법'에 대해서도 여러분에게 지혜를 주고 싶었다. 그래서 만나는 거의 모든 멘토에게 우아하고 세련된 거절의 기술에 대한 경험을 부탁했다. 그러던 중 웬디에게도 연락을 취해 이 책에 참여해줄 수 있는지 의사를 타

진했다. 그러자 그녀는 오랜 생각 끝에 '거절'의 답신을 보내왔다. 그런데 이게 웬일인가? 웬디의 메일이 너무 마음에 들어서 나는 다시 '이 사려 깊고 완벽한 거절 메일의 내용을 책에 실어도 괜찮을지?' 부탁했다. 이번에는 천하의 웬디도 거절을 하지 못했다. 그녀의 동의를 얻어 그녀가 이 책에 참여하는 걸 거절하기 위해 보낸 답신 내용을 소개한다. 누군가의 부탁을 정중하고 위트 있게 거절할 수 있는 지혜를 이 안에서 찾아내기를 바란다.

안녕하세요, 팀.

메일을 받고 계속 고민했는데, 결국 이렇게 결론을 내렸습니다. 창의적인 결과물을 만들어 그걸 홍보하고, 개인적인 여행이나 아이디어 출처에 대한 인터뷰도 하고, 고생해서 겨우 프로젝트를 하나 끝내면 이튿날 바로 다른 프로젝트 홍보에 뛰어드는 생활을 5년 내내 하면서 치열하게 산 끝에… 이제 한 발짝 물러서기로 했습니다. 바로 어제까지 전력을 다해 열심히 일했기에 오늘부터는 내 작품을 위해서라도 휴식을 취해야 하는 상황이지요. 그래서 지난 한 달 동안 조율했던 계약도 결국 취소하고 새로운 프로젝트나 인터뷰 또한 사절하고 있습니다. 새로운 걸 탐구하고 뭔가를 구상하고 스케치할 수 있는 공간을 다시 만들기 시작했거든요. 가만히 앉아서 아무것도 안 하고 이리저리 돌아다니면서 하루를 낭비하는 사치도 누리면서요. 그리고 5년 만에 처음으로 내가 그리는 모든 그림에 마감일이 정해져 있지 않은 상황이 되었습니다. 아이디어 마감 기한도 없다 보니 이게 정말 제대로 된 삶이구나 싶습니다.

당신과 함께 이 일에 참여하고 싶고, 당신과 당신의 책을 신뢰합니다. 무엇보다 내게 참여 제안을 주셔서 영광입니다. 제 경력 포트폴리오 상으로 봐도 이 일을 하지 않는 게 정말 어리석다는 걸 알지만, 상황이 이러니… 어쩔 수 없이 빠져야겠네요. 지금은 나 그리고 내 일에 대해 얘기를 할 수 있는 상황이 아니거든요. (어린애들이나 하는 미친 소리지요.) 언젠가 함께 대화를 나눌 기회가 있었으면 좋겠습니다. 그때가 되면 지금 당신과 공유할 수 있는 생각보다 훨씬 깊은 통찰력이 담긴 생각을 전할 수 있을 겁니다.

내 부재 탓에 생긴 이 책의 빈 페이지가 나보다 더 훌륭한 분으로 채워질 수 있기를 바랍니다.

소중한 관심을 보여주셔서 정말 감사합니다.

책이 나오면 이런 멋진 기회를 거절한 내 엉덩이를 힘껏 차주고 싶은 기분이 들 거예요.

_웬디 맥노튼

나는 보기 좋게 거절당했지만, 이 책에 넣을 수 있는 훌륭한 원고를 얻었다.

인생은 정말 놀랍지 않은가!

'기다리는 자에게 좋은 일이 생긴다.' 내가 만일 이 조언을 들었다면 한 달에 1억 2,000만 명이 방문하는 음악 플랫폼, 스포티파이Spotify의 창업은 꿈도 못 꿨을 것이다. 내가 떠올리는 아이디어는 모두 아이디어에만 머물렀을 것이다. 창업자들이 대부분 그렇듯 나도 수없이 퇴짜를 당했다. 하지만 열심히 돌아다니며 퇴짜를 맞지 않으면, 아무런 일도 일어나지 않는다. 나는 천재적인 재능을 가진 사람들을 많이 봐왔다. 그들은 늘 머릿속에만 틀어박혀 뭔가를 열심히 그리고 설계했다가, 끝내는 고개를 흔들어 지우기를 반복하는 사람들이었다. 나는 그들이 지금 어디에 있는지 알지 못한다. 내가 아는 사람, 내가 생생하게 기억하고 있는 사람은 지금 이 순간에도 어디선가 신나게 퇴짜를 맞고 있는 사람이다. '발바닥에 땀이 나도록 일하고, 절대로 포기하지 않는 사람에게 좋은 일이 생긴다.' 나는 보노보노가 해준 이 조언이 적중하는 순간을 거의 매일 목격한다.

_대니얼 엑Daniel Ek, 스포티파이 CEO

영화감독은 매일 쉼 없이 실패한다. 시나리오를 구상할 때도, 시나리오를 적용할 때도, 영화를 찍을 때도, 영화를 구상할 때도, 심지어 잠을 잘 때도 꿈속에서 실패를 거듭한다. 그러다 보니 성공보다는 좋은 실패와 나쁜 실패를 가려내는 데 바쁘다. 좋은 실패란 무엇이냐고? 엄청난 자유를 선물해주는 상황이 곧 좋은 실패다. 여기서 자유란 '완전히 떠나지 않아도 될 자유'다. 너무 먼 곳에서 넘어지는 바람에 다시 돌아오려면 반드시 일어날 수밖에 없는 상황에서 나는 이 자유를 만끽한다. 자신의 열망으로 다시 돌아올 수 없는 상황, 꿈꾸고 동경했던 세계에서 완전히 떠날 수밖에 없는 상황이야말로 가장 나쁜 실패일 것이다. 떠나지 않아도 되는 자유는 완벽한 행복감에 가깝고, 하고 싶은 일로 이어지는 마음의 문을 열어준다. 두려움이 사라진다. '행함' 그 자체만 있는 상태가 곧 가장 완벽한 삶일 것이다. 나를 다시 돌아올 수밖에 없게끔 만들었던 좋은 실패는, 그래서 내가 가장 좋아하는 실패는 영화 〈사구Dune〉다.

_데이비드 린치David Lynch, 영화감독

35
마지막 사람이 함정이다

중요한 것을 결정할 때는
최후의 인물을 잘 선택해야 한다.

비탈릭 부테린Vitalik Buterin은 이더리움Ethereum의 창시자다. 2011년 그는 비트코인Bitcoin을 통해 블록체인과 암호화폐를 처음 발견하고, 이 기술과 거기에 담긴 잠재력에 깊이 주목했다. 2011년 9월 그는 〈비트코인〉이라는 잡지를 공동 창간했다. 그리고 2년 동안 기존의 블록체인 기술과 그 응용 프로그램이 제공하는 것들을 살펴본 끝에 2013년 11월 이더리움 백서를 완성했다. 현재 그는 연구 팀을 이끌면서 이더리움 프로토콜의 향후 버전을 개발하고 있다. 2014년부터 2년간 '틸 펠로우십'을 받았는데, 이는 IT 업계의 억만장자인 피터 틸Peter Thiel이 진행하는 프로젝트로, 20살 이하의 유망한 혁신가 20명에게 10만 달러의 장학금을 지급, 고등 교육기관에 진학하는 대신 자신의 아이디어를 계속 밀고 나갈 수 있게 지원해주는 제도다.

마지막 사람을 잘 선택하라

우리는 번번이 더 나은 의사결정에 실패하곤 한다. 정말 중요한 일을 고민하다가 결국엔 거의 충동적인 심리 상태에서 결정함으로써 좋은 기회를 어이없이 날리곤 한다. 따라서 현명한 의사결정은 이 시대를 살아가는 모든 사람의 고민거리다. 특히 CEO나 리더, 비즈니스맨들은 더욱 그렇다.

비탈릭은 말한다. "내가 사업을 하면서 가장 비싼 수업료를 지불한 분야가 의사결정이다. 중요한 결정을 위해 숙고를 거듭하고 많은 사람의 의견을 청취한다. 그럼에도 결과가 좋지 않은 선택을 했음을 뒤늦게 깨닫고는 후회하는 날이 많았다. 신중을 기하고 전문가들의 조언을 경청했음에도 더 나은 의사결정을 하는 게 왜 이토록 어려운 것일까? 마침내 나는 알게 됐다. 내가 어떤 결정을 내릴 때 가장 마지막에 만난 사람의 의견에 따르고 있었다는 것을."

유능하지만 경험이 적은 젊은 CEO들이 대표적으로 저지르는 실수가 이것이다. 결정 직전에 들은 말, 의견, 조언, 정보에 자신도 모르게 크게 의존하는 경향을 나타낸다. 아마 이 책을 읽는 독자들도 최소 한두 번은 이런 경험이 있을 것이다. 마라톤에 비유하자면 40킬로미터까지는 잘 달려놓고, 마지막 2.195킬로미터를 앞두고는 패닉 상태에 빠지는 것과 같다.

뭔가 중요한 것을 결정할 때는 의견을 청취할 마지막 사람을 잘 선택해야 한다.

"의사결정을 할 때는 평소 함께 시간을 많이 보내는 사람들을 배제하는 게 좋다. 최근 심리학 연구에 따르면, 실패가 많은 의사결정자의 경우 비판적 의견을 청취한다고는 하지만 사실은 자신의 의견을 지지해주는 사람을 무의식적으로 찾는 경향이 강하다고 한다. 즉 그런 지지자를 찾은 순간, 심리적으로 거기에 크게 의존하고 안도하면서 뜬금없는 결정을 내리곤 하는 것이다. 어떤 결정을 내릴 때 가장 마지막으로 대화를 나누는 사람은 결정자와 친분이 두텁거나, 결정자의 신뢰를 크게 받는 사람일 확률이 높다. 이런 사람을 결정 과정의 맨 마지막에 배치하면 안 된다. 함정에 빠지고 만다."

나는 비탈릭의 말에 크게 고개를 끄덕였다. 결과가 어떻게 될지는 아무도 모르는데, 자신과 친한 사람의 심기를 거스를 조언을 할 사람이 과연 몇이나 될까? 대부분 '어디까지나 내 개인적인 생각이지만…'이라는 말로 시작해 '결정은 네가 내리는 것이니까 참고만 해'로 끝맺을 것이다. 친한 친구뿐 아니다. 어떤 결정에 대한 조언을 구할 때 열에 아홉은 이런 화법을 구사할 것이다. 즉 당신 주변의 사람들은, 그들이 제아무리 뛰어난 사람이라 할지라도 중요한 의사결정에 있어서는 절대 책임을 지려 하지 않기 때문에 결정을 내리는 당신에게 별 도움을 주지 못한다.

비탈릭은 다음과 같은 대안을 제시한다.

"첫째, 의사결정을 내릴 때는 가능한 한 일대일로 대화하지 마라. 의견이 서로 다른 사람들을 한데 모아 당신의 문제를 논의케 하라. 그러면 일대일로 조언을 구할 때보다 훨씬 더 좋은 결과를 도출할 수 있다. 둘째, 전혀 다른 분야와 손을 잡아라. 당신이 결정해야 할 분야의 전문가가 아니라 전혀 다른 영역에서 인정받는 사람이 있다면, 그에게 직관적인 조언을 구하는 편이 낫다. 금융 분야에서 일하는 내 경우에는 컴퓨터공학, 암호학, 메커니즘 설계, 경제학, 정치학, 기타 사회과학 분야에서 일하는 사람들과 의견을 나눈다. 이런 다양한 분야들 사이의 상호작용을 통하면 더 전략적이고 탁월한 결정이 드러나는 경우가 종종 있다. 마지막으로, 결정은 당신이 하는 것이다. 결정에 따른 모든 걸 책임질 수 없다면 처음부터 사람들의 의견을 구하고 다니지 말아야 한다. 의사결정의 실패를 1퍼센트라도 타인에게 돌리는 태도를 보이는 순간, 당신은 실패한 결정보다 더 큰 것들을 잃고 만다."

답이 아니라 영감을 구하라

중요한 결정을 내릴 때는 혼자 생각할 수 있는 시간을 의식적으로 마련하는 것이 현명하다. 너무 많은 사람들의 얘기를 듣는 것보다는 잠깐의 산책이 더 효과적일 수 있다. 골몰하고 있는 문제와는 완전히 다른 성격의 일에 집중하는 것도 도움을 준다. 상황을 중립적으로 평가할 수 있는 방법을 찾고, 현재의 무리에서 벗어나 그 바깥사람들과 얘기를 나눠볼 기회를 가져야 한다.

비탈릭은 이렇게 덧붙였다.

"의사결정은 당신에게 답을 줄 사람을 찾는 게 아니다. 당신에게 새로운 길을 열어줄 영감을 찾는 과정이 의사결정이다. 빌 게이츠Bill Gates가 1년에 한 번 일주일씩 홀로 호숫가 통나무집으로 가 '생각 주간think week'를 갖는 이유가 여기에 있다. 함정에 빠지지 않는 가장 쉬운 방법은 함정을 피해가는 것이다. 지금껏 치열한 비즈니스 세계에서 격렬한 승부를 벌이며 깨달은 게 하나 있다. 함정에만 빠지지 않으면 우리는 어떻게든 영감을 얻는다는 것을."

36
깨달은 자가 되어라

인생에서 가장 중요한 것은

잡아야 할 기회와 저항해야 할 유혹의 지혜로운 구별이다.

랍비 조너선 색스 경Rabbi Lord Jonathan Sacks은 세계적인 종교 지도자, 철학자, 작가, 존경받는 이 시대 도덕의 목소리다. 2016년 그는 삶의 영적 차원을 발전시킨 공을 인정받아 템플턴 상Templeton Prize을 받았다. 찰스 황태자는 그를 '영국의 빛'이라고 일컬었고, 토니 블레어Tony Blair 수상은 그를 '지성계의 거인'이라고 불렀다.

랍비 색스는 예시바 대학교와 킹스 칼리지 런던King's College London을 비롯한 여러 학문기관에서 교수로 일했고, 지금은 뉴욕 대학교에서 유대사상 국제 공훈 교수로 재직 중이다. 2015년 《그건 신의 뜻이 아니다Not in God's Name》로 전미 유대인 도서상을 받았고, 영국에서는 〈선데이 타임스〉 베스트셀러 목록에 올랐다. 2005년 여왕에게 기사 작위를 받았고 2009년부터 상원의원으로 활동하고 있다.

매일 답을 얻어야 할 질문들

랍비 색스는 우리가 더 강해지려면 '깨달은 자'가 되어야 한다고 말한다. "깨달음이란 더 강해질 수 있는 삶의 입구이자 더 강해진 자신의 존재를 알아차리는 것"이라고 그는 설명한다. 깨달음은 어떤 특정한 시기에 그것을 기다리는 사람에게 찾아가는 것이 아니다. 매일 강해지기 위해 우리는 매일 깨달아야 한다. 무엇을?

랍비 색스는 말한다. "뭔가 어렵고 심오한 것을 깨닫고자 노력할 이유는 전혀 없다. 그런 건 나처럼 종교에 관심이 많은 사람들이나 가끔 생각하는 것일 뿐이다. 매일 아침 눈을 떠 잠자리에 들 때까지 '나는 지금 살아 있는가?' '나는 지금 나누고 있는가?' '나는 지금 용서하고 있는가?'를 생각하면 충분하다. 인생에서 가장 소중한 단어 셋을 꼽으라면 '살자, 나누자, 용서하자'다. 이 세 단어를 충분히 생각하고 깨달으면, 삶에서 잡아야 할 기회와 저항해야 할 유혹을 구별하는 지혜를 얻게 된다."

'지금 살아 있다'는 자각은 우리가 무엇을 해야 하는지 일러주는 단서가 되어준다. 지금이 아니면 할 수 없는 일들에 집중할 수 있는 기회를 열어준다. 무엇보다 살아 있다는 생생한 느낌은 싱싱한 과일을 한 입 베어 문 것처럼 신선한 에너지를 선물한다. 랍비 색스에 따르면, 아침에 눈을 떠 '나는 지금 살아 있는가?'라는 질문에 대한 짤막한 답을 노트나 일기장에 적어놓는 습관으로 인생을 바꾼 사람들이 매우 많다고 한다.

'나는 지금 나누고 있는가?'는 포기하고 싶을 때마다 내게 힘을 주는 사람들을 떠올리게 한다. 나는 결코 혼자가 아니다. 나는 언제나 나를 지지하고 믿어주는 사람들과 '연결'되어 있다는 깨달음을 얻고 나면, 나는 상상할 수 없을 만큼 강해진다.

"2002년 9·11 테러 1주기 추도식 즈음에 나는 어이없게도 '이단'이라는 비난에 직면했었다. 우리가 인생이라는 긴 터널을 견디는 이유는 터널 끝에 비치는 빛 때문인데, 그 당시 나는 어떤 빛도 볼 수 없었다. 너무 큰 고통 때문에 오랫동안 추진해왔던 영성 프로젝트를 비롯해 맡고 있던 중요한 직책들에서 당장 내려오고 싶었다. 그때 문득 마음 깊은 곳에서 목소리가 들려왔다. 인생은 결코 나 혼자만의 일이 아니라는 깨달음이 정신을 번쩍 들게 했다. 내가 여기서 포기하면 나와 연결된 모든 사람의 삶이 무너지는 것이라는 깨달음을 얻고 난 후부터 나는 매일 묻는다. '나는 지금 나누고 있는가? 무엇을 누구와 어떻게 나누고 있는가?' 그러면 나는 매일 깨닫는다. 나와 반대편에 있는 자들의 비난 따위는 아무것도 아니라는 것을. 진짜 중요한 건 나와 같은 곳을 바라보는 사람들과 함께 앨튼 존Elton John의 〈아임 스틸 스탠딩I'm Still Standing〉을 부를 수 있어야 한다는 것을."

우리는 우리와 연결된 사람들과 삶을 나눠야 한다. 슬픔과 기쁨을 나누고, 성과와 목표를 나눠야 한다. 이 책을 집필하는 동안 만난 인생 현자들은 어떤 형태로든 의미 있는 '공동체'를 만드는 것의 중요성을 강조했다. 혼자 있는 시간을 갖는 것과 외톨이가 되는 것은 전혀 다른 차원의 이야기다. 연결되어 있는 곳에서 우리는 다시 태어나고 살고 죽는다는 깨달음을 얻었다면, 당신 또한 이미 인생의 현자다.

랍비 색스는 다시 고요하게 말한다.

"'나는 지금 용서하고 있는가?'는 나의 반대자나 적을 향한 물음이 아니다. 내 삶의 평화와 행복을 반대하는 세력은 싸워 이겨야 할 대상이지 용서의 대상이 아니다. 사랑하는 사람들을 용서하라는 것이다. 사랑하기 때문에 용서하라는 것이다. 사랑하는 사람과 나 사이의 차이를 받아들이고 용서하라는 것이다. 6개월만 이 질문에 대한 깨달음을 얻어 보라. 전혀 다른 차원의 삶을 살게 될 것이다."

명심하라.

깨달음을 얻는 질문과 노력은 우리 삶에서 잡아야 할 기회와 저항해야 할 유혹을 구별해내는 가장 현명한 방법이다.

37
삶은 매 순간 최선을 다해 흘러간다

최악의 실패는 무엇인가?

내가 최선을 다하고 있다는 믿음에 돌을 던지는 것이다.

줄리아 갈레프Julia Galef는 '어떻게 해야 후회 없는 결정을 내리는 데 필요한 인간의 판단력을 향상시킬 수 있을까?'라는 질문을 깊이 탐색하는 작가 겸 연설가다. 추론 능력과 의사결정력 향상을 위한 워크숍을 개최하는 비영리단체 '응용 합리성 센터Center for Applied Rationality'의 공동 설립자이기도 하다. 2010년부터 그녀는 격주로 과학자, 사회학자, 철학자를 초대해 대화를 나누는 '래셔널리 스피킹Rationally Speaking'이라는 유명 팟캐스트를 운영하고 있다. 현재 줄리아는 무의식적인 동기를 변화시켜 판단력을 높이는 방법에 관한 책을 쓰고 있다. 그녀의 TED 강연, '자신이 틀렸음에도 옳다고 생각하는 이유Why You Think You're Right - Even If You're Wrong'는 지금껏 300만 회가 넘는 조회수를 기록하고 있다.

우리는 매 순간 최선을 다하고 있다

어떤 일이 예상을 빗나가 어그러지고 말았을 때 당신은 심한 자책에 빠지는 사람인가? 완벽주의자들이 대체로 그렇다. 아주 작은 실패임에도 모든 것이 무너진 것처럼 부정적 감정에 사로잡혀 허우적댄다. 다시는 회복할 수 없을 것처럼 앓아눕는다. 만일 당신이 이런 사람이라면 줄리아의 조언에 꼭 귀 기울여야 한다.

"어떤 일이 틀어졌을 때 나는 내가 뭔가를 잘못했다고 습관적으로 생각하지 않는다. 그 대신 '내가 어떤 전략을 따랐기에 이런 나쁜 결과가 나왔을까?'를 생각한다. 그리고 한 걸음 더 나아가 '가끔 이렇게 좋지 못한 결과가 나오는데도 불구하고 여전히 그 방침이 전반적으로 최선의 결과를 안겨줄 것이라고 기대하는가?'라고 자문해본다. 그리고 이 질문에 대한 답이 '그렇다'이면 계속 밀고 나간다!"

이런 태도가 중요한 이유는 최선의 방법도 실패하는 경우가 종종 있기 때문이다. 그때마다 새로운 방법을 찾아야 한다는 압박에 시달린다면 모두가 제 명대로 살지 못할 것이다. 종종 기대를 저버리는 결과가 나올지라도 여전히 신뢰하고 선택할 수 있는 방법이라면 그대로 밀고 나가는 것이 좋다.

줄리아는 말한다. "후회를 줄이고 싶다면 대안을 많이 만들기보다는 흔들림 없이 지켜나갈 수 있는 자신만의 루틴routine을 만드는 것이 더 효과적이다."

예를 들어 항상 비행기 출발 시간보다 1시간 20분 전까지 공항에 도착하는 걸 목표로 한다고 가정해보자. 어느 날 고속도로에서 사고가 나 시간이 지체되는 바람에 아슬아슬하게 비행기를 놓치고 말았다. 그렇다면 앞으로는 공항 도착 시간을 더 여유롭게 잡아야 하는 걸까?

꼭 그렇지는 않다. 평소에 비행기 출발 2시간 전까지 공항에 도착하는 걸 목표로 삼았다면 모를까, 공항에서 기다리는 시간이 길어지면 길어질수록 다른 비용이 발생하게 된다. 따라서 그날처럼 가끔 비행기를 놓치는 사태가 발생한다 하더라도, 앞으로도 계속 1시간 20분 전까지 공항에 도착하는 걸 목표로 삼는 게 최선의 전략이다.

마찬가지로 회의나 강연, 미팅, 프레젠테이션 도중에 실수를 저질렀을 때 심하게 자책하면서 '좀 더 시간을 들여 정성껏 준비했어야 하는데…' 하고 후회하는 사람들이 많다. 하지만 '아니야, 강연을 할 때마다 오늘 같은 실수를 피하기 위해 더 많은 준비 시간을 쏟는다는 건 비효율적이야'라고 생각하는 게 현명한 결론이다.

줄리아는 말한다. "우리는 매 순간 최선을 다해 살아간다. 다만 그걸 알아차리지 못할 뿐이다. 옛사람들은 우리에게 이런 말을 남겼다. '최선을 다해 후회 없이 살라.' 자신이 최선을 다했음을 명확하게 '깨달으면' 그만큼 후회는 줄어든다는 뜻으로 해석되어야 한다. 우리의 결정적 실수는 최선을 다했음에도 최선을 다하지 않았다고 무심코 생각하는 것이다. 지금부터라도 실천해보라. 어떤 일을 끝마쳤을 때는 의식적으로 자신이 최선을 다했음을 인식해보라. 그러면 생각이 바뀌고, 속이 시원해지고, 인생을 좀 다른 각도에서 바라볼 수 있을 것이다. 최선을 다했다는 걸 온전하게 깨닫는 순간, 결과에 그다지 매달리지 않는 자신의 모습을 발견하게 될 것이다."

심오한 통찰이 아닐 수 없다. '이게 최선일까?'라는 의문은 역설적으로 우리를 최선을 다하지 못하게 만든다. 아울러 '지금 이 결과가 내 최선은 아니야'라고 위로하는 것도 금물이다. 머리는 좋은데 공부를 안 해서 좋지 않은 성적을 거둔 학생이 다음에 최선을 다해 좋은 성적을 거둔 예를 찾기는 매우 어렵다. 최선을 다할 시간은 유예되지 않는다. 당연히 따로 있지도 않다. 인생은 매 순간 최선을 다해 흘러간다.

이제 조금 다른 예를 들어보자.

언젠가 나는 기차를 탄 적이 있는데, 문득 창밖 기차선로에서 불길이 일어나는 것을 얼핏 본 것 같은 느낌이 들었다. 하지만 아무도 반응을 보이지 않아서 '뭐, 내가 걱정할 필요가 없는 일일 거야'라고 생각했다. 하지만 아무래도 확신이 들지 않아서 자리에서 일어나 차장을 찾아가 내가 본 것을 얘기했다. 그런데 결국 걱정하지 않아도 되는 일로 밝혀졌다. 철도 회사에서 겨울에 꽁꽁 언 선로의 얼음을 녹이기 위해 모닥불을 피워 놓은 것이었다.

아무것도 아닌 일로 수선을 피우다니… 나는 잠시 내가 바보 같다고 생각했다. 하지만 줄리아의 지혜를 적용해 다시 생각해본 후 다음과 같은 깨달음을 얻었다.

'아니야, 내가 옳았어. 정말 나쁜 상황이 발생할 수도 있었잖아? 위험은 아무리 사소해 보인다 해도 계속 확인하는 게 맞아. 내가 틀렸다고 하더라도 말이지.'

후회 없는 삶을 살고 싶다면 매사에 최선을 다하는 당신 자신을 격려하고 위로하라. 세상에서 가장 큰 실패가 무엇인지 아는가?

내가 최선을 다하고 있고, 옳은 길로 향하고 있다는 믿음에 돌을 던지는 것이다.

지금 내게 적합한 것은 무엇인가

우리가 사는 세상에는 수많은 메시지들이 존재한다.

'부자가 되려면 위험을 감수하라.' '차가운 머리, 뜨거운 가슴!' '실패를 두려워 마라.' '100권의 고전을 읽으면 인생이 달라진다.'

하지만 이 조언들은 어떤 상황에나 적용 가능하기 때문에 결국 무용하다. 문제는 다른 데 있다. 어떤 사람에겐 더 큰 위험을 감수하는 게 타당하고 어떤 사람에겐 더 안정을 추구하는 게 바람직하다. 어떤 사람에겐 자신을 담금질할 채찍이 필요하고 어떤 사람에겐 당근이 필요하다. 어떤 사람은 더 열심히 일해야 하지만 지금껏 너무 열심히 일한 나머지 에너지가 다 소진되기 직전인 사람도 있다.

따라서 늘 최선을 다하는 삶을 살고 있다는 자각을 위해서는 무엇보다 '판단력'이 중요하다.

줄리아는 말한다. "당신이 지금 직면한 상황과 이용 가능한 옵션, 조율과 타협이 가능한 것은 무엇인지를 정확하게 인식하는 능력(그 진실이 마음에 들지 않는다 할지라도)이 당신의 판단력을 향상시킨다. 인생의 고비 때마다 누구에게나 보편타당하게 적용되는 조언에 귀 기울이는 것은 시간 낭비다. 자신의 루틴을 밀고 나가되 개선점이 무엇일지에 집중하는 것, 그것이 우리를 후회 없는 삶으로 이끈다. 역설적으로 말하면, 우리에게는 늘 좋은 조언보다는 나쁜 조언을 가려내는 일이 더 요구된다. 메시지를 만날 때는 그 메시지가 '훌륭하고 감동적인가?'가 아니라 그 메시지가 '내게 적합한가?'를 먼저 따져보아야 한다. 힘들 때 찾은 명언 한 마디가 아니라, 힘들 때도 포기하지 않는 당신의 루틴과 판단력이 삶을 바꾼다."

줄리아의 조언에 나도 한 마디 보태보자.

내가 이미 알고 있거나 동의하는 내용만 늘어놓는 책이나 전문가, 정치가들에게 관심을 갖는 것만큼 인생의 낭비도 없다. 그런 것들은 내 믿음을 입증해주기 때문에 매우 중독적이다(친구에게 실컷 하소연하는 것과 같다). 하지만 거기에서 배울 수 있는 건 아무것도 없다. 그런 자극에 빠진 채 계속 시간이 지나면 점점 다른 관점을 용인할 수 없게 된다. 우리에게 바람직한 '변화'는 이럴 때 필요해진다. 참된 변화란 기본적으로 아무것도 배우는 것 없이 낭비하는 시간이 얼마나 많은지를 각성하는 방법으로 중독에서 벗어나는 것을 의미한다.

무엇을 선택하든 당신의 최선이다

당신이 입사 가능한 두 개의 회사를 놓고 고민하고 있다고 가정해보자. 그런데 어느 쪽이 더 나은지 쉽사리 단정할 수가 없어 답답한 기분이다. A는 브랜드 인지도가 높고 연봉 조건도 좋다. B는 직원들의 자기계발과 복지에 지원을 아끼지 않는 조직 문화가 있고 프로젝트도 좀 더 자유롭게 선택할 수 있다.

어느 회사를 선택하는 게 더 나은지 도저히 모를 때는 '이 고민을 해소해줄 추가적인 정보를 얻을 수 있는 방법이 없을까?'를 자문해야 한다. 양쪽 회사에 현재 다니고 있는 사람들을 만나 직무 만족도를 물어보거나, 과거 A와 B에서 일했던 사람들이 지금은 무슨 일을 하는지 살펴보는 방법도 있다. 하지만 이처럼 다양한 방법을 시도해봐도 거기서 얻은 대답이 결정을 내리는 데 도움이 되지 않을 수도 있다. 이런 경우, 즉 어느 쪽이 '올바른 선택'인지 명확하게 밝혀줄 추가 정보를 손쉽게 얻지 못했을 때는 어떻게 해야 할까? 간단하다. 더 고민하지 말고 느긋한 마음으로 그냥 한쪽을 선택해야 한다. 물론 걱정을 그만두고 느긋해지는 게 말처럼 쉽지 않다는 건 안다. 하지만 어느 쪽이 더 나은 선택인지 도저히 모르겠다면 그냥 둘 다 똑같이 좋은 선택이라고 여겨야 한다.

줄리아는 설명한다. "인생에서 우리를 고민하게 만드는 것은 대부분 두 개의 선택 사이에서 갈등을 겪을 때다. 직장에 남는 것이 좋을지, 창업을 하는 게 좋을지. 사랑하는 사람과 결혼을 해야 할지, 지금처럼 계속 자유롭게 연애를 하는 게 좋을지. 고등학교 졸업 후 취업하는 게 좋을지, 대학 진학이 좋을지… 경제학자, 심리학자, 과학자들은 어떤 선택을 해야 더 나을지 '불확실한' 상황에서는, 결국 둘 다 똑같은 기대 가치를 갖는다는 사실을 밝혀냈다. 어떤 게 더 나은지 모르겠다고 생각하면 우리는 무력해진다. 반면에 이 두 가지 선택이 서로 동등한 기대 가치를 갖고 있다고 프레임을 전환하면 우리의 행동은 자유로워진다. 한 마디로 말해, 무엇을 선택하든 좋은 선택임을 잊지 말라는 것이다."

우리는 늘 선택한 것이 아니라 '선택하지 않은 것'에 대해 안타까워하고 후회한다. 그 후회를 자세히 들여다보라. 무엇이 보이는가? 아무것도 보이지 않을 것이다. 선택하지 않은 것이니 실체가 없고, 따라서 그 후회에는 대상이 없지 않은가? 앞에서 말했지만 결국 이는 우리의 판단력과는 전혀 관련 없는 시간 낭비일 뿐이다.

'무엇을 선택했든 간에, 그것이 곧 나의 최선이요, 나에게 가장 좋은 결과를 가져온 것이다.'

이 메시지를 평생 기억하면 당신은 후회 없는 삶을 살 수 있다.

38
관계는 기회로 들어가는 입구다

인연을 맺고 싶은 사람이 있는가?

그 사람의 언어를 배워라.

에스더 페렐Esther Perel은 26개 언어로 번역된 글로벌 베스트셀러 《왜 다른 사람과의 섹스를 꿈꾸는가Mating in Captivity》의 작가이자 정신과 의사다. 성생활과 관계적 건강 분야의 판도를 바꿔놓은 인물로 꼽히고 있다. 욕망 유지와 불륜 문제의 재발견을 주제로 한 그녀의 TED 강연은 1,700만 회를 넘는 조회 수를 기록 중이다. 무엇보다 그녀는 뉴욕에서 34년 동안 심리치료와 상담을 위한 클리닉을 운영하면서 수많은 사람들이 겪고 있는 '실패한 관계 후유증'을 관찰해왔다. 9개 언어에 능통한(그녀에게 직접 들은 사실이다) 이 벨기에 출신 의사는 현재 오더블Audible의 오리지널 오디오 시리즈인 〈어디에서부터 시작해야 할까?Where Should We Begin?〉의 공동 제작과 진행에 자신의 창조적인 에너지를 집중하고 있다.

예상치 못한 인연을 중시하라

살다 보면 예기치 못한 기회들이 생겨난다. 문제는 언제 그런 소중한 기회가 나타나는지는 미리 알 수 없다는 것이다. 그래서 우리는 늘 눈을 크게 뜨고 다녀야 한다. 잠시 스쳐간 인연 안에 우리가 간절히 원했던 기회가 숨어 있을지도 모르기 때문이다.

페렐 박사는 말한다. "삶의 질을 결정하는 데 가장 큰 영향을 미치는 건 관계의 질이다. 나는 수십 년 동안 '관계'에 따라 인생이 얼마나 추락하고, 얼마나 높이 올라가는지를 생생하게 목격해왔다. 열심히 살아가면서 무엇을 해야 성공할 수 있을지 잘 모를 때는 한 가지만 분명하게 기억하라. 그럴 때는 보이지 않는 인연까지 포함해 자신의 인맥에 투자해야 한다는 것을."

우리가 왜 관계를 중시해야 하는지에 대해 페렐 박사는 자신의 친구가 경험한 이야기를 들려주었다.

페렐 박사의 친구는 고교 졸업을 앞둔 딸을 데리고, 그녀가 진학을 원하는 대학교를 찾아갔다. 그녀의 관심은 의과대학에 딸린 치료 센터를 견학하는 것이었다. 센터 관리자는 학장실부터 센터 곳곳을 친절하게 구경시켜주었다. 이렇게 낱낱이 살펴볼 수 있다는 사실에 놀란 그녀는 눈을 반짝이며 몹시 설레는 기분을 느꼈다. 그때 아빠가 그녀에게 권했다.

"더 궁금한 건 없니? 있으면 여쭤봐. 새로운 걸 알게 될지도 모르잖니."

견학이 끝난 후 센터 관리자는 명함을 건넸고, 그녀는 집으로 돌아와 곧바로 감사 메일을 썼다. 메일에는 그날 견학에서 경험한 인상적인 느낌들과 몇 개의 질문이 담겼다.

며칠 후 페렐 박사의 친구는 센터 책임자에게서 전화를 받았다.

"따님에 대해 우리가 더 알 수 있는 자료를 부탁드릴 수 있을까요? 따님이 저희 학교 입학을 원한다면 말입니다. 센터 관리자가 따님의 열정과 가능성에 대해 제게 얘기해주었습니다."

그후 어떤 일이 일어났는지는 쉽게 짐작할 수 있을 것이다.

페렐 박사는 말한다. "먼저 사람들의 수고를 인정하고 감사하는 뜻을 표하라. 그러고 나서 자신의 관심을 나타내라. 그러면 그들도 당신에게 관심을 보일 것이다. 사람들은 친절에 친절로 보답하고, 자신을 존중하는 사람에게 존중하는 태도를 보인다. 아무리 잠깐 스쳐가는 인연이라도, 모든 관계는 기회로 들어가는 입구다. 앞으로 5년 동안 어떤 계획을 세워야 할지에 대해 고민하는 것보다 지금 내가 감사할 대상이 누구인지를 둘러보는 게 더 현명하다. 감사할 대상이 없다면, 감사할 대상을 만들어라. 소중한 인연은 우연히 찾아오는 게 아니다. 인연을 만드는 의도적인 노력을 통해 찾아온다."

분명한 것은 페렐 박사의 친구 딸이 감사 메일을 쓰지 않았다면 아무 일도 일어나지 않았다는 것이다. '내가 당신에게 관심이 있어요'라는 메시지를 적극적인 행동으로 표현하는 사람이 인생의 탁월한 동행을 얻는 법이다.

그 사람의 언어를 배워라

페렐 박사는 기회를 열어주는 관계를 위해서는 무엇보다 '언어'의 중요성을 강조한다. 새롭고 긍정적인 변화를 위한 관계를 원한다면 지금 우리가 쓰고 있는 언어부터 살펴볼 것을 주문한다.

"나는 3개 언어(플라망어, 프랑스어, 독일어)를 쓰는 벨기에에서 자랐기 때문에 남들보다 언어 면에서 축복받은 환경이었다. 더군다나 부모님이 제2차 세계대전 후 폴란드에서 건너온 유대인 난민이셨기에 폴란드어, 히브리어, 이디시어까지 배울 수 있었다. 덕분에 나는 아주 어릴 때부터 언어가 다른 세상의 문화와 감성, 미적 감각, 유머로 통하는 문이라는 걸 자연스럽게 터득했다. 사용하는 언어를 바꾸면 나의 다양한 부분들이 살아난다. 밤에는 다양한 언어로 진행되는 뉴스를 시청했고 잡지도 언어 공부에는 매우 유용했다. 출장길 비행기에서 만난 외국인들과의 대화를 통해 어휘력을 늘렸다. 현재 나는 9개 언어를 구사하는데, 일을 하는 동안 그 중 최소 7개 언어를 사용한다."

페렐 박사가 9개 언어를 구사한다는 것이 중요한 게 아니다. '사용하는 언어를 바꾸면 새로운 세계가 열린다'는 그녀의 말이 인생에 깊은 통찰을 준다는 것이다.

페렐 박사의 말에 계속 귀 기울여보자.

"타인과 대화를 하는 데 어려움을 겪는 사람들이 정말 많다. 심지어 가족 사이에도 무슨 말을 할지 몰라 어색한 침묵이 흐르는 가정이 얼마나 많은지 알면 깜짝 놀랄 것이다. 너무 낯을 가리는 내성적인 성격이라서? 무뚝뚝한 사람이라서? 침묵이 금이라서? 모두 아니다.

친밀한 관계를 만들어내는 '사적인' 언어를 모르기 때문이다."

그녀는 우리가 너무 '공적인' 언어만을 사용하는 데 익숙하다고 지적한다. 우리는 거의 모든 사람에게 거의 똑같은 인사를 건넨다. 거의 모든 사람에게 너무 지나친 예의와 격식을 차린다. 거의 모든 사람에게 똑같은 성탄 카드와 새해 인사를 보낸다. 회사의 언어를 그대로 가정에서도 쓰려고 하니, 자녀와 대화를 나누지 못한다.

"언어야말로 사람의 마음을 여는 유일한 무기다. 만일 내가 통역을 이용해 사람들과 대화를 나눠야 했다면, 나는 사람들의 마음을 들여다보고 치료하는 지금의 내 일을 절대 하지 못했을 것이다. 통역을 거치지 않고 외국 사람과 직접 대화를 나누기 위해 우리는 많은 노력을 기울이지 않던가? 관계도 마찬가지다. 관계에 어려움을 겪는 사람들은 대부분 통역이 필요한 사람들이다. 공적인 언어가 아니라 다양한 사적인 언어를 익혀야 한다. 때로는 사적인 언어가 공적인 자리에서도 빛을 발한다. 다양한 표현, 수사, 위트, 친밀감을 나타낼 수 있는 형용사와 부사, 나아가 신조어에 이르기까지 부지런히 언어를 수집하다 보면 당신 주변은 당신을 기꺼이 도와주고자 모인 사람들로 북적일 것이다. 좋은 인연을 맺고 싶은 사람이 있다면, 무엇보다 먼저 당신은 그 사람의 언어를 배워야 한다."

39
빼앗긴 마음을 회복하라

가슴이 이렇게 뛰는데,

당신은 무엇을 하고 있는가?

아리아나 허핑턴Ariana Huffington은 〈타임Time〉이 선정한 세계에서 가장 영향력 있는 100인 중 한 명이다. 그리스 출신인 그녀는 16살 때 영국으로 건너가 케임브리지 대학교에서 경제학 석사학위를 받았다. 2005년 5월 뉴스와 블로그 사이트인 〈허핑턴 포스트Huffington Post〉를 개설했고 곧 인터넷상에서 가장 널리 읽히고, 가장 많이 링크되고, 가장 많이 인용되는 미디어 브랜드 중 하나가 되어 2012년 퓰리처 보도부문 상도 받았다. 2016년 8월에는 기업과 개인의 행복을 위한 지속 가능하고 과학적인 솔루션을 제공해 스트레스와 극도의 피로를 없애는 것을 사명으로 하는 '스라이브 글로벌Thrive Global'을 설립했다. 15권의 책을 썼고《제3의 성공Thrive》《수면 혁명The Sleep Revolution》등이 글로벌 베스트셀러 반열에 올랐다.

마음의 소리를 따른다는 것

아리아나가 사람들에게 자주 선물하는 책은 마르쿠스 아우렐리우스의 《명상록Meditations》이다. 이 책에는 그녀가 가장 좋아하는 글이 담겨 있다.

"사람들은 시골, 해안, 언덕 등에서 자신이 은둔할 장소를 찾는다. 하지만 마음속보다 더 평화롭고 근심걱정 없는 휴양지는 어디에도 없다. 그러니 계속 이곳에서 휴식을 취하면서 스스로를 새롭게 해야 한다."

그녀가 이 글을 좋아하는 이유는 너무 바빠 신이 선물한 최고의 휴양지인 마음을 잃어버린 채, 잃어버렸다는 사실조차 모르는 채 살아가는 사람들이 너무나 많기 때문이다.

아리아나는 말한다.

"왼쪽가슴에 손을 얹어보라. 뛰는 심장이 느껴지는가? 가슴이 이렇게 뛰는데, 당신은 무엇을 하고 있는가? 가슴 뛰는 삶이 아니라 '가슴만 뛰는' 삶을 살고 있지는 않은가? 우리는 모두 뛰는 가슴 안에 있는 마음으로 돌아가야 한다. 거기서 다시 출발해야 한다."

2007년 그녀는 최고의 뉴스 브랜드를 만든 사람답게(?) 과로로 쓰러졌다. 누가 봐도 아주 자연스럽게 쓰러졌다. 그후 그녀는 생활방식을 완전히 바꿨다. 살려면 위기 상황이 닥쳐서가 아니라 미리미리 산소마스크(수면, 명상, 산책, 운동 등)를 써야 한다는 사실을 깨달았다. 웰빙과 생산성 사이의 조화를 점점 중시하면서 그는 삶의 가치들을 재정의하기 시작했다.

"내 인생 최고의 투자를 꼽으라면 자발적으로 산소마스크를 쓴 것이다. 그 전부터 마음은 계속 내게 산소마스크를 쓰라고 신호를 보내왔었다. 하지만 나는 집요하게 못 들은 척한 것이다. 쓰러진 다음 정신을 차렸을 때도 마음은 겨우 눈을 뜬 내게 이렇게 속삭였다. '이봐, 나는 너를 이렇게 또 쓰러뜨릴 수도 있다는 사실을 네가 명심했으면 좋겠어.' 나는 벌떡 일어났다. 앞으로 내 마음을 위한 일을 하리라 결심한 순간이었다. 마음의 소리에 귀 기울이려면 몸이 건강해야 한다는 사실도 깨우쳤다. 나는 내 일과 시간에 대한 사고방식을 다시 정리했다. 쓰러지기 전에는 시간을 업무 시간과 비업무 시간으로 구분했고, 늘 업무 시간을 최대한 늘리고 싶어 했다. 하지만 더 이상 그 같은 분리가 불가능하다는 사실을 뚜렷하게 인식했다. 휴식을 취하고, 산책을 하고, 전자 기기에서 멀어지고, 명상을 하는 것 모두 업무 시간에 속하는 일이었다. 잃어버린 마음을 되찾는 가장 쉬운 방법은 휴대폰을 끄고 나를 재충전하는 데 시간을 쓰는 것이었다."

이 시대 최고의 IT 기업가의 '휴대폰을 끄라'는 역설적인 권유를 우리는 어떻게 받아들여야 할까? 아리아나는 '마음의 소리를 따르는 것'이 가장 쉽고 지혜로운 성공이라고 강조했다. 그녀는 거듭 강조한다.

"하루에 세 번, 5분 정도의 시간을 정해 규칙적으로 마음의 소리를 들어보라. 듣는 것만으로도 당신은 달라질 것이다. 당신이 그토록 열심히 일하고 돈을 벌어서 결국 하는 일이 무엇인가? 평화와 휴식의 소리를 찾아가 거기에서 편안하게 시간을 보내려는 목적 아닌가? 그렇다면 멀리 갈 필요 없다. 돈을 들일 필요도 없다. 19년 동안 남부러울 것 없는 로마 황제였던 아우렐리우스도 결국 마음이 가장 평화로운 안식처라는 유언을 남겼다는 사실을 천천히 떠올려보라. 뭔가 당신의 내면에서 꿈틀거리는 움직임을 느낄 수 있을 것이다."

패턴을 방해하라

아리아나는 우리가 휴대폰을 비롯한 전자 기기 중독에서 벗어나지 못하는 이유는 '디자인' 때문이라고 단언한다. 제품 디자이너들은 관심 경제attention economy를 지배하기 위한 경쟁에서 우리를 중독시키는 방법을 알고 있기 때문이다. 하지만 구글의 디자이너로 일했던 트리스탄 해리스Tristan Harris의 조언을 따르면 우리는 빼앗긴 마음을 회복할 수 있는 방법들을 알게 된다.

그는 이렇게 말했다.

"패턴이 생기지 않도록 방해하는 것이다. 예를 들어 휴대폰에 다운로드한 앱들을 정기적으로 뒤죽박죽 뒤섞어보라. 그러면 휴대폰에 설치된 앱들의 '패턴'에 길들여지는 것을 막을 수 있다. 패턴이 생기는 걸 방해하면 휴대폰 사용을 의식하기가 쉬워진다. 자신이 정말 휴대폰을 사용할 필요가 있는지, 단순히 지루함이나 습관 때문에 휴대폰을 손에 쥔 건지를 판단할 수 있는 공간과 시간이 생겨난다."

'패턴을 방해하라'는 메시지는 삶에 깊은 지혜로 다가온다. 좋은 습관은 패턴으로 만들고, 나쁜 습관은 패턴으로 만들지 않으면 우리는 풍요한 삶을 살게 된다. 이 간단한 진리를 실천하면 우리는 자연스럽게 너무 많은 일을 하지 않아도 살 수 있게 된다.

아리아나는 내게 흥미로운 것을 하나 선물했다. 자신의 회사에서 개발한 '폰 베드phone bed'라 불리는 것이었다.

"원하는 물건을 시장에서 찾을 수 없으면 직접 만들어야 한다. 폰 베드도 그렇게 탄생했다. 폰 베드는 침실 바깥의 책상 위에 올려놓으면 아주 탁월해진다. 최대 12개의 포트가 있어 가족 모드의 휴대폰과 태블릿을 충전할 수 있다. 모두가 알다시피 휴대폰은 우리의 불안과 근심걱정의 저장소이기에, 하나에서 열까지 숙면에는 전혀 도움이 되지 않는다. 그래서 침실 밖에 휴대폰 침대를 따로 만들어주면 어떨까 싶은 생각이 들었다. 나는 아주 만족하며 쓰고 있지만 구매 선택은 각자의 결정에 달렸으니 참고만 하기 바란다. 폰 베드를 사용하면서 깨달은 것이 있다. 신이 낮과 밤을 만든 이유를 이해하기 시작한 것이다. 낮에는 낮에 할 일이 있고, 밤에는 밤에 할 일이 있다. 그 경계를 잘 지킬 때 우리는 건강한 마음 안에서 삶을 영위해나갈 수 있게 된다."

창업하는 사람의 4분의 3은 유지에 실패하고, CEO들은 줄곧 의사결정에 실패한다. 이렇게 실패를 거듭함에도 좌절하지 않고 우리가 다시 일어나 살아갈 힘을 얻는 데에는 마음의 역할이 크다. '세상 모든 일은 마음먹기에 달려 있다'는 부처의 가르침도 있지 않은가? 우리는 여전히 성공하지 않으면 불행해진다는 집단적인 강박 아래에서 살고 있다. 하지만 과학은 전혀 다른 이야기를 들려준다. 우리가 자신의 행복을 우선시하면 성과가 전반적으로 향상된다는 연구 결과들이 계속 발표된다.

마지막으로 아리아나는 이렇게 말했다.

"나는 확신한다. 앞으로 부자는, 성공하는 사람은 돈이 아니라 마음을 얼마나 보유하고 있느냐로 결정될 것이다."

지금 소중한 것을 하라

Tribe of Mentors

작가들은 식탁에서 공짜로, 또는 카페에서 간단히 커피 값만 내면 글을 쓸 수 있다. 소방관에서 전업작가로 전향한 후 나는 이 사실이 정말 마음에 들었다. 그런데 갈수록 이상한 일이 생겼다. 은은한 음악이 흐르고, 따뜻한 커피 내음이 실내를 채우고 있고, 사람도 없어 조용한 이 공간에서 나는 점점 작업 진도가 느려졌다. 급기야 하루 종일 한 줄도 못 쓰는 날도 있었다. 커피 한 잔 시키고 하루 종일 앉아 있다고 눈치를 주는 종업원도 없었는데 말이다. 그러던 어느 날 원인을 찾았다. 글을 쓰지 못하는 슬럼프가 길어져 나는 열정적인 작가들이 단골로 찾는다는 카페로 기분 전환 삼아 장소를 옮겼는데, 그날 무려 200자 원고지 200매쯤의 글을 쓴 것이다! 그때 깨달았다. 글은 혼자 쓰는 것이되, 같은 일을 하는 사람들 속에서 써야 한다는 것을. 같은 일을 하는 사람들의 뜨거운 열정과 수다만큼 창의력을 자극하는 배경음악도 없다는 것을. 같은 일을 하는 사람들의 호흡과 땀만큼 향기로운 냄새도 없다는 것을.

_캐롤라인 폴Caroline Paul, 소방관, 〈뉴욕 타임스〉 베스트셀러 작가

웃어넘길 수 없으면 우리는 사소한 일에 목숨을 걸게 된다. 그러니 웃어넘겨라. 무엇보다 이 말을 지키며 살라. 그렇다고 사랑하는 사람이 세상을 떠났을 때도 웃어넘기라는 게 아니다. 웃어넘기면 곧장 사라지고 마는 일에 초인적인 에너지를 쓰는 사람이 얼마나 많은지 알면 입을 다물지 못할 것이다. 차가 긁히거나 분리수거 날짜를 놓쳤는가? 갑자기 깜박이도 켜지 않고 불쑥 끼어든 차 때문에 막 경적을 누를 참이었는가? 당신이 고용한 직원이 월급 도둑인 것 같아 짜증이 치미는가? 웃어넘겨라. 빨리 웃어넘길수록 빨리 삶으로 돌아갈 수 있다. 웃어넘기는 습관은 집중력을 회복하는 데 가장 탁월한 방법이다.

_존 콜Jon Call, 트릭킹tricking 전문가

40
가장 지혜로운 채찍은 휴식이다

성공이란,
내가 버텨내지 못할 실패는 없다는
확신을 갖고 있는 상태다.

〈NBC 뉴스〉는 프랭클린 레오나르드Franklin Leonard를 "할리우드를 쥐락펴락하는 '블랙리스트The Black List'의 배후 조종자"라고 소개했다. 2005년부터 블랙리스트는 영화전문가 500명을 대상으로 읽어본 시나리오 중 가장 마음에 들었지만 영화로 제작되지 않은 게 무엇인지 조사해 발표한다. 지금껏 블랙리스트에서 발표한 시나리오 중 300편 이상이 장편영화로 만들어졌다. 그리고 이 영화들은 전 세계 박스오피스에서 260억 달러가 넘는 수익을 올렸고, 264개 작품이 아카데미상 후보에 올라 48개 작품이 트로피를 받았다. 〈슬럼독 밀리어네어〉 〈킹스 스피치〉 〈아르고〉 〈스포트라이트〉 등이 대표작이며 최근 수여된 아카데미 각본상 20개 중 10개를 휩쓸었다.

인생은 실패의 연속이다

한 마디로 말해 프랭클린은 흙속에 묻힌 진주를 캐내는 일을 한다. 그 자신 또한 처음에는 진흙 속에 묻혀 있던 보석이었다. 사회에 첫 발을 내딛은 후 오랫동안 도전한 일마다 줄줄이 실패를 맛봤기 때문이다.

정치에 뜻을 두고 입후보한 하원의원 선거에서 낙선했다. 신문사에 입사해 쓴 기사는 그럭저럭 괜찮았지만 그의 이름을 기억하는 독자는 손에 꼽았다. 맥킨지&컴퍼니에서 애널리스트로 일할 때도 평범함 그 자체였다.

프랭클린은 말한다. "나는 최고로 잘해야 평범하거나, 그보다 못한 스코어를 내는 선수였다. 시도한 일들 중 하나에서만 좀 두각을 나타냈어도 절대 영화판으로 가지 않았을 것이다. 해도 해도 안 되다보니, '에라 모르겠다, 될 대로 되라' 하는 심정으로 할리우드로 간 것이다."

할리우드는 이 세상에서 가장 재능이 뛰어난 사람들을 죄다 긁어모은 곳이었다. 그들과 경쟁할 수 있는 방법을 찾다가 문득 그는 깨달았다.

"재능이나 실력 면에서는 그들에게 상대가 안 됐다. 다만 나는 엄청나게 뛰어난 사람들의 움직임을 조율해주고, 멋진 글 솜씨를 가진 사람을 적절하게 활용하고, 대중을 사로잡는 능력을 가진 사람들에게 합당한 보상을 제공하는 회사를 만드는 일에서 그들보다 약간 뛰어나다는 사실을 알게 됐다. 무대 전면에 나서는 성공도 있고, 무대 뒤에 존재하는 성공도 있음을 깨닫게 됐다. 수없이 많은 실패를 통해 결국 내 길을 찾은 것이다."

프랭클린은 잠시 숨을 고른 후 다음과 같은 멋진 말을 들려주었다.

"성공이란, 내가 버텨내지 못할 실패는 없다는 확신을 갖고 있는 상태다."

격렬하게 쉬어라

프랭클린은 삶에서 가장 소중한 것은 단연 '휴식'이라고 강조한다. 성공하려면 자신이 가장 잘 쉴 수 있는 곳에서 최선을 다해 쉴 수 있어야 한다는 지론을 갖고 있다. 그가 가리키는 최고의 휴식은 아무것도 안 하고 있는 '멈춤'의 상태가 아니다. 그 반대다. 몸과 마음을 격렬하게 움직이고, 그 격렬함을 통해 점점 커지는 집착에서 벗어나 새로운 몰입과 집중으로 자신을 이동시키는 것. 그것이 '최고의 휴식'이다.

"나는 축구광이다. 주말이면 새벽 4시에 일어나 프리미어 리그를 관전한다. 조용히 응원하는 게 아니라 경기가 끝나면 그라운드를 뛴 선수만큼이나 나도 흠뻑 땀에 젖는다. 그러고 나면 머릿속을 떠나지 않던 생각들이 불현듯 사라졌음을 느낀다. 그런 다음 평소 좋아하는 영화를 최소 한 편 이상 본다(특히 〈아마데우스〉나 〈찬스Being There〉를 즐겨 틀어놓는데, 두 영화 모두 특이한 장소에서 천재성을 발견하는 일과 관련된 내용이다). 오래된 집착과 후회가 떠나고, 새로운 생각과 발견이 입장하는 순간이다."

하루 종일이 불가능하다면 몇 시간, 몇 분만이라도 '못한 일들을 생각하지 않고' 쉬는 것이 중요하다고 프랭클린은 설명한다. 요점을 정리하자면, 그냥 조용히 쉬지 말고, 격렬하게 쉰 후(프리미어 리그 경기를 관람한 후) 다시 자신의 일과 관련된 활동(〈아마데우스〉 관람)을 하면 새로운 영감을 얻을 수 있다는 것이다.

그는 말한다. "내가 살면서 얻은 교훈은 '인생은 실패의 연속'이라는 사실이다. 완전히 리셋reset할 수 있는 최고의 휴식을 갖지 않으면 실패를 끊어낼 방법이 없다. 진정한 휴식은 일을 열심히 해 뭔가를 성취했을 때 주는 보상이 아니다. 계속 실패하는 자신을 격려하는 선물이다."

인생 초반의 33년에 걸친 실패를 통해 버텨내지 못할 실패란 없다는 확신을 갖게 된 프랭클린은 지금 당장 블랙리스트가 파산해도 누군가 반드시 일자리를 제공해줄 사람이 있을 것이라고 다시 한 번 확신한다. 이 확신이 그를 온전한 행복과 평화로 이끈다. 영영 재기할 수 없을 것이라는 불안만큼 우리를 속이는 것도 없다고 말하는 그는 가슴속 한구석을 차지하고는 열망으로만 존재하는 일을 꺼내는 가장 쉽고 지혜로운 방법을 제시한다.

"하지 않으면 계속 인생에 숙제처럼 남아 있는 일은, 모두 시도하라."

41
사람은 뼈아픈 실패를 통해 성장한다

뼈아픈 실수는 고통스럽다.

그리고 고통은 변화를 가능하게 만든다.

레이 달리오Ray Dalio는 세계 최대 규모의 헤지 펀드(1,500억 달러 이상)를 보유한 브리지워터 어소시에이츠Bridgewater Associates의 설립자이자 회장이다. 세계 100대 부자 중 한 명이며 〈타임〉이 선정한 '세계에서 가장 영향력 있는 인물 100명'에 이름을 올린 인물이다. 나아가 그는 가장 투명한 경영을 실천하는 CEO로도 명성이 높다. 그의 현재 추정 자산은 170억 달러에 이른다. 빌 게이츠, 워렌 버핏과 함께 재산의 절반 이상을 사회에 기부하기로 한 부호들의 재단인 더 기빙 플레지The Giving Pledge의 회원이기도 하다. 지난 40년 동안 그 자신의 삶과 비즈니스에 큰 도움을 준 통찰을 담은《원칙: 삶과 일Principles: Life and Work》은 글로벌 베스트셀러 반열에 올랐다.

페인 버튼을 눌러라

나는 이 책을 쓰면서 레이 달리오를 무척이나 만나고 싶었다. 그는 늘 휴대용 수첩을 갖고 다니는데, 거기에는 살면서 맞닥뜨린 '뼈아픈 경험'이 빼곡하게 적혀 있다는 얘기를 들었기 때문이다. 그래서 그를 만나자마자 왜 남들은 잊어버리려고 노력하는 아픈 경험을 수첩에 적어 다니는지에 대해 물었다.

그는 미소를 지으며 설명했다. "좋은 아이디어가 떠오를 때마다 메모하기 위해서였다. 그런데 그 아이디어라는 게 수첩을 갖고 다니며 적을 만큼 떠오르지는 않았다. 그래서 언제부터인가 아이디어가 안 떠오를 때는 되짚어볼 만한 실패나 실수를 적기 시작했다. 반 집 차이로 지고 만 치열한 바둑을 복기하듯 말이다. 그러면서 깨달은 것이 있다. 인생의 가장 큰 스승은 '뼈아픈 실패'라는 것을."

나는 다시 물었다.

"뼈아픈 실패가 어떻게 스승이 될 수 있단 말인가?"

그가 조용히 답했다.

"뼈아픈 실패는 고통의 절정을 보여준다. 그리고 그런 고통이 근본적인 변화를 가능하게 만들기 때문이다."

역시 레이 달리오를 만나기를 잘했다. 나는 그의 이 말을 내 수첩에 옮겨 적었다. 레이 달리오는 사람들에게 아픈 경험에 대해 돌아보고 배울 수 있게 해주는 '페인 버튼pain button'이라는 아이패드 앱을 만들기까지 했다.

"뼈아픈 경험의 복기는 자신의 약점이나 무지, 실수를 정면으로 쳐

다볼 수 있게 해준다. 이를 통해 더 개방적인 태도를 갖게 하고, 주체적으로 생각하게 이끈다. 우리가 실패를 거듭하는 이유들 중 하나는, 실패를 '외면하기' 때문이다. 무엇이든 정면으로 보고 나면 인간은 자연스럽게 해결 방안을 모색한다. 상처 난 곳을 정확히 들여다봐야 좋은 약을 쓸 수 있듯이, 후회 없는 삶을 살려면 아픈 것들을 적극적으로 들여다보는 일이 꼭 필요하다."

42
트라우마를 찾아내라

자유를 선택하라.

그리고 천천히 돌아오라.

가보르 마테Gabor Mate 박사는 신경학, 정신의학, 심리학 전문의다. 특히 그는 우리에게 '중독'에 대해 가장 지혜로운 조언을 줄 수 있는 사람이다.《굶주린 유령의 영역에서: 중독과의 조우In the Realm of Hungry Ghosts: Close Encounters with Addiction》를 비롯한 여러 권의 베스트셀러를 냈으며 전 세계 20개 이상의 언어로 출간되었다. 2012년 10대 폭력에 반대하는 엄마들Mothers Against Teen Violence이 수여하는 '마틴 루터 킹 인도주의 상'을 받았고, 중요한 TED 강연자 중 한 명이자 사이먼 프레이저 대학교 범죄학과 겸임교수로 있다.

우리는 왜 중독에 빠지는가

1997년 그는 밴쿠버 병원 산하 완화치료 병동에서 일하다가 갑작스럽게 해고를 당했다. 임종을 눈앞에 둔 환자를 돌보는 일에 헌신하는 동료들과 일하는 것을 천직으로 받아들였던 터라 충격은 이루 말할 수 없었다. 엄청난 분노와 부당한 일을 겪었다는 억울함이 한바탕 휩쓸고 지나간 후 그는 알게 됐다. 자신과 가장 친하게 지낸 동료들이 '그와 함께 일하기 어렵다'고 병원에 진정서를 낸 사실을.

그는 회상한다. "피투성이가 된 채 시궁창에 던져진 느낌이었다. 동료들과 협업을 잘하고 있고, 그들이 나를 신뢰한다고 생각한 것이 얼마나 큰 착각이었는지, 상처가 깊었다. 오랫동안 괴로워하며 나를 돌아보았다. 그들의 말은 사실일지도 몰랐다. 나에게 그들이 어떤 의미인지 아는 게 거의 없었다. 동시에 내가 그들에게 어떤 의미일지에 대해서도 아는 게 전무했다. 통절한 반성을 거친 후 나는 다시 세상으로 나왔다. 그후 나는 '인간의 상처'에 대해 깊은 관심이 생겼고, 트라우마에 시달리는 사람들(중독자들)을 돌보는 일을 시작했다. 해고를 당하고 버림을 받았다는 쓰라린 경험과 거기서 얻은 지독한 상처 같은 통찰과 영감이 나를 새로운 천직의 문으로 안내했다."

해고라는 정신적 외상을 입은 의사가 이를 계기로 트라우마에 시달리는 사람들을 돕는 일을 시작했다는 이야기는 드라마틱하게 들린다. 그와 동시에 뭔가 우리의 마음을 일깨우는 울림을 주기도 한다. 본능에 충실한 짐승들은 상처를 입으면 울부짖는다. 하지만 인간은 어떤가? 우리는 얼마나 많은 상처를 속으로 삼키며 여기까지 왔는가? 그렇게 안간힘을 쓰며 살아가는 탓에 우리는 담배, 도박, 마약, 과식, 섹스 등에 탐닉한다. 이런 중독에서 벗어나려면 어떻게 해야 할까?

"중독에 빠진 사람에게 '강한 의지로 거부하라'고 하는 것은 전혀 도움되지 않는 조언이다. 그럴 수 있다면 모두 그렇게 했을 테니까. 엄청난 심리적 고통에도 불구하고 멈출 수 없기 때문에 '중독'이다. 중독자들을 돕고 싶다면, 중독에서 벗어나고 싶다면 자기파괴적인 습관이나 물질을 통해서까지 도피하게 만드는 아픔이 무엇인지를 살펴야 한다. 중독의 중심에는 늘 '트라우마'가 있다. 트라우마는 없어지지 않는다. 다만 우리는 트라우마와의 대화를 통해 그 부작용을 막을 수 있을 뿐이다. 이 대화에서 가장 필요한 것은 '호기심'과 '연민'이다."

가보르 박사에 따르면 중독자들의 두드러진 특징은 '뭔가에 쫓긴다'는 것이다. 특히 똑똑하다고 평가받는 사람의 경우 더욱 그렇다. 중독자들은 자신이 옳지 않는 습관을 되풀이하고 있다는 죄책감에 쫓기고 강박적으로 목표를 달성한다. 그들의 목표는 끝없는 계단처럼 이어지고, 어떤 성취를 이루든 그 밑바탕에는 죄책감이 자리한다. 담배를 피우는 흡연자이기 때문에 좋은 아빠가 될 수 없고, 폭식을 멈출 수 없기 때문에 매력적인 파트너가 될 수 없으며, 이 모든 이유들 때문에 마약에 손을 댄다. 그리고 우리는 사회적 명망이 높고, 선망의 대상인 사람들이 마약중독자로 밝혀졌을 때, 성실하고 자상한 사람이 성적 추문에 휘말렸을 때 깜짝 놀란다.

가보르 박사는 말한다. "손가락질을 하는 당신 또한 언젠가는 무서운 중독에 빠질 수 있다. 가장 지혜로운 방법은 전문적인 상담자들과 함께 머리를 맞대고 상처를 찾아내는 것이다. 예전에는 미친 사람들이 정신과를 찾는 것으로 인식됐지만, 이제는 미치지 않기 위해 정신과를 찾는 사람들이 더 많은 세상이다. 바람직한 현상이다. 혼자서는 찾아내기가 정말 어렵다. 자기 자신에게 깊은 연민을 가지고 상담과 대화를 통해 중독 뒤에 도사린 트라우마를 찾아내기만 하면, 문제의 8할은 해결된 것이다. 우리는 진정한 삶을 위해 내면의 목소리에 귀 기울이라는 조언을 받곤 한다. 이때 마음의 소리를 경청한다는 것은 곧 자기 트라우마와 대화를 나눈다는 뜻이다."

나아가 그는 수많은 워커홀릭들에게 다음과 같은 조언을 남겼다.

"일 중독에서 벗어나려면 '집중하지 못하고 있다'는 가책을 버려야 한다. 인간은 원래 집중에 매우 취약한 동물이다. 그러니 쉴 새 없이 행동하지 못해 안달하지 말고 눈을 감고 가만히 이 순간에 존재해 보라. 그러면서 '지금 하고 있는 일이 내 삶의 소명과 일치하는가?'라는 질문을 던지면 좋다. 몰아세우지 마라. 우리가 맞이하는 모든 순간은 우리의 선택이 결정한 것이다. 자유를 선택하라. 그리고 천천히 다시 돌아오라."

◑

사람들은 달에 갈 생각만 하느라 자기 발밑에 핀 꽃을 보지 못한다.

_알베르트 슈바이처**Albert Schweitzer**, 의사, 노벨 평화상 수상자

살아가면서 큰 위기를 맞이했을 때 가장 큰 힘을 발휘하는 것은 대부분 '부드러움'이다. 평생에 걸쳐 배워야 할 것이 있다면 부드러운 태도다. 부드러운 태도는 당신의 재능과 실력, 행운에 항상 스테로이드 효과를 더해준다. 성공한 CEO들 중 다혈질인 사람은 거의 없다. 아니, 그들은 비상시에는 결코 다혈질적인 얼굴을 보여주지 않는다는 표현이 더 정확할 것이다. 분노와 짜증이 인생에 최악인 이유는 그 같은 감정에서 다시 평정심을 찾기까지 시간이 너무 오래 걸리기 때문이다. 의자와 와인 잔을 집어던지며 분노를 표출하는 인물들을 드라마에서 많이 봐왔을 것이다. 그들이 정녕 두려운가? 그들에게서 강력한 의지나 카리스마가 느껴지던가? 화를 내면 낼수록, 나는 강한 사람이라고 외치면 외칠수록 세상은 코웃음치고 얕잡아볼 뿐이다. 우리의 삶에 필요한 사람들은 대부분 잔잔하게 흘러갈 줄 아는 강가에 살고 있다.

_**피터 구버**Peter Guber, **소니 픽처스** CEO

뉴스를 읽고 사람들에게 내 견해와 해석을 제공하는 일이 직업이지만 지금도 여전히 매일 아침 밤새 쏟아진 온갖 사건 속에서 어쩔 줄 모르는 상태로 일어난다. 무엇부터 읽고 어디에 집중해야 할지 생각하느라 혈압이 올라간다. 그럴 때마다 내가 모든 뉴스를 다 읽지 않아도 세상은 돌아간다는 사실을 떠올린다. 내일도 뉴스는 발행될 것이다. 모든 정보를 소비하려 하지 말고 적은 양의 품질 높은 정보에 초점을 맞춰 에너지를 쏟는 것이 현명하다. 예를 들어 파티에 참석했을 때 잔을 들고 이리저리 돌아다니며 모든 인물과 만나려 하기보다는 눈여겨본 한 명의 사람과 뜻 깊은 시간을 보내는 것이 훨씬 더 낫다. 이것이 곧 짧은 인생을 사는 유일한 지혜다.

_토미 비터Tommy Vietor, 커뮤니케이션 전문가, 버락 오바마 대통령 대변인

43
서른 살에 은퇴하기

멋진 삶을 사는 열쇠는
멋진 하루가 많아지는 것이다.

미스터 머니 머스태시MR. Money Mustache(본명은 피트 아데니Pete Adene)는 괴짜 음악가들로 이루어진 캐나다 가정에서 성장했다. 1990년대에 컴퓨터공학을 전공하고 여러 IT 기업에서 일하다가 30살에 은퇴했다. 피트와 그의 아내는 11살짜리 아들과 함께 콜로라도 주에서 살고 있으며, 이들 부부의 놀라운 특징은 2005년부터 제대로 된 직업이 없다는 것이다. 직업이 없는데 어떻게 생활이 가능한지 궁금하지 않을 수 없다.

피트는 이렇게 말했다.

"최소의 비용으로 최대의 재미를 추구하기 위해 라이프 스타일의 모든 측면을 최적화했다. 무엇보다 인덱스 펀드 투자 덕분에 조기 은퇴가 가능했다."

그들은 1년에 약 2만 5,000달러 정도를 쓴다. 그럼에도 전혀 결핍을 느끼지 못한다. 2005년을 기점으로 피트의 가족은 흥미로운 프로젝트와 부업, 모험으로 가득한 자유로운 삶을 탐구해왔다. 2011년 피트는 블로그에 자신의 이 같은 인생철학에 대해 포스팅하기 시작했고 2,300만 명이 3억 회 이상을 클릭했다. 미스터 머니 머스태시 블로그는 세계적인 광신교적 현상을 만들어냈다.

인간 본연의 일을 하라

피트는 언제나 재미를 추구한다. 그에게 가성비 만점의 즐거움에 대해 질문을 하자 이런 답이 돌아왔다.

"화창한 날 빨랫줄에 하얀 빨래 널기. 땔감 구하기와 장작 패기. 밤새 퍼부은 폭설 치우기… 팀, 당신은 이런 경험을 얼마나 해봤는가? 아마도 도시에서는 비즈니스와 돈에 관한 뉴스를 시청하고 인터넷으로 잡담을 나눌 것이다. 이런 껍데기에 휩쓸리지 않고 실질적이고 전통적인 인간의 활동을 추구해보라. 진정한 즐거움을 만끽할 것이다."

피트는 좋은 삶을 살고 있는지를 확인하기 위해서는 '지금 이 순간 내 삶에 행복하고 만족하는가?'를 깨닫는 것이 중요하다고 강조한다.

생각보다 간단하다. 어떤 인생이든 그 과정에서 굴곡은 필연적으로 나타난다. 따라서 '오르막' 시간은 최대화하고 '내리막' 시간은 제로에 가깝게 최소화하는 것을 목표로 삼으면 된다. 정말로 멋진 하루가 끝나갈 무렵 이 질문을 던지면 매우 긍정적인 답이 나온다. 반대로 끔찍한 하루에 같은 질문을 하면 전혀 행복하지 않다는 답이 나올 것이다. 따라서 멋진 삶을 사는 열쇠는 멋진 하루가 많아지는 것이다.

피트는 말한다. "한 마디로 말해 행복해지려면 오늘 하루만 멋진 날로 만들면 된다."

멋진 하루를 만들기 위해 우리가 누를 수 있는 쉽고 간단한 버튼은 많다.

먼저 푹 자고 일어나 건강한 음식을 먹는다. 휴대폰, 신문, 컴퓨터를 제쳐 놓은 상태에서 멋진 하루를 만들기 위한 그날의 계획을 손글씨로 적으면 된다. 몇 시간 동안 몸을 움직여주고 땀나는 고된 일도 하면서 사람들과 함께 웃고 그들을 도와주기도 하면 멋진 하루가 차곡차곡 적립된다. 열심히 하고 나면 뿌듯한 일과 경험을 잘 기억해두었다가 이를 계속 반복하면 된다. 나아가 하루의 모든 활동을 짚어보면서 '더 나은 오늘을 만드는 데 도움이 되는 일인가? 이 일을 통해 성공적인 삶을 산 사람이 있는가?'를 점검해보라. 그러면 인생이 몰라보게 달라질 것이다.

자유는 창의성의 연료다

피트는 1년 동안 우리가 쓰는 경비의 약 25~30배의 돈을 수수료가 저렴한 인덱스 펀드나 비교적 심심하지만 안정적인 투자에 묶어놓으면 평생 자유로울 수 있다고 주장한다.

"수입의 15퍼센트를 저축하면 그 자유는 약 65살에 찾아온다. 하지만 65퍼센트로 늘리면 서른 번째 생일 직후에 자유로워지고 그 과정에서 훨씬 행복해진다. 물론 돈 문제를 해결하는 방법은 많다. 수익성 좋은 사업체를 소유하거나 100살까지 월급을 탈 수 있는 일을 찾는 것도 좋다. 하지만 어떤 방법이든 '빌리기 위해 벌고, 쓰기 위해 빌리는' 덫에만 빠지지 않는다면 더욱 일찍 목표를 이루게 해준다. 한 마디로, 높은 저축률(또는 삶의 이익률)은 멋지고 창의적인 삶을 위한 최고의 전략이다. 저축은 자유로 가는 티켓이기 때문이다. 자유는 창의성을 폭주시키는 최고의 연료다."

44
세계 최고 퍼포머들의 5가지 특징

그들은 빠르다.

이것이 평범한 이들과의 유일한 차이다.

마이클 저베이스Michael Gervais는 인간의 탁월한 수행력을 연구하는 심리학자로 올림픽 금메달리스트, 세계 신기록 수립자, 슈퍼볼 우승팀과 함께 일했다. 명상과 마음챙김 기법에 바탕한 훈련 프로그램을 개발해 세계적인 명성을 얻었다. 세상에서 가장 뛰어난 수행력을 보여주는 인물들을 인터뷰하고 그 비결을 파헤치는 인기 팟캐스트 〈파인딩 매스터리Finding Mastery〉를 진행하고 있다.

마이클에 따르면, 〈파인딩 매스터리〉를 통해 만난 세계적인 하이퍼포머들high-perfomer은 다음과 같은 공통점이 있었다.

첫째, 책벌레다. 그들이 가장 추천하는 책은 빅터 프랭클의 《죽음의 수용소에서》, 노자의 《도덕경》, 게리 맥Gary Mack의 《마음의 체육관Mind Gym》이었다. 그들이 독서를 하는 가장 큰 이유는 '100달러 이하의 돈으로 가장 큰 지혜를 살 수 있기 때문'이었다. 돈으로 지혜를 살 수 있는 유일한 방법이기 때문이었다.

둘째, 깜짝 놀랄 정도로 입이 무겁다. 타인의 실수는 보지도 않고 듣지도 않고 절대 퍼뜨리지도 않는다. 무거운 입은 그들을 무뚝뚝한 사람이 아니라 너그러운 사람으로 만들어 강한 믿음과 신뢰를 형성시켰다.

셋째, '작은 몰입'의 천재들이다. 짧고 강렬한 코어 운동을 하듯 그들은 매 초, 매 분, 매 시간 완전하게 집중한다. 그러고는 호흡을 통해 휴식으로 빠져나온다. 그들의 하루는 많은 몰입과 많은 휴식을 반복하는 것이다.

넷째, 타인의 성장에 기꺼이 투자한다. 그들은 그라운드를 직접 뛰는 최고의 선수인 동시에 벤치에 앉아 타인을 응원하는 최고의 코치다. 타인을 성장시키지 않으면 반쪽 삶을 살 뿐이다. 조화로운 것들은 대부분 '짝'을 이루고 있다. 인생도 마찬가지다. 성공하는 인생에는 나 그리고 타인이라는 두 개의 바퀴가 장착되어 있다.

다섯째, 거절의 달인이다.

'당신의 머릿속을 들여다보고 싶은데 전화 미팅이나 차 한 잔 나눌까요?' 거절.

'제 아이디어에 대한 견해를 듣고 싶은데 만날 수 있을까요?' 거절.

케이블과 네트워크 TV 거절하기.

정크 푸드 거절하기.

운전할 때 걸려오는 전화 거절하기.

새 프로젝트와 비즈니스 아이디어 거절하기.

의미가 별로 없는 미디어 인터뷰 거절하기.

위험을 감수하지 않는 파트너십 거절하기

'존재도 않는 잠재적 고객' 거절하기.

나는 마이클에게 물었다.

"세계적인 퍼포머들은 포용력이 크고 타인의 성장에 투자한다고 하지 않았나요? 거절하기 목록을 보니 타인에 대한 거부감도 만만치 않네요?"

그가 답했다.

"나 원 참, 모든 사람을 친구로 둘 수는 없는 노릇이죠."

그밖에도 세계적인 퍼포머들은 심호흡을 하고, 음악을 즐겨 듣고, 끊임없이 움직인다. 의미 있는 일을 미뤄놓고 그저 뒤지지 않으려고 급급해 한다고 느껴질 때는 모든 것을 끈다.

그들은 늘 빠르게 실행하고 신속하게 상황을 전환시키고 즉시 대체 가능한 몇 개의 대안을 갖고 있을 줄 안다. 그래서 그들은 여유롭고 자신감에 넘친다.

이것이 평범한 사람들과의 유일한 차이다.

45
강을 건너야 원하는 것을 얻는다

우리가 원하는 것은 모두
두려움의 반대편에 있다.

아이샤 타일러Aisha Tyler는 배우이자 영화감독, 에미상을 받은 〈더 토크〉의 진행자, 인기 애니메이션 시리즈 〈아처〉의 라나 케인 목소리, 〈크리미널 마인드〉의 타라 루이스 박사, 시트콤 〈프렌즈〉로 유명하다. 그리고 그녀가 집필한 《스스로 만든 상처Self-Inflicted Wound》는 베스트셀러가 되어 많은 독자들의 사랑을 받았다.

설탕을 끊어라

아이샤 타일러만큼 다양한 분야에서 왕성한 활동을 하는 사람도 드물다. 이처럼 놀라운 에너지와 활력을 공급받는 비결을 묻자 그녀는 한 마디로 답했다.

"설탕을 끊은 덕분이다."

아이샤는 오랫동안 심각한 설탕 중독이었다. 이는 수면의 질과 생산성에 막대한 영향을 끼쳤다. 그녀에게 설탕이란 마약에 다름 아니었다. 특정한 시간에 설탕을 섭취하지 않으면 아무것도 하지 못했다.

그러던 어느 날, 아이샤는 작가 잭 캔필드Jack Canfield의 책에서 수렁에서 벗어날 수 있는 구원의 메시지를 발견한다.

"당신이 원하는 모든 것은 두려움의 반대편에 있다."

이 문장을 마음속으로 수없이 낭독하면서 아이샤는 설탕이 구축한 삶의 반대편으로 거처를 옮기겠노라 결심했다. 하지만 설탕을 끊을 수 있는 요령 같은 건 없었다. 아이샤가 할 수 있는 유일한 노력은 설탕의 반대편까지 길고도 긴, 멀고도 먼 길을 가는 것이었다.

"마침내 나는 목적지에 도착해 반대편에 있는 하얀 가루들을 바라볼 수 있게 되었다. 시간을 계산해보니, 설탕을 끊는 데 15년이 걸렸다. 나는 소리를 지를 뻔했다. 너무 오래 걸려서가 아니라 이렇게 오랜 시간을 포기하지 않았다는 게 너무 기뻤기 때문이다. 설탕을 끊은 후 즉각 혈당 수치가 안정됐다. 에너지가 올라가고 운동 능력이 개선되고 정신도 더욱 맑아졌다. 그야말로 모든 것이 예전보다 나아졌다. 가장 고통스러운 변화였지만 고생한 보람이 있었다. 이제 설탕을 먹으면 곧바로 몸에 부정적인 반응이 나타나 오히려 멀리하기가 쉬워졌다. 성공이 무엇이냐고 누군가 묻는다면, 나는 이렇게 대답해주고 싶다. '다시는 돌아가지 않는 것'이라고."

아이샤가 설탕을 끊음으로써 새로운 삶과 성공을 거둘 수 있었던 데에는 '용기'가 가장 큰 지분을 차지한다. 그녀는 창작 작업이나 일, 가족, 친구 등 모든 면에서 용감한 삶을 살려고 노력한다. 용감하다는 것은 현재에 충실하고, 결과가 어떻든 간에 목표를 향해 최선을 다해 전진하는 것이라고 아이샤는 정의한다. 그녀는 강연 때 '용감한 삶'을 가장 많이 입에 올리고, 팬들에게 사인을 해줄 때도 '용감하게!'라는 단어를 함께 적어준다.

"이미 몇 걸음 내딛어 뒤돌아 갈 수 없을 때나 땅이 꺼지는 기분이 들 때마다 '당신이 얼마나 용감한 사람인지'를 떠올려라. 이 방법은 새로운 힘을 얻는 데 가장 효과적인 방법이다. 나도 마찬가지다. 내가 용감하다는 사실을 잊지 않았기에 15년에 걸친 전진이 가능했다. 잭 캔필드가 말한 것처럼 당신이 원하는 것은 늘 '반대편'에 있다. 그곳을 향해 용감하게 가라. 우리가 목표를 이루는 데 실패하는 것은 용기가 부족하거나 용기를 잃어서가 아니다. 우리가 용감하다는 사실을 '잊어버렸기' 때문이다."

글로벌 베스트셀러 《인생이 빛나는 정리의 마법》을 쓴 정리 컨설턴트 곤도 마리에는 이렇게 말했다. "기쁨을 일으키지 않는 모든 것을 버려라."

그리고 아이샤는 마지막으로 이렇게 말한다. "완전히 벗어나는 데 계속 실패하고 있는 한 가지를 선택하라. 그것의 반대편으로 삶을 옮기겠다는 장기적인 목표를 세워라. 시간이 얼마가 걸리든, 목표 달성에 성공하든 실패하든 상관없다. 그건 당신이 아니라 당신의 용기가 알아서 할 것이다. 일단 반대편으로 가고 나면 내게 진짜로 기쁨을 주는 것이 무엇인지 알게 된다. 알고 나면, 기쁨을 주지 않는 것들을 거절하는 일이 정말 쉬워진다."

창의성은 당신이 '시간이 없다'고 생각하는 것들에 들어 있다. 바쁘다는 이유로 며칠째 미루고 있는 산책, 10분만 일찍 일어나면 절대 밀리지 않고 썼을 아침 일기, 언제 갔었는지 생각도 안 나는 영화 관람, 서점 방문, 평생에 걸쳐 유예되는 그밖의 문화적 · 예술적 경험들…. 그러면서도 당신은 많은 시간을 집중력을 흩뜨리는 휴대폰 삼매경에 빠져 있지 않은가! 창의성은 책상머리에 앉아 있는 시간과 비례하지 않는다. 산책 대신 휴대폰을 선택하는 10명에게 아이스크림 맛을 하나 고르라고 하면 9명은 바닐라를 선택한다. 언제나 다수에 순응해야 하는 압박감에 눌려 있기 때문이다. 독창적인 아이디어는 현실을 깨뜨리는 작은 결정과 경험들에서 나온다. 적당히 순응하는 유혹과 조언을 거부하라. 최고의 아이디어는 당신의 방에 존재하지 않는다.

_대런 아로노프스키Darren Arnofsky, 영화감독

내가 몸담고 있는 스포츠(파워 리프트)는 최대 무게를 들어 올리는 자가 승자가 된다. 어떻게 해야 최대 무게를 들어 올릴 수 있는가? 나는 깨달았다. 최대가 아닌 '최적'의 무게를 먼저 들어 올려야 점점 강해질 수 있다는 것을. 일반적으로 선수와 코치들은 처음부터 너무 큰 무게에 초점을 맞추는 경향이 있다. 자신이 감당할 수 있는 것 이상을 감당하고자 하는 것은 어쩌면 인간의 본성일지도 모른다. 하지만 발전이 있으려면 담대한 목표에 접근할 수 있는 현실적인 방법이 필요하다. 욕심을 부릴 때마다 오히려 자신과 '타협'하게 된다. 성공은 어떤 것이 가장 적합한 것인가를 지속 추구하다가 자고 일어나보니 어느덧 가장 높은 목표에 도착해 있는 여정이다.

_마크 벨Mark Bell, 슈퍼 트레이닝 짐Super Training Gym 창업자

46
어떤 사람이 경지에 오르는가

빠르게 헤엄치려고 하지 않을 때,

마침내 빨라진다.

테리 래플린Terry Laughlin은 혁신적인 수영법을 가르치는 데 집중하는 토털 이머전Total Immersion의 창업자다. 1988년까지 그는 세 곳의 대학과 최고의 수영 클럽 두 곳의 코치를 맡아 각 팀의 기량을 획기적으로 개선시켰고, 24명의 전미 챔피언을 길러냈다. 이런 탁월한 코치 경험을 바탕으로 그는 1989년 토털 이머전을 세웠고 젊고 뛰어난 청소년들과 경험과 기술이 부족한 성인들을 지도했다.

나는 억만장자 투자자인 크리스 사카Chris Sacca를 통해 테리라는 전설적인 존재를 알게 됐고 토털 이머전 덕분에 30대에 수영을 시작했다. 혼자 훈련을 시작한 지 열흘 만에, 한 번 수영할 때 20미터 레인을 최대 2회 왕복하던 실력이 20회 왕복으로 일취월장했다. 정말 놀라운 기적이었다. 이제는 재미로 수영을 하고 있지만, 테리는 내 인생을 바꿔놓았다.

쉽고 부드럽고 여유롭게

어떤 일에 일가견을 이룬 사람, 최고의 전문성을 획득한 사람들의 특징이 무엇인지 아는가? '쉽고, 부드럽고, 여유롭다'는 것이다. 테리가 대표적인 인물이다.

그의 사무실에는 다음과 같은 글이 벽에 걸려 있다.

경지에 오르는 5단계:

1. 가치와 의미가 있는 도전을 선택한다.

2. 올바른 길과 우선순위를 정해줄 수 있는 스승을 찾는다.

3. 부지런히 연습한다. 핵심 기술을 연마하고 새로운 능력 수준으로 조금씩 발전하도록 노력한다.

4. 고지를 사랑하라. 바로 눈앞에 보이는 것 같아도 혼신의 힘을 다해 걸어야 도착할 수 있는 높은 곳을 사랑하라. 아무런 진전이 없는 것 같은 먼 길이 있어야만 마지막 순간에 스릴 넘치는 도약과 비상이 나타나면서 가치 있는 발전이 이루어진다는 사실을 잊지 마라. 먼 길을 걸을 때는 불가능한 것으로 보였던 행동이 습관으로 단단하게 굳어지고 있음을 의심치 마라. 훌륭한 연습 원칙을 따르는 한 배움은 세포 속에서도

계속됨을 신뢰하라.

5. ‘경지’는 목적지가 아니라 여정이다. 진정한 마스터에게는 경지란 없다. 언제나 더 배우고 더 연습해야 할 기술이 있을 뿐이다.

작가 조지 레너드George Leonard는 《달인Mastery》에서 이렇게 말했다.

“인생은 우리에게 성공이나 만족감을 내어주는 것이 아니라 시련을 주어 성장하게 만든다. 경지에 오른다는 것은 연습을 통해 그런 시련이 더욱 쉽고 만족스러워지는 미스터리한 과정이다.”

다시 ‘쉽고, 부드럽고, 여유롭다’는 정의로 돌아가보자.

그러니까 최고의 경지에 오른 사람들은 고통과 시련, 역경을 쉽고 부드럽게 만들 줄 아는 사람이다. 성공이나 만족감이 아니라 오직 시련만이 삶에서 주어진다는 사실을 알기 때문에 초조해하지 않고 매사에 여유를 가질 줄 아는 사람이다. 따라서 우리의 목표는 시련을 탁월하게 다룰 줄 아는 사람이 되는 것이라고 할 수 있다.

테리는 이렇게 말했다.

“빠르게 헤엄치려고 하지 않을 때, 마침내 빨라진다.”

내적 목표 vs 외적 목표

몇 년 전 〈뉴욕 타임스〉에 웨스트포인트 육군사관학교 생도 1만 명을 14년 동안 추적 조사한 연구 결과가 실린 적 있다. 생도들은 신입

생 시절 '당신의 꿈은 무엇인가?'라는 질문을 받았다.

탁월한 리더십과 소통력을 연마하고 지휘 부대의 존중심을 얻어 훌륭한 장교가 되겠다는 내적 목표를 밝힌 생도일수록 장교로 임관된 후 최소한 5년 동안 근무하고, 일찍 높은 계급으로 승진하고, 군대 생활에 대한 자부심과 만족도를 드러내는 비율이 높았다.

반면에 승진과 지위 획득 같은 외적 목표를 중시한 생도들은 의무 복무 기한조차 채우지 못하는 경우가 많았다. 승진도 느렸고 자기 일에 대한 만족도와 자부심도 현저히 낮았다.

이 연구결과는 모든 분야의 도전에도 적용된다. 즉 승진이나 금전적 보상은 자연스럽게 따라오는 것이지 궁극적인 목표의 대상이 아니다.

테리는 말한다.

"연습을 사랑해야 한다. 연습은 반드시 조금씩 발전해가는 모습을 선물로 주기 때문이다. 나는 24명의 수영 챔피언을 가장 가까운 곳에서 지켜봐온 코치다. 그들의 공통점이 무엇인지 아는가? 그들은 1등을 하지 못해서 낙담하거나 슬퍼한 적이 없다. 그들이 자신에게 실망하는 유일한 경우는, 연습에 빠졌거나 연습을 게을리 했을 때다."

연습을 사랑하는 경지에 오르고 싶은가?

그렇다면 테리의 수제자(?)로 놀라운(?) 수영 실력을 갖추게 된 다음과 같은 나의 조언을 천천히 곱씹어보라.

첫째, 어제보다 10센티미터만 앞으로 더 나가라. 그 10센티미터 전진 안에 들어 있는 미묘한 차이를 알아차려라.

둘째, 10센티미터 전진한 기록이 당신의 코치와 사랑하는 사람들에게 긍정적인 자극을 준다는 사실을 기억하라.

셋째, 연습을 사랑하는 자신을 사랑하라.

이 3가지 조언은 전립선암 진단을 받은 테리를 찾아갔을 때 그가 내게 준 선물이다.

47
초점이 모든 것의 열쇠다

머릿속을 떠나지 않는 일을
하나씩 지워나가라.

팀 맥그로Tim McGraw는 5,000만 장 이상의 앨범을 판매하고 세계 1위 싱글을 43곡이나 낸 미국의 컨트리 가수다. 그래미 어워드 3회, 컨트리 음악 아카데미 상 16회, 컨트리음악협회상 14회, 아메리칸 뮤직 어워드 11회, 피플스 초이스 어워드 11회를 비롯해 수많은 상을 받았다. 그는 미국 전역에서 '10년간 라디오에서 가장 많이 선곡된 가수'이기도 하다. 한 마디로 미국 대중음악계의 아이콘인 팀은 10주 이상 빌보드 차트 1위를 차지한 싱글도 2곡을 보유하고 있다. 역시 가수인 아내 페이스 힐Faith Hill과 함께 한 월드 투어 'Soul2Soul'을 비롯해 지금껏 왕성하게 활동하면서 성공적인 공연을 끊임없이 만들어내고 있다.

성공을 가로막는 한 가지

팀은 '성공을 가로막는 결정적인 한 가지는 무엇인가?'라는 질문을 자주 던진다. 그리고 그 답은 언제나 '초점focus의 부재'로 귀결된다.

그는 초점이 모든 것의 열쇠라고 믿는다.

"인생의 모든 날은 둘로 나뉜다. 초점이 잘 잡힌 날과 초점이 흐려진 날이다. 초점이 잘 잡힌 날은 아무 문제가 없다. 그러므로 우리는 초점으로 다시 되돌아가는 방법을 찾는 데 역량을 집중해야 한다."

팀이 초점을 회복하는 방법은 체육관에 가는 것이다. 운동을 시작할 때는 온통 흐려져 있지만 끝날 무렵에는 선명한 변화가 보인다. 신체적 활동은 머리가 맑아지고 목표에 다시 집중하도록 해준다. 그날 하루에 대한 관점, 정신적인 안정, 그날 해야 할 일에 대한 준비 자세 등 모든 것이 바뀐다.

팀은 말한다. "피트니스가 내 삶을 바꿨다고 말하면, '암요, 운동이 중요하죠!' 하면서 사람들은 조용히 웃고 만다. 귀에 못이 박히도록 운동의 중요성을 들어왔기 때문에 역설적으로 그것의 중요성이 너무 사소해진 것이다. 하지만 피트니스가 내 삶을 완전히 변화시킨 건 팩트다. 피트니스는 여러 가지 이유로 정체를 면치 못했던 사업의 성공으로 나를 데려다주었다. 피트니스는 잃어버린 초점을 맞출 수 있게 해준다. 사소한 것처럼 보일 수도 있다. 그저 몸매를 가꾸고 건강을 유지하는 것이라고. 하지만 장기적으로 보면 좋은 몸매와 건강 유지가 '우리가 가장 원하는 것'이 아니던가? 처음 시작할 때 장기적인 계획 때문에 압박을 느끼면 안 된다. 나는 피트니스를 막 시작했을 때

'1년 동안 해야 해'라고 생각하지 않았다. '오늘 한 시간만 하자'라고 작고 쉽게 생각했다. 오늘이 내일로, 모레로 이어지면서 1년이 된다. 벼락같은 행운이나 로또 당첨이 찾아오지 않는 한 모든 인생은 이렇게 하루가 쌓이고 적립되면서 우리가 원하는 곳에 조금씩 가까워진다."

나는 이 책에 소개하는 인생 현자들과 인터뷰하면서 그들의 작지만 중요한 공통점 하나를 발견했다. 《타이탄의 도구들》에 등장하는 최고의 성공자들이 대부분 아침에 일기를 쓰는 습관이 있는 것처럼, 많은 인생 현자들이 운동을 새벽이나 이른 아침에 한다는 것이다. 보통사람들이 '남는 시간'에 하는 것을 그들은 '첫 시간'에 하고 있는 것이다.

팀 맥그로의 말이 그 이유를 설명해준다.

"운동은 절대 남는 시간에 해도 되는 일이 아니다. 운동을 통해 얻은 활력이 그날 하루를 지휘하는 리더 역할을 하기 때문이다. 운동을 하지 않고 초점을 잘 잡을 수 있는 방법이 있다면 그것을 선택하라. 하지만 반드시 아침에 해야 한다. 아침에 안 하면 하루 종일 숙제처럼 머릿속에서 떠나지 않는다. 안 하면 머릿속을 떠나지 않는 일, 그것이 곧 인생에서 꼭 해야 할 일이다. 결국 초점을 되찾는다는 것은 사라지지 않고 계속 인생에 남아 있는 일을 하나씩 지워나가는 작업이다."

48
‘제거하기’와 ‘하기’로 나눠라

몇 달은 ‘제거’에 집중하고,
몇 달은 ‘하기’에 전력한다.

라이언 셰어Ryan Shea는 무니브 알리와 함께 이용자들이 직접 데이터를 통제할 수 있는 새로운 탈중앙화 인터넷이자 원격 서버 없이 운영되는 앱인 블록스택Blockstack을 만들었다. 블록스택은 유니온 스퀘어 벤처스Union Square Ventures와 나발 라비칸트 등의 최고 투자자들로부터 투자를 받았다. 라이언은 프린스턴 대학교에서 기계공학과 항공우주공학, 컴퓨터공학을 공부했다. 졸업 후에는 IT 스타트업 창업을 기획하기 시작했고 〈포브스〉가 선정한 ‘가장 영향력 있는 30살 이하 30인’에 이름을 올렸다. 와이 콤비네이터를 거쳤으며 암호학과 블록체인 기술 분야에서 가장 인기가 있는 오픈 소스들을 개발했다.

현재에 머무르는 구체적인 방법

라이언 셰어를 이 책에서 소개하는 이유는 하나다. 그는 우리가 ‘지금 이 순간', '현재'에 머물러야 한다는 메시지를 가장 잘 구현하는 인물이기 때문이다.

그는 말한다. "'지금 이 순간을 살라'는 쉬운 일이 아니다. 그래서 늘 일깨워줄 필요가 있다. 과거나 미래에 집착하지 않고 현재에 머무르는 것은 행복에 막대한 영향을 끼친다. 나는 이 행복을 위해 2016년부터 '새해 계획'이 아닌 '새 달 계획'을 세우기 시작했다."

간단하게 소개하자면 이렇다.

7월: 매일 독서하기

8월: TV와 영화 보지 않기

9월: 유제품 먹지 않기

10월: 글루텐 먹지 않기

11월: 매일 명상하기

12월: 뉴스 및 소셜 미디어 피드 보지 않기

이처럼 그는 몇 달은 '제거하기'에 집중하고 몇 달은 뭔가를 '매일 하는' 각각 목표 방향이 다른 계획을 세웠다.

"제거하는 달이 특히 흥미로웠다. 의식적으로 목표를 세우자 하지 않기로 한 일에 대한 의존도가 뚜렷하게 약해졌다. 2016년 말에 이 계획들을 얼마나 달성했는지 검토해보니, TV와 영화를 덜 보고 빵과 글루텐을 덜 먹고 뉴스와 소셜 미디어 또한 차단하고 있었다. 하지만 유제품은 계속 먹는 쪽을 선택했다. 동시에 매일 어떤 행동을 하기로 한 달은 그 행동을 지속할 수 있게 해줘서 좋았다. 여전히 매일 명상을 하고 있었고, 독서는 매일까지는 아니지만 최대한 매일에 가깝게 하고 있었다. 2017년 1월의 계획은 아침 7시 기상이었는데, 거의 매일 지켰다. 각 달의 계획을 세워 실천하면서 나는 깨달았다. 뭔가를 제거하지도 않고, 뭔가를 시도하지도 않는 날을 내가 얼마나 많이 보냈는지를. 그래서 과거를 후회하고 미래를 불안해하는 데 많은 에너지를 쏟았다는 것을. 현재에 집중하는 삶을 살려면 지금 이 순간 무엇을 해야 하는지를 끊임없이 각성시켜주는 구체적인 계획과 지루하지 않은 반복이 필요하다는 것을."

당신도 다가오는 달부터 해보라.

나도 정말 좋은 효과를 얻고 있다.

◑

일단 발을 내딛어 걸음을 옮기고, 걸어가면서 경로를 수정하라.

_배리 딜러Barry Diller, 기업가

복싱은 자신을 얼마나 잘 통제할 수 있느냐의 스포츠다. 챔피언이 되는 데 필요한 것은 강력한 펀치와 빈틈없는 방어기술이 아니다. '공포'를 이해하고 다룰 줄 알아야 챔피언 자리에 오를 수 있다. 공포는 불과 같다. 불은 겨울에는 온기를 주고 배고플 때 음식을 조리해준다. 어둠을 밝힐 수 있는 빛과 에너지를 만들어준다. 하지만 통제하지 못하면 불은 우리를 다치게 한다. 마음만 먹으면 불은 우리의 목숨을 앗아갈 수도 있다. 그래서 비범한 사람들, 뛰어난 사람들, 챔피언 벨트를 오랫동안 보유하는 사람들은 모두 공포와 친구가 된다.

_쿠스 다마토Cus D'Amato, 미국의 전설적인 복싱 코치

학교에서 배운 것과 기존의 표준들은 전부 잊어라. 무엇이든 자유롭게 시도하라. 최고의 아이디어는 혁명이다. 지혜를 가르치는 사람이 아니라 지혜를 행한 사람에게서 그것을 찾으려고 하라. 질문을 많이 하라. 그리고 자신이 사랑하는 것에 초점을 맞춰라. 사랑하는 일을 하면 성공 가능성이 훨씬 높아진다. 성공 여부를 떠나 삶 자체가 훨씬 좋아진다. 따라서 사랑하는 일에 헌신하면 잃을 것이 없는 셈이다. 또한 일을 열심히 해야 한다. 나는 지금의 삶에 매우 만족하고 행운이라고 느낀다. 하지만 그만큼 내가 일에 완전히 빠진 덕분이었다. 매일 깨어 있는 시간마다 일을 진정으로 즐겼고 일이 삶 자체였기에 가능했다. 단순한 직업이 아니라 내 인생이었다. 새로운 일을 할 때는 모든 것을 쏟아 붓고, 목표를 이룬 후에는 성공을 지속할 수 있는 방법을 찾아라. 성공에 이르는 것과 그것을 유지하는 방법은 반드시 달라야 한다.

_릭 루빈Rick Rubin, 컬럼비아 레코드 CEO

49
모든 방법을 총동원하라

모든 방법을 시도하면 기회를 열어주는
한 가지 방법이 마법처럼 주어진다.

스티브 아오키Steve Aoki는 그래미 어워드에 두 차례 후보로 오른 음악 프로듀서, DJ, 기업가, 딤 마크 레코드Dim Mak Records의 창업자다. 현대적인 남성의류 브랜드 '딤 마크 컬렉션'의 디자이너이기도 하다.

1996년 설립된 후 딤 마크 레코드는 체인스모커스The Chainsmokers, 블록 파티Bloc Party, 블러디 비트루츠The Bloody Beetroots, 가십Gossip 등의 뮤지션들을 위한 도약대 역할을 해왔다. 스티브 아오키는 솔로 아티스트로 1년에 250일 이상을 공연에 쏟는다. 2016년에 나온 그의 넷플릭스 다큐멘터리 〈아일 슬립 웬 아임 데드I'll Sleep When I'm Dead〉는 그래미 어워드 후보에 올랐다. 장르를 넘나드는 작품 세계로 유명한 스티브는 린킨 파크Linkin Park, 스눕 독Snoop Dogg, 폴 아웃 보이Fall Out Boy 등 많은 가수들과 작업했다. 원 디렉션 멤버 루이 톰린슨Louis Tomlinson과 작업한 히트곡 〈Just Hold On〉, 키드 잉크Kid Ink와 작업한

〈Delirious(Boneless)〉 앨범은 골드(50만 장 이상의 판매량을 달성한 음반)를 기록했다. 스티브의 최신 앨범 〈Kolony〉는 공개되자마자 일렉트로닉 앨범 차트 1위에 올랐다. 그가 처음 랩 음악으로 완전히 전향한 것을 보여주는 〈Kolony〉에는 릴 야티Lil Yachty, 미고스Migos, 투 체인즈2 Chainz, 구찌 메인Gucci Mane, T-페인T-Pain 등 다수의 힙합 아티스트가 참여했다.

아무것도 없을 때 해야 할 일

스티브 아오키의 신조는 '필요한 모든 방법을 동원하라'다. 이는 흑인 인권운동가 맬컴 액스Malcolm X가 한 말이다.

대학시절 맬컴 액스의 자서전을 읽고 난 후 그는 낡은 사회 시스템과 싸우는 사람들의 강고한 투지와 헌신에 매료됐다. 그래서 직접 레이블을 차린 후부터 이와 비슷한 개념의 슬로건을 만들었다. 필요한 모든 방법을 동원해 삶을 살아나가겠노라 굳게 결심했던 것이다.

1996년 딤 마크 레코드를 차렸을 때 그의 수중엔 400달러밖에 없었다. 돈 들이지 않고 음반을 발매할 수 있는 가능한 모든 수를 샅샅이 찾아봐야 했다. 변명도 불만도, 사치일 뿐이었다. 눈앞에 있는 도구를 갖고 할 수 있는 최선을 다했다.

그는 말한다. "필요한 모든 방법을 동원한다는 것은 결국 틀에서 벗어난 방법이 필요하다는 말과 똑같다. 할 수 있는 모든 방법을 쓰면 뜻밖의 새로운 한 가지 방법을 마법처럼, 기적처럼 얻을 수 있다. '하늘은 스스로 돕는 자를 돕는다'는 진리를 경험하고 싶다면 우리는 모든 방법을 동원해서 해야 한다. 한두 가지 해보고 안 된다고 주저앉는 사람이 성공할 수 있는 길은 없다. 가진 게 아무것도 없는 사람이 선택할 수 있는 유일한 성공 기회는 매 순간 모든 방법을 동원하는 것이다."

소중한 것은 가까운 곳에 있다

스티브는 술에 대한 탐닉을 극복하면서 인생이 달라졌다고 털어놓는다. 리마커블한 조직인 딤 마크와 거기서 일하는 뛰어난 동료들이 있었기에 점점 성공적인 무대를 만들어낼 수 있었고 세상 두려울 것이 없었다. 그들만의 사운드와 문화로 시장을 장악해가고 있었고 전 세계에서 공연 요청이 쇄도했다. 일렉트로닉 음악계의 새롭게 떠오르는 스타로 명성을 쌓으면서 모든 것이 화려해졌지만 정작 중요한 것은 잊고 있었다.

그는 회상한다. "어느 날 어머니가 오시기로 했다. 평소 좀처럼 비행기를 타지 않는 어머니였다. 아침에 마중 나가기로 했는데 전날 늦게까지 사람들과 놀고 술을 마셨다. 어머니가 공항에 도착한 시간이 아침 7시였는데 10시까지 자고 말았다. 3시간이나 늦어버린 것이다. 어머니가 보낸 문자 메시지도 와 있었다. 문자도 서투르신데! 어머니는 공항 밖 벤치에 앉아 3시간을 기다리셨다. 가엾은 어머니… 일어나서 한 시간 후에, 즉 4시간 늦게 공항에 도착했을 때 천진난만한 모습으로 벤치에 앉아계신 어머니를 보고 가슴이 무너졌다. 어머니는 지금까지도 그 일에 대해 전혀 뭐라고 하지 않으신다. 하지만 그 일을 계기로 술 먹고 노는 것이 아무런 의미도 없음을 깨달았다. 특히 가족을 소중하게 생각하고 보살펴야 하는 우선순위를 지킬 수 없다면 더더욱. 이것이 잊지 못할 실패 경험이다. 그후 하루도 빠지지 않고 파티를 열고 술에 취하는 할리우드식 거품 생활에서 빠져나왔다. 물론 그 거품 안에서 가족이나 다른 사람들과의 관계를 전부 잊어버리고 살아가도 된다. 하지만 소중한 사람들과의 관계는 내가 누구인지에도, 내 삶에도 중요하다. 이 일을 계기로 결국 술을 완전히 끊었다."

이 에피소드는 우리에게 무엇이 인생에서 중요한지, 우리가 추구해야 할 노력이 어디를 향해야 하는지를 알려준다. 우리는 늘 더 멀리 가야 하기 때문에 가까운 곳을 더욱 각별하게 들여다봐야 한다. 소중한 것들은 가까운 곳에 있다. 우리가 모든 방법을 동원해 멀리 가는 이유는 다시 가까운 곳으로 돌아오기 위함임을 잊지 말아야 한다.

내놓아라, 아무도 모르는 것을

스티브 아오키는 문화의 최첨단에서 일하면서 성공가도를 달리는 인물이다. 따라서 그는 '트렌드'를 중시하는 비즈니스맨들에게 이에 관한 뛰어난 조언을 줄 수 있는 사람이기도 하다.

"내가 음악과 협업을 통해 배운 깨달음은 트렌드를 파악한 후에는 그것을 따라가지 말아야 한다는 것이다. 트렌드를 아는 것은 중요하다. 하지만 트렌드를 따르는 순간, 트렌드에 휩쓸려 결국은 트렌드와 함께 추락하고 만다. 벌써 20년째 운영하고 있는 내 독립음반사가 산 증인이다. 우리만의 길을 추구하고 우리만의 사운드와 아티스트로 새로운 문화를 만드는 과정에서 많은 시련이 있었지만 언제나 새롭게 등장해야만 살아남을 수 있다는 사실을 잘 알고 있었기에 극복해낼 수 있었다. 창조적 영감이 생명인 이 업계에서 지속적으로 존재감을 드러내려면 트렌드보다는 음악 자체의 에너지에 초점을 집중해야 한다. 이를 위해선 '느낌'이 무엇보다 중요하다. 모든 음악은 감정을 발산하는 동시에 매우 인간적인 감정을 끌어들이기 때문이다. 기본적으로 음악은 감정에 개입하기 위한 도구다. 나는 누구와 작업하건 어떤 식으로 음악을 만들건, 영감을 주는 문화적 단서를 받아들이려고 노력한다. 결국 트렌드와도 연관될지 모르지만 음악의 에너지를 최전방에 내놓아 그것이 가장 큰 목소리를 낼 수 있도록 한다. 트렌드라는 롤러코스터를 타지 않으려고 한다. 물론 그 롤러코스터가 존재할 수밖에 없다는 것은 알지만 내가 가진 달걀을 그 롤러코스터에 전부 담지는 않을 것이다. 트렌드를 멀리 하라! 트렌드를 파악하고 알아차리되 따라가지는 마라."

앞으로 어떤 것이 유행할지에 촉각을 곤두세우기보다는 지금 우리가 하고 있는 일 자체의 존재감 고양을 위해 노력하라는 조언이다. 지금 하고 있는 일에서 '독보적인 존재'라는 평가를 받을 수 있다면 트렌드는 별 중요하지 않다.

스티브는 마지막으로 덧붙였다.

"당신의 기획안이나 프로젝트를 놓고 '이걸 사람들이 좋아하겠어요?'라는 지적을 들었다면, 그건 당신에게 매우 고무적이다. 사람들이 좋아하는 걸 만들면 틀림없이 늦다. 사람들이 좋아할지도 모르는 것을 만들어야 한다. 모든 방법을 사용해 아무도 모르는 것을 내놔야 한다."

50
행동을 데이터로 만들어라

두려움, 압박, 분노를 다루는 지혜는
숫자로 만들어 관리하는 것이다.

짐 로허Jim Loehr 박사는 세계적인 성과심리학자이자 존슨&존슨 인간 성과연구소The Johnson&Johnson Human Performance Institute를 공동 설립했다. 《승리를 위한 단 하나의 방법The Only Way to Win》을 비롯한 16권의 책을 썼고 스포츠, 법률, 군대, 비즈니스의 다양한 분야에서 금메달리스트, FBI 인질 협상팀, 특수부대, 〈포춘〉 100대 기업 임원 등 최고의 성과자들과 일했다. 과학에 근거한 짐 로허 박사의 에너지 관리 훈련 시스템은 세계적인 인정을 받았고 〈하버드 비즈니스 리뷰〉 〈포춘〉 〈타임〉 〈패스트 컴퍼니〉 등 많은 주요 미디어에 소개되었다.

살다 보면 실패할 수밖에 없다

지금은 세계적으로 주목받는 인물이 되었지만 처음에는 짐 로허 박사도 크고 작은 실패의 연속이었다. 믿었던 사람에게서 돈과 지적재

산권을 모두 뺏기는 경험도 있었고 연구소를 설립하는 과정에서 거액의 투자금을 날리기도 했다. 그때마다 그에게 힘이 되어준 책이 있었다. 삶의 목적과 중요함을 다룬 빅터 프랭클의 《죽음의 수용소에서》였다.

이 책이 보여준 깊은 연민과 사랑, 용서가 인생의 가장 소중한 가치임을 깨달은 그는 '친절'을 실천하는 삶을 살라고 권한다.

"나는 하루하루 실의에 빠져 비통한 날들을 보내고 있었다. 하지만 빅터 프랭클을 통해 삶을 조금씩 회복했고, 다양한 배경을 가진 사람들과 오랫동안 일한 결과, 나를 바닥으로 몰아넣었던 실패는 누구나 살면서 한 번쯤 겪는 일이었다. 그리고 깨달았다. 실패를 다시 겪지 않기 위해 아무도 가까이 오지 못하게 높은 벽을 쌓으면 정서적 고립이 일어난다는 것을. 그리고 그 정서적 고립에 따른 평생의 대가는 어쩌다 겪는 배신의 고통을 훨씬 초월한다는 것을. 깨진 믿음과 배신당한 우정의 고통은 그저 타인과 더 깊은 교감을 나누는 데 따른 비용이었을 뿐이다. 아픈 경험을 글로 쓰고 고통을 긍정적이고 건설적인 일로 바꾸는 방법을 찾고자 노력한 덕분에 '치유'가 이루어졌다. 배신당한 경험을 회복력을 기르고 사람 보는 안목을 높이고 용서에 대해 배우는 기회로 활용하는 것, 그것이 곧 우리에게 주어진 인생의 명령임을 알게 되었다. 그리고 마침내 모든 것의 밑바탕이 되어주는 다음과 같은 궁극적인 깨달음을 얻었다. '살다 보면 실패할 수밖에 없다. 하지만 실패는 나와 타인을 용서하고 지혜를 얻을 수 있는 기회다.'"

친절을 실천하라

'친절해지려면 용기가 필요하다.'

짐 로허 박사는 미 해군 특수부대 지휘관들을 만났을 때 얻었던 교훈을 삶의 철칙으로 삼고 있다.

"그들은 하루 종일 턱걸이를 하고 위험한 임무를 위해 차갑고 험한 바다에 뛰어든다. 하지만 내가 강철로 만들어진 것 같은 그들에게서 얻은 가장 큰 배움은 친절과 겸손의 힘이었다. 그들은 기꺼이 목숨을 바칠 수 있는 기회를 준 자신들의 일에 감사했고, 서로를 위해 죽을힘을 다하는 친절을 베풀 수 있다는 사실에 자부심을 느꼈다. 그런가 하면 멋진 승리를 거둬 수백만 달러의 상금을 받은 기념으로 사람들과 저녁식사를 하러 가도 자신이 먹은 음식 값조차 내지 않는 운동선수들도 보았다. 그들은 승자가 아니었다. 너무 자신에게만 몰두한 나머지 감사함을 느낄 줄 모르기 때문이다. 모든 명예는 결국 떠나고 사라진다. 남는 것은 친절과 겸손 그리고 그 가치를 아는 사람들뿐이다."

시인 에머슨은 이렇게 말했다.

"진정 성공한 삶이란 자주 그리고 많이 웃는 것. 현명한 이에게 존경을 받고 아이들에게 사랑을 받는 것, 자기가 태어나기 전보다 세상을 조금이라도 나은 곳으로 만들어놓고 떠나는 것. 자신이 한때 존재했음으로 인해 단 한 사람이라도 행복했다면 그것이 바로 진정 성공한 삶이다."

삶을 수량화하라

짐 로허 박사는 인생의 회복력을 위해 매일 일기를 쓸 것을 강력하게 추천한다. 자신을 돌아보며 글을 쓰는 행동 자체가 삶에 대한 값진 통찰을 제공한다. 의도적으로 글 쓰는 시간을 떼어놓고 자신을 돌아보면 아무리 바쁜 삶이라도 균형을 되찾을 수 있다. 무엇을 하든 현재에 더욱 충실하고, 자신의 결점을 받아들이는 경험을 할 수 있다.

그는 조언한다.

"일기는 카타르시스와 치유, 성장과 역량의 확대에도 사용할 수 있다. 단 1분이라도 괜찮다. 보통 2~4주 정도 지나면 긍정적인 효과가 눈에 보이고 느껴지기 시작한다. 최선의 결과를 원한다면 컴퓨터가 아니라 손으로 직접 쓰는 것이 좋다."

짐 로허 박사는 선수들과 일하기 시작하면서 처음 글을 쓰기 시작했다. 각각의 선수를 위해 매일 상세한 훈련일지를 기록할 필요가 있었다. 그 과정에서 얻은 중요한 통찰은 규칙적인 수량화와 추적을 통해서라면 무엇이든 개선(수면, 수분 섭취, 스트레칭 횟수, 식습관 등)이 가능하다는 것이었다. 행동을 숫자로 만들면 의식이 고양되고 결과적으로 좋은 습관 형성에 가속도가 붙는다.

이는 마인드 컨트롤과 정서적 훈련에도 적용된다. 기록 일지를 바탕으로 긍정적인 생각과 부정적인 생각의 횟수를 수량화하고 연습과 참여 수준, 목소리의 어조와 내용을 하나의 통계로 만들어나가면 놀라울 만큼의 성과가 나온다고 그는 설명한다.

"일기를 쓸 때도 마찬가지다. 숫자로 만들 수 있는 것들은 최대한 만들어본다. 매일 내가 어느 시간대에 두려움을 가장 느끼는지, 어떤 단어를 들을 때 스트레스를 받는지, 불안할 때 심박 수가 어떻게 되는지 등등 숫자로 만들어놓으면 좋을 때와 나쁠 때를 한눈에 비교하기가 매우 쉬워진다. 한 달만 써보라. 왜 진작 쓰지 않았을까 후회가 밀려올 것이다."

이 같은 일기(일지)는 성과를 내는 데 가장 좋은 타이밍과 방법을 알려주고, 압박을 받을 때 수면과 식습관을 어떻게 바꾸면 될지에 대한 지혜를 제공한다. 우리가 노력해야 할 방향은 스트레스나 부정적 감정들을 제거하는 것에 있지 않다. 비효율, 부정적 감정, 스트레스와 함께 살아가는 방법을 추구하는 것이다.

짐 로허 박사는 말한다. "삶의 한 영역에서 스트레스를 추구하면 다른 영역에서는 놀라운 회복이 이루어진다. 스트레스를 피하려고 하면 오히려 능력이 줄어들고 약해진다. 나는 지금껏 성장을 위해 스트레스를 추구해왔고, 앞으로도 그럴 것이다."

51
두려움이 인생의 현자다

상처를 입는 이유는 두려움 때문이 아니다.

두려움을 피하려고 무리하게 움직이기 때문이다.

크리스틴 울머Kristen Ulmer는 '두려움'에 대해 가장 지혜로운 조언을 해줄 수 있는 인물이다. 그녀는 두려움에 관한 기존의 모든 기준과 정의를 반박한다. 미국을 대표하는 모굴 스키 선수였으며 나중에는 최고의 여성 익스트림extreme 스키어가 되어 12년 동안 일인자의 자리를 지켰다. 위험천만한 절벽 점프 실력으로 명성을 얻었고 레드불, 랄프 로렌, 니콘의 후원을 받았다. 두려움을 주제로 한 그녀의 활약은 NPR, 〈월스트리트 저널〉 〈뉴욕 타임스〉 등에 실렸다. 그녀가 쓴 《두려움의 기술The Art of Fear》은 오랫동안 아마존 베스트셀러 목록을 차지했다.

두려움은 살아있다는 증거다

크리스틴은 그저 친구들과 여행을 할 수 있다는 것이 좋아서 모굴 스키 대회에 참가했었다. 그런데 어느 순간 국가대표 유니폼을 입고 월드컵에 출전하는 순간이 오자, 덜컥 너무 무서웠다.

수많은 사람들이 환호하며 그녀의 활강을 지켜보고 수백 대의 카메라가 작은 움직임까지 하나도 빠뜨리지 않고 담았다. 이는 공포에 가까운 두려움이었다. 그때까지 그녀가 아는 것이라곤 두려움을 없애려면 긍정적으로 생각하라, 심호흡을 하라, 내려놓아야 한다 등의 상투적인 말뿐이었다. 모굴 스키를 타면서 그녀는 점점 깨달았다. '두려움은 정복될 수 없다'는 것을.

그녀는 말한다. "나는 두려움을 내가 '지하실'이라고 부르는 곳, 즉 내 몸으로 밀어 넣어 일시적으로 차단할 수는 있었다. 하지만 그러면 그것을 계속 억누르고 있느라 너무 많은 긴장감을 견뎌야만 했다. 결과적으로 몸이 경직되면서 부상을 당했다. 억눌린 감정에 눌린 몸이 '나는 쓰레기통이 아니야!' 외치며 반란을 일으킨 것이다. 부상을 당했다고 해서 두려움이 빠져나가는 일은 없다. 해결되지 않은 두려움은 절대 사라지지 않는다. 지속적인 불안, 불면증, 분노, 우울증, 성과 저하, 피로, 원망, 방어적인 태도 등으로 다양하게 나타난다. 그것들을 자꾸 더 깊숙이 밀어 넣으려 할수록 두려움은 마침내 당신의 세상을 모두 차지해버린다. 두려움에 대처하려면, 두려움이란 안전지대를 벗어날 때마다 느껴지는 자연스러운 '불편함'이라는 사실을 깨달아야 한다."

크리스틴에 따르면 두려움은 나를 파괴하려는 것이 아니라 오히려 살아 있음을 일깨워주고 집중력을 올려주고 더욱 선명한 흥분과 의식으로 현재에 머무르게 해주려는 것이다. 밀어내려고 할수록 두려움은 점점 광기 어리고 비이성적이고 일그러진 모습밖에 보여주지 않는다. 기꺼이 느끼려 하고, 적극적으로 받아들여야 두려움에 담긴 에너지와 지혜가 드러난다.

좋은 위기를 낭비하지 마라

크리스틴은 14년 전 9일간의 '피정避靜'에 참여하면서 두려움을 다루는 지혜에 눈을 떴다. 피정에서 얻은 깨달음을 통해 마음챙김을 주제로 한 스키 캠프를 시작했고, 이는 오늘날 세계에서 가장 유명한 마인드 훈련 캠프로 성장했다.

그녀는 설명한다. "두려움은 늘 위기와 함께 찾아오는 것처럼 보인다. 하지만 이는 잘못된 생각이다. 삶은 언제나 이미 위기의 연속이기 때문이다. 우리가 해야 할 일은 '좋은 위기'를 낭비하지 않는 것이다. 그것은 우리가 새로운 것을 배우고 가능성을 한 단계 끌어올릴 수 있도록 우주가 보내오는 신호다. 가장 지혜로운 행동은 위기가 눈앞에 보일 때까지 기다리지 말고 보이지 않는 곳까지 몇 걸음 더 나가는 것이다. 결혼 생활에 문제가 없을 때 부부 상담을 받는 것이다. 몸 상태가 좋을 때 피트니스 코치를 고용하는 것이다. 마케팅 부서가 잘 나가고 있을 때 마케팅 전문가를 영입하는 것이다. 그러면 한 단계 높은 수준의 마법이 일어날 것이다."

오래된 관계를 떠나라

두려움과 불안이 지속되는 중요한 이유 중 하나는 인간관계다. 나이가 들수록 더욱 그렇다. 크리스틴은 오랜 우정에서 비롯된 상처 때문에 고통을 호소하는 사람들이 정말 많다고 설명한다.

"나도 예외는 아니었다. 20대에 만난 친구들과 오랫동안 관계를 유지하면서 기쁨보다는 힘겨움이 더 컸다. 나는 끝내는 쪽을 선택했다. 가장 친한 친구 5명을 시작으로 점점 많은 지인들과의 관계를 끊어나갔다. 쉽지 않은 일이었다. 하지만 과거의 나로부터 자유로워지고 좀 더 가꿔나가고 싶은 내 삶의 부분에 집중하고 싶었다. 물론 외롭기도 했다. 8년째 새로운 베스트 프렌드를 찾고 있지만 아직 찾지 못했으니까. 하지만 차츰 깨달았다. 베스트 프렌드는 사실 그다지 필요하지 않다는 것을. 좋은 관계, 두려움이 없는 관계는 늘 일정한 '거리'를 담보로 한다는 것을. 흥미롭고 활력 넘치는 새로운 사람들을 만날 수 있는 가벼운 기회만 가져도 인간관계는 충분하다는 것을. 일정한 거리를 두어도 얼마든지 완벽한 친구 관계로 지낼 수 있다는 것을."

우리는 '친구보다 자신을 더 사랑하는 사람'을 인생의 동행으로 삼아야 한다. 자신을 돌보고 성찰하는 일을 우선순위 목록 맨 위에 올려놓은 사람과 속 깊은 대화를 나눠야 한다. 그렇지 않은 관계에는 어김없이 부정적 감정들이 그림자처럼 따라다닌다.

5분 동안 아무것도 아닌 것을 하라

크리스틴은 부정적 감정들 때문에 집중력이 흩어질 때는 하던 일을 멈추고 '아무것도 아닌 것'처럼 보이는 일을 하라고 권유한다. 특히 마감기한이 촉박할 때는 5분 동안 아무것도 아닌 일을 최선을 다해 한다. 초초하고 압도적인 현재 상태에 완전히 머무른다. 뜨거운 물로 샤워를 하면서 물이 목을 타고 떨어지는 것을 느끼며 당황스러운 상태에 대해 마음껏 불평한다. 그러면 기분이 좋아진다. 고양이의 부드러운 배를 만지면서 내가 그 순간 멍하고 바보 같은 상태라는 사실을 가만히 음미하기도 한다.

이렇게 순간적인 현실에 굴복하면 안도감이 느껴질 뿐 아니라 놀라운 일이 생긴다! 아무런 강요와 강제 없이 또 다른 현실을 수용할 수 있게 된다. 5분 후에는 유기적인 에너지가 생겨 또 다시 힘을 낼 준비가 갖춰진다.

그녀는 말한다. "당신의 현재 기분을 먼저 존중해야 한다. 새로운 현실을 강요하지 말고 지금의 현실을 있는 그대로 받아들인다. 슬플 때 슬퍼하고, 두려울 때 두려워하고, 당혹스러울 때 당혹스러워 하면 된다. 두려움이나 산만함 등은 호스 속의 물처럼 삶에 들어가고 또 흘러나온다. 그대로 흐르게 놓아두면 새로운 것이 들어올 공간이 저절로 생긴다."

매일 두려움을 연습하라

두려움과의 관계 맺기가 삶에서 얼마나 중요한지를 깨닫고 난 후 크리스틴은 날마다 적어도 2분씩 '두려움 연습'이라고 부르는 것을 한다.

아침에 눈을 뜨자마자 '보디 스캔body scan'을 통해 기분을 평가한다. 특히 두려움이 어느 정도의 강도로 느껴지는지(정말 인정하고 싶지 않지만 두려움은 언제나 존재한다), 몸의 어느 위치에 두려움이 자리하는지를 중점적으로 살핀다.

두려움은 우리 몸의 불편한 감각이다. 두려움이나 스트레스, 불안(사실은 모두가 똑같다)처럼 명백하게 나타나기도 하지만 분노나 슬픔으로 나타날 수도 있다(두려움이 억눌려 있을 때). 두려움이 마음속에 있는 것처럼 느껴지는 이유는 우리가 '감정적' 차원이 아니라 '지적'인 차원에서 두려움을 다루려고 하기 때문이다. 이는 좋은 방법이 아니다. 두려움이 몸 안에 위치하는 장소는 턱이나 어깨일 수도 있고 이마일 때도 있다. 그것을 찾은 후에는 1~2분 동안 다음 3단계를 실행에 옮긴다.

1단계

15~30초 동안 불편함이 당연한 느낌이라는 사실을 긍정한다. 중요한 강연이나 마감기한을 앞두고 그런 것일 수도 있다. 중요한 일을 앞두고 걱정하는 것은 당연하니까. 두려움을 긍정하는 것만으로도 인생이 바뀔 수 있다.

2단계

15~30초 동안 불편함과 자신의 관계에 관심을 기울인다. 상황에 비해 너무 큰 불안이거나 비합리적인 것일 때는 그동안 내가 외면했기 때문에 두려움이 큰 소리를 내고 행동하기 시작했다는 뜻이다. 이때는 깊은 관심을 기울여 두려움이 내가 모르는 무

슨 이야기를 해주려는 것은 아닌지 생각해본다('연설문이 별로야, 다시 써.' '엄마한테 전화 드려.'). 오렌지 즙을 짜듯 두려움이 가진 지식을 짜낸다. 두려움은 좋은 조언자가 되어줄 수 있다.

3단계

그다음에는 최대한 여유를 가지고 두려움을 느껴본다. 이 단계가 매우 중요하다. 절대로 두려움을 없애려는 것이 아니다. 그것은 두려움을 존중하지 않는 행동이다. 두려움과 오롯이 함께 자리하면서 느껴보는 것이다. 반려견이나 친구, 연인과 보내는 시간처럼. 보통은 30~60초 동안 한다. 이렇게 존재를 알아주고 난 후에는 대부분 두려움이 사라진다.

하루를 살면서 불안이나 초조함이 느껴질 때마다 이 과정을 반복한다. 크리스틴이 제시한 이 연습을 통해 많은 사람들이 큰 효과를 보고 있다. 이렇게 일주일 정도 시간이 흐르면 두려움과 불안이 차분하게 가라앉고 불면과 우울감, 분노 등의 문제들도 해결된다. 그런 다음에도 계속 연습하면 에너지가 넘치고 의식이 맑아진다.

크리스틴은 말한다. "두려움을 인생의 조언자로 받아들이면 많은 것이 바뀔 것이다. 유쾌하지 않다는 이유로, 불편하다는 이유로 부정적 감정들을 피하면 결국 상처가 곪을 뿐이다. 고개를 돌려 정면으로 바라보도록 하라. 그러면 통찰과 지혜는 물론 전혀 기대하지 못했던 자유까지 얻게 될 것이다."

52
너 자신을 알라

2040년이 되면 당신은 알게 된다.
당신이 알고 있는 것 모두가 쓸모없어진다는 것을.

유발 하라리Yuval Harari는 세계적인 베스트셀러 《사피엔스Sapience》와 《호모 데우스Homo Deus》의 작가다. 2002년 옥스퍼드 대학교에서 박사 학위를 받았고 현재 예루살렘에 있는 히브루 대학교 역사학 교수로 재직 중이다. 그는 2009년과 2012년에 인문학 분야의 창의성과 독창성을 기리는 폴론스키 상Polonsky Prize for Creativity and Originality을 받았고 2011년에는 '안락의자와 커피, 권위: 눈과 살로 목격한 전쟁 이야기, 1100-2000'를 비롯한 많은 칼럼과 군사 역사 논문의 탁월함을 인정받아 '몬카도 상Moncado Award'을 수상했다. 우리 시대 가장 뜨거운 지성인으로 떠오른 그는 현재 다음과 같은 거시적 질문을 집중적으로 연구하고 있다.

'역사와 생물학의 관계는 무엇인가?'

'호모 사피엔스와 다른 동물의 근본적 차이는 무엇인가?'

‘역사에 정의가 있는가?’
‘역사에 방향이 있는가?’
‘역사가 진행되면서 사람들의 행복이 커지는가?’

팀 페리스의 주석: 시대를 대표하는 지성인인 유발 하라리와의 인터뷰 또한 독자들에게 가감 없이, 그의 생생한 목소리를 들려주는 것이 더 현명한 전달일 것이라는 판단이다. 그리하여 아래에 최대한 편집하지 않은 내용을 옮겨본다. 그의 통찰과 탁견을 공유하기엔 턱없이 짧은 인터뷰이긴 하지만, 분명 여러분의 삶에 자극과 영감을 제공할 것이라 확신한다. 인류의 근원을 추적하고 미래를 목격해온 한 인간의 집요한 생각을 들여다보라.

삶에 가장 큰 영향을 끼친 책은?

올더스 헉슬리Aldous Huxley의 《멋진 신세계》. 20세기의 가장 예언적인 책이고 근대 서양철학의 가장 심오한 행복 담론이라고 생각한다. 정치와 행복에 대한 내 생각에 큰 영향을 끼쳤다. 개인적으로 힘과 행복의 관계가 역사에서 가장 중요한 질문이라고 생각하는데, 《멋진 신세계》는 역사에 대한 이해를 바꿔주었다.

헉슬리가 그 책을 쓴 것은 1931년 공산주의와 파시즘이 러시아와 이탈리아에 단단히 자리 잡고 독일에서 나치의 기세가 커지고 군국주의 일본이 중국 정복 전쟁을 시작하고 온 세계가 대공황에 사로잡힌 때였다. 하지만 헉슬리는 어두운 구름 사이를 꿰뚫어보았다. 전쟁과 기아와 전염병이 없는, 그리고 방해받지 않는 평화와 풍요, 건강이 있는 미래 사회를 그렸다. 그것은 섹스와 마약, 로큰롤에 완전한 자유를 주는 소비주의의 세계이고 최고의 가치는 행복이다. 진보한 생명공학기술과 사회공학을 사용해 모두가 항상 만족하고 반항할 이유가 없도록 한다. 비밀경찰이나 강제수용소, 조지 오웰George Orwell의 《1984》에 나오는 권력기관인 '애정부'도 필요 없는 세상이다. 실제로 헉슬리는 폭력과 공포보다 사랑과 쾌락으로 사람들을 더 안정적으로 지배할 수 있다는 천재성을 보여준다.

조지 오웰의 《1984》를 읽어보면 그가 끔찍한 악몽 같은 세계를 묘사한다는 것이 분명해지고 유일하게 남는 질문은 '어떻게 하면 저렇게 끔찍한 상태에 도달하지 않을 수 있을까?'다. 《멋진 신세계》는 훨씬 더 당황스러운 경험이다. 뭔가 엄청나게 잘못되었다는 것은 분명한데 도대체 무엇인지 알 수가 없기 때문이다. 세상은 평화롭고 번영하며 모두가 항상 대단히 만족한다. 무엇이 잘못일 수 있겠는가?

정말로 놀라운 일은 헉슬리가 1931년 《멋진 신세계》를 썼을 때 독자들은 그가 위험천만한 디스토피아를 묘사하고 있음을 완벽하게 이해할 수 있었다. 하지만 오늘날의 많은 독자는 그것을 유토피아로 착각하기가 쉽다. 우리의 소비주의 사회는 헉슬리의 비전을 실현하기에 적합하다. 오늘날 행복은 최고의 가치가 되었고 모든 소비자의 최대 만족을 위해 생명공학과 사회공학을 점점 더 많이 사용하고 있다. 이것이 왜 잘못되었는지 알고 싶은가?

《멋진 신세계》에 나오는 서유럽의 통제관 무스타파 총통과 평생

뉴멕시코 원주민 보호구역에서 살았음에도 런던에서 셰익스피어나 신에 대해 알고 있는 유일한 남자인 야만인 존의 대화를 읽어보라.

남다른 습관이 있는가?

엘리베이터나 에스컬레이터를 탈 때 까치발로 선다.

나중의 성공에 이르게 해준 실패가 있는가?

히브리어 판 《사피엔스》가 출간되어 이스라엘에서 베스트셀러가 된 후 영어 번역판을 쉽게 낼 수 있을 줄 알았다. 내가 직접 번역해 여러 출판사에 보냈는데 전부 곧바로 거절당했다. 유명 출판사에게서 받은 특히나 모욕적인 거절 편지를 아직도 보관하고 있다. 궁리 끝에 아마존에서 자가 출판을 시도해보기도 했다. 하지만 퀄리티가 끔찍했고 몇백 권밖에 팔리지 않았다. 한동안 우울했다.

그러다가 출판에서는 DIY 방식이 통하지 않는다는 사실을 깨달았고 지름길을 찾는 대신 전문가의 도움을 받아 힘들고 오래 걸리는 길을 선택해야 했다. 나보다 사업가 기질이 훨씬 뛰어난 내 인생의 동반자 이치크Itzik에게 맡겼다. 그가 훌륭한 문학 에이전트 데보라 해리스Deborah Harris를 찾아주었고 데보라의 조언대로 훌륭한 편집자 하임 와츠먼Haim Watzman을 고용했다. 그가 원고를 다시 쓰고 다듬는 것을 도와주었다. 그들의 도움으로 하빌 세커Harvill Secker(랜덤하우스의 임프린트 출판사) 출판사와 계약이 이루어졌다. 출판사의 편집자 미샬 샤비트Michal Shavit가 원고를 진정한 보석으로 바꿔주었고 영국 출판시장의 최고 PR 에이전시(라이어트 커뮤니케이션)에 홍보를 맡겼다. 이렇게 이름을 일일이 거론하는 이유는 이 전문가들의 도움 덕분에《사피엔스》가 글로벌 베스트셀러가 될 수 있었기 때문이다. 그들이 없었더라면 계속 알려지지 않은 거친 원석으로 남았을 것이다. 훌륭하지만 아무도 들어본 적 없는 수많은 책들처럼. 처음의 실패로 내 자신의 능력 한계와 지름길을 찾는 대신 전문가들에게 맡겨야 하는 중요성을 깨달았다.

젊은 독자들에게 해줄 수 있는 조언은?

2040년의 세상이나 구직시장이 어떤 모습일지는 아무도 모른다. 따라서 오늘날 젊은이들에게 무엇을 가르쳐야 하는지도 아무도 모른다. 분명한 것은 하나다. 지금 학교에서 배우는 것들은 40살이 되면 대부분 쓸모가 없어질 것이다.

그렇다면 어디에 집중해야 할까? 내가 해줄 수 있는 조언은 '개인의 회복력'과 '감성지능emotional intelligence'에 힘쓰라는 것이다.

전통적으로 삶은 두 가지 주요 부분으로 나뉜다. '학습기'와 그 뒤를 잇는 '노동기'다. 첫 번째 시기에 인간은 안정적인 자기 정체성을 확립한다. 동시에 개인적인 지식과 일하는 기술도 습득한다. 두 번째 시기에는 확립한 정체성과 기술을 통해 세상을 헤쳐 나가고 생계를 유지하고 사회에 기여한다. 2040년이 되면 이러한 모델이 쓸모없어질 것이다. 따라서 평생 동안 배움을 계속하고 끊임없이 자신을 쇄신하는 방법밖에 없다. 2040년의 세상은 오늘날과 완전히 다르고 극도로 정신없는 세상일 것이다. 변화 속도가 더 빨라질 가능성이 높다. 그러므로 지속적으로 배우고 혁신하는 능력이 요구된다. 60살의 나이에도 말이다.

하지만 변화에는 스트레스가 따른다. 특정 나이가 되면서부터는 대부분의 사람이 변화를 좋아하지 않는다. 16살 때는 좋건 싫건 삶 전체가 '변화'다. 몸도 변하고 마음도 변하고 인간관계도 변하고 모든 것이 움직인다. 자신을 새롭게 변화시켜 나가느라 바쁘다. 하지만 40살이 되면 변화를 원하지 않게 된다. 안정을 원한다. 하지만 21세기에는 그러한 사치를 누릴 수가 없다. 안정적인 정체성과 안정적인 직장, 안정적인 세계관을 고수하려고 할수록 뒤처질 것이다. 세상이 나만 남기고 빠르게 날아가버릴 것이다. 끝나지 않는 폭풍우와 높은 스트레스를 헤치고 나가려면 극도의 회복력과 균형 잡힌 정서가 필요할 것으로 보인다.

문제는 감성지능과 회복력은 습득하기가 무척 힘들다는 것이다. 책을 읽거나 강연을 듣는다고 배울 수 있는 것이 아니다. 19세기 산업혁명 시대에 만들어진 현재의 교육 모델에서는 전혀 다루지 않는 영역이다. 그럼에도 불구하고 실행 가능한 대안들 또한 아직 만들어지지 않았다.

그래서 나는 권한다. 어른들의 말을 너무 믿지 말라고. 과거에는 어른들을 믿는 것이 안전했다. 그들이 세상에 대해 잘 알았고 세상도 느리게 변했으니까. 하지만 21세기는 다를 것이다. 경제와 정치, 인간관계에 대한 어른들의 지식이 시대를 앞서가지 못할 것이다. 마찬가지로 '테크놀로지technology'도 너무 믿지 마라. 기술이 인간을 받들게 만들어야지, 인간이 기술을 받들면 안 된다. 조심하지 않으면 기술이 인간의 목적을 대신 지정하고 노예로 만들 수 있다.

따라서 자신에 대해 잘 알아야 하는 수밖에 없다. 자신이 누구이고 어떤 삶을 원하는지 알아야 한다. 고대로부터 내려오는 조언이 있다. '너 자신을 알라.' 21세기만큼 이 질문이 절박함을 가지는 때도 없다. 경쟁이 너무 치열하기 때문이다. 구글, 페이스북, 아마존, 정부 모두가 빅 데이터와 인공지능에 바탕한 기계 학습machine learning을 통해 사람들에 대해 조금이라도 더 알려고 한다. 컴퓨터를 해킹하는 시대가 아니라 인간을 해킹하는 시대에 살고 있는 것이다. 기업과 정부가 우리보다 우리 자신에 대해 잘 알게 되면 우리도 모르는 사이 통제당하고 조종당할 수 있다. 따라서 밀리지 않으려면 방법은 한 가지다. 구글보다 빨리 달려야 한다. 행운이 있기를!

지난 5년 동안 얻은 새로운 깨달음은?

각종 초대를 거절하는 기술이 예전보다 훨씬 나아졌다. 일주일에 수십 개의 제안이 들어오기 때문에 거의 생존의 문제다. 사실대로 말하자면 나는 아직도 거절하는 것이 서툴다. 죄책감이 느껴진다. 그래서 아웃소싱을 했다. 나보다 사업가 기질은 물론 거절하는 방법에도 뛰어난 내 파트너가 힘든 일을 대신 맡아준다. 지금은 어시스턴트를 고용해 하루 종일 거절해야 하는 일을 맡겼다. 깨달음이 있다면 '가장 잘할 수 있는 사람에게 맡기라'는 것이다.

지금껏 살면서 가장 가치 있는 투자는 무엇이었나?

지금까지 최고의 시간 투자는 10일간의 위빠사나 명상(www.dhamma.org) 과정에 참여한 것이다. 10대 중후반부터 나는 불안증이 무척 심했다. 세상이 이해되지 않았고 삶에 대한 중요한 질문들에도 답을 찾을 수가 없었다. 특히 내 삶은 물론이고 세상이 왜 그렇게 고통스러운 일투성이인지, 어떻게 해야 하는지 이해할 수 없었다. 주변 사람이나 책에서 해주는 말은 전부가 정교한 허구일 뿐이었다. 신과 천국에 대한 종교 신화, 조국에 대한 민족주의 신화, 역사적 임무, 사랑과 모험에 대한 낭만적 신화, 경제성장에 대한 자본주의 신화, 물질적 소비가 주는 행복 등등. 내게는 그런 것들이 허구라는 것을 깨달을 만큼의 지각은 있었지만 진리를 찾는 방법은 알 수 없었다.

옥스퍼드대에서 박사과정을 밟을 때 친한 친구가 딱 1년만 위빠사나 명상 수업을 들어보라고 집요하게 권유했다. 처음에는 무슨 뉴에이지풍 미신인 줄 알았다. 신화 이야기 따위는 너무 지겨워서 완강히 거절했다. 하지만 무려 1년 동안 계속 설득하는 바람에 결국 한 번 해보기로 했다.

그때까지만 해도 명상에 대해 잘 알지 못했고 온갖 복잡하고 신비주의적인 이론과 관계가 있을 것이라고 생각했다. 그런데 실제로는 매우 실용적인 가르침이라는 사실을 알고 무척 놀랐다. 요가 강사 S. N. 고엔카S. N. Goenka가 학생들에게 책상다리를 하고 앉아 눈을 감고 콧구멍으로 들어갔다 나오는 숨에 집중하는 법을 가르쳐주었다.

“아무것도 하지 마세요. 호흡을 제어하려고 하지 말고 특정한 방법으로 호흡하려고도 하지 마세요. 그냥 지금 이 순간에 일어나는 일을 관찰하세요. 자, 숨이 들어갑니다. 숨이 나올 때는 그냥 이렇게만 생각하세요. '숨이 나오는구나.' 집중이 흐트러져 생각이 기억과 환상 속에서 헤매기 시작하면 그냥 '마음이 호흡에서 멀어졌구나'라고만 생각하세요."

지금까지 이렇게 중요한 말을 해준 사람은 아무도 없었다.

호흡을 지켜보면서 가장 먼저 알게 된 것은 그동안 많은 책을 읽고 대학 수업을 들었는데도 내가 내 마음에 대해서 전혀 모르고 거의 제어도 못한다는 사실이었다. 아무리 노력해도 10초 이상 호흡에 집중하지 못하고 잡념에 빠졌다! 오랫동안 내가 내 삶의 주인이고 나라는 브랜드의 CEO라고 생각하면서 살았다. 하지만 고작 몇 시간의 명상으로 내가 나를 전혀 통제하지 못한다는 사실을 분명히 알 수 있었다. CEO는커녕 겨우 문지기나 될까 말까였다. 내 몸의 관문, 즉 콧구멍에서 일어나 그곳을 오가는 것들을 그저 관찰했다. 하지만 몇 초도 되지 않아 집중이 흐트러져서 내 초소를 내팽개치고 말았다. 참으로 겸손해지고 새로운 눈을 뜨게 해주는 경험이었다.

명상 수업이 점차 진행되면서 학생들은 호흡뿐 아니라 열, 압력, 통증 등 몸 전체의 감각을 관찰하는 법을 배웠다. 위빠사나 기법은 마음의 흐름이 몸의 감각과 밀접하게 맞물려 있다는 통찰에 바탕한다. 나와 세상 사이에는 언제나 몸의 감각이 있다. 나는 외부 세계의 사건에 반응하지 않는다. 언제나 내 안의 감각에 반응한다. 유쾌하지 않은 감각이면 혐오감으로 반응하고 유쾌한 감각이면 갈망으로 반응한다. 자신이 상대의 행동이나 어린 시절의 경험 또는 세계 금융위기에 반응하는 것이라고 생각하겠지만 사실은 어깨의 긴장이나 복부의 경련에 반응하는 것이다.

분노가 무엇인지 알고 싶은가? 화날 때 몸 안에서 생기고 지나가는 감각을 관찰해보라. 명상 피정을 떠났을 때 나는 24살이었다. 그 나이면 살면서 분노를 만 번은 넘게 경험해보았을 텐데도 실제로 분노가 어떤 감각인지 관찰해본 적이 한 번도 없었다. 화날 때마다 분노에 따른 물리적인 현실이 아니라 누군가의 말이나 행동 등 분노의 대상에만 집중했었다.

열흘간의 피정에서 경험한 감각 관찰이 그동안 살면서 배운 것보다 훨씬 많은 것을 내게 알려주었다. 어떤 이야기나 이론, 신화를 받아들일 필요도 없었다. 그저 현실을 있는 그대로 관찰한 것뿐이었다. 가장 중요한 깨달음은 괴로움의 깊은 원인은 내 마음의 패턴에 있다는 것이었다. 원하는 것이 이루어지지 않을 때 마음은 괴로움을 만들어내며 반응한다. 괴로움은 외부 세계의 객관적인 상태가 아니다. 자신의 마음이 만들어내는 정신적 반응이다.

그렇게 2000년에 처음 위빠사나 명상을 접한 후 매일 2시간 동안 수련하기 시작했다. 해마다 한두 달 동안 장기 피정도 간다. 현실 도피가 아니다. 현실과 이어지려는 것이다. 적어도 매일 하루 2시간씩 나는 현실을 있는 그대로 관찰한다. 비록 나머지 22시간은 이메일과 트위터, 귀여운 고양이 영상의 홍수 속에서 허우적거리더라도 말이다. 명상 수련이 가져다준 집중력과 명료함이 아니었다면《사피엔스》와 《호모 데우스》를 쓰지 못했을 것이다.

집중이 되지 않을 때는?

몇 초 혹은 몇 분 동안 호흡을 가만히 관찰하는 게 최고다.

◑

애초에 하지 말았어야 할 일을 효율적으로 하는 것만큼 쓸모없는 짓도 없다.

_피터 드러커Peter Drucker, 경영학자

대학교 4학년 때 뮤지컬 제작사에서 신인 작곡가를 뽑는 오디션에 지원하겠다고 결심한 적 있다. 오디션 책임자는 작곡가 지망생들에게 지원 방식을 설명해주고 내 또래의 학생으로 보이는 조수 한 명이 피아노 앞에 앉아 자신들이 원하는 음악 유형을 몇 가지 들려주었다. 나는 흥분을 감추지 못하고 자리를 떴다. 대학 졸업 후 작곡으로 밥벌이를 할 생각이었기 때문에 어떻게든 그 뮤지컬에 참여하고 싶었다. 그런데 집에 와서 오디션 홍보물을 훑어보니 작년 공연에 쓰인 음악을 작곡한 사람이 바로 피아노 앞에 앉아 있던 그 조수였다. 나는 지원하지 않기로 결정했다. 어차피 그 조수를 다시 채용할 것인데 그냥 형식적으로 오디션을 보는 것이라고 생각했기 때문이다. 더군다나 그 조수는 매우 실력이 뛰어났다. 그가 그 일을 따낼 것이 분명했다. 몇 달 후 캠퍼스 곳곳에 예전에 오디션을 열었던 제작사에서 만든 공연 포스터가 나붙기 시작했다. 그런데 작곡자로 이름을 올린 사람은 조수가 아니었다. 맙소사. 나는 지원을 포기한 것에 너무나 큰 후회와 자기혐오를 느꼈다. 덕분에 근거도 없는 추측에 겁을 먹고는 원하는 것을 포기해서는 안 된다는 교훈을 얻었다.

_팀 어번Tim Urban, 작가

많은 사람들이 '열정을 따르라'는 클리셰를 믿는다. 하지만 이는 끔찍한 조언이다. 자신에게 어떤 재능이 있는지, 어떤 역량이 있는지는 쉽게 파악할 수 있는 게 아니다. 따라서 우리는 꾸준하고 우직하게 배움과 규율, 성장을 추구해야 한다. 그리고 전 세계 사람들과의 '연결'을 추구해야 한다. 그래서 한동안 내가 아니라 타인의 꿈을 따르고 지지하는 것도 매우 좋은 경험이다. 값진 인간관계와 지식을 쌓을 수 있으니까. 세상에는 정해진 메시지, 조언, 지혜 같은 건 없다. 모든 것을 스스로 통제하며 앞으로 나가는 데는 정해진 룰 같은 건 없다. 그러니 무시할 건 무시하고 받아들일 건 받아들이며 전진하는 데 힘써라. 그러다 보면 당신의 열정이 다가와 귓가에 속삭일 것이다. "자, 이제 준비됐으니, 시작해보자고."

_크리스 앤더슨Chris Anderson, TED 회장

옮긴이

박선령

세종대 영문과를 졸업하고 출판번역 에이전시 베네트렌스에서 활발한 활동을 펼치고 있다. 세상 곳곳에 숨어 있는 좋은 책들을 국내 독자들에게 발굴, 소개하는 데 주력하고 있다.

정지현

현재 미국에 거주하면서 베네트랜스에서 번역가로 일하고 있다. 몸은 정적이고 머리는 동적인 이 작업을 사랑하는 그녀는 오늘도 즐거운 고민을 하면서 글을 옮긴다.

지금 하지 않으면 **언제** 하겠는가

1판 1쇄 발행 2018년 4월 23일
1판 17쇄 발행 2021년 8월 23일

지은이 팀 페리스
옮긴이 박선령 · 정지현
발행인 오영진 김진갑
발행처 토네이도미디어그룹(주)

기획편집 박수진 박민희 진송이 박은화
디자인팀 안윤민 김현주
마케팅팀 박시현 박준서 김예은
경영지원 이혜선 임지우

출판등록 2006년 1월 11일 제313-2006-15호
주소 서울시 마포구 월드컵북로5가길 12 서교빌딩 2층
전화 02-332-3310 팩스 02-332-7741
블로그 blog.naver.com/midnightbookstore
페이스북 www.facebook.com/tornadobook

ISBN 979-11-5851-097-8 03190

이 도서의 국립중앙도서관 출판예정도서목록(CIP)은 서지정보유통지원시스템 홈페이지(http://seoji.nl.go.kr)와 국가자료공동목록시스템(http://www.nl.go.kr/kolisnet)에서 이용하실 수 있습니다. (CIP제어번호: CIP2018009410)

당신은, 당신에게 힘입어

다 잘될 겁니다.

_팀 페리스